行政法论丛

第31卷

ADMINISTRATIVE LAW REVIEW VOL.31

沈 岿／主编

王万华／执行主编

北京大学宪法与行政法研究中心／主办

法律出版社
LAW PRESS CHINA
——北京——

图书在版编目（CIP）数据

行政法论丛. 第31卷 / 沈岿主编. -- 北京 : 法律出版社, 2025. -- ISBN 978-7-5244-0100-1

Ⅰ. D912.101-53

中国国家版本馆CIP数据核字第2025YV9134号

行政法论丛(第31卷)
XINGZHENGFA LUNCONG(DI-31 JUAN)

沈　岿　主　编
王万华　执行主编

责任编辑 王　珊
装帧设计 李　瞻

出版发行 法律出版社
编辑统筹 学术·对外出版分社
责任校对 晁明慧
责任印制 胡晓雅　宋万春
经　　销 新华书店

开本 710毫米×1000毫米　1/16
印张 18.25　**字数** 277千
版本 2025年4月第1版
印次 2025年4月第1次印刷
印刷 北京新生代彩印制版有限公司

地址:北京市丰台区莲花池西里7号(100073)
网址:www.lawpress.com.cn
投稿邮箱:info@lawpress.com.cn
举报盗版邮箱:jbwq@lawpress.com.cn

销售电话:010-83938349
客服电话:010-83938350
咨询电话:010-63939796

书号:ISBN 978-7-5244-0100-1　**定价**:69.00元

凡购买本社图书,如有印装错误,我社负责退换。电话:010-83938349

目 录

代卷首语

行政程序法专题

专论

代卷首语

●走向现代行政程序法

王万华*

行政程序法律制度是实现行政权力理性运行的基本保障。与公共行政的任务扩张和方式扩展相对应,进入21世纪以来,在域外,行政法律制度体系日益呈现出程序化、主观化的发展趋势,行政程序的内涵及行政程序法律制度在不断扩展,实现了行政程序法律制度的三代代际发展。我国行政程序法基本理论和行政程序法律制度,主要面向秩序行政,尚有诸多新兴领域中的行政程序法问题,需要深入研究。为丰富行政程序法理论研究,全面展现行政程序法治的魅力,亦为丰富行政基本法典编纂模式及内容选择的讨论,承蒙沈岿教授信任,我特别邀请五位行政法学青年才俊,分别就数字行政程序、应急行政程序、规制行政程序、内部行政程序,以及法国《公众与行政机关关系法典》立法经验借鉴等,畅谈他们的真知灼见。

尼古拉·尼葛洛庞帝于1996年出版的《数字化生存》,向我们描述了一个即将来临的变幻莫测的神秘数字化世界。而今天,数字政府战略在国家层面已然开始大力推进,行政权力运行数字化之后,对传统行政法律制度的影响将到何种广度深度,是当前行政法学研究面临的重大理论问题。刘东亮、廖可儿《大数据时代的程序正义:数据正当程序》一文,描述了传统行政程序法面临的大数据技术带来的诸多挑战,提出需要重塑程序正义理念,发展和演化出"数据正当程序",包括禁止过度收集个人数据、提供有实质意义的通知、排除潜在的偏见与歧视,并提供有效的纠错

* 中国政法大学诉讼法学研究院教授。

和救济机制，使正当程序原则在大数据时代能够继续发挥权利保障功能。

突发事件应对中的行政程序法治是一个极具挑战性的问题，相应也是行政程序法律制度建构中的重大难题，如何平衡好公共秩序快速建构和公民基本权利保障之间的矛盾，尤其是如何保障公民基本权利，似乎是一个各方主体难以达成共识的老大难问题。林鸿潮、刘文浩《行政紧急权力的程序控制》一文为解决这一难题提供了可行的进路。文章提出区分“因紧迫而加速”的紧急权力、“因未知而扩大”的紧急权力、“因匮乏而集中”的紧急权力三种情形，针对不同类型紧急权力的特点，分别建构行政程序法律制度，从而为公民在应急场景中提供了具备可操作性的基本权利保障机制。

传统行政程序法律制度以形成行政决定和行政立法等结果为程序运行的目标，风险社会的来临和规制行政的兴起，对建构有效实现客观规制目标，以及以形塑行政机关和私人之间的合作治理关系为中心任务的新型行政程序法律制度提出要求。王瑞雪《论规制法与行政程序法的嵌合》挑战这一新领域，提出行政程序法既具有独立于结果的自然正义价值，也具有增进规制决策理性之功效，应与行政规制过程深度嵌合。行政机关在规制工具选择过程中、在信息规制的过程中、在风险规制的过程中、在合作规制的过程中，均应遵循相应的行政法律程序制度。

第一代行政程序法律制度仅聚焦于外部行政程序法律制度，此种立法模式对应以行政诉讼为中心的行政法律制度体系，割裂了行政权力运行的完整性，并将内部行政置于法典规范之外，不利于全面规范行政权力运行。覃慧《内部行政程序在行政法法典化中的安排》在厘清“内部行政程序”理解分歧的基础上，采纳“是否有当事人参与”作为划分标准，对其进行类型化与程序作用的剖析，论证了内部行政程序在我国行政实践中的重要性，主张法典化对内部行政程序的安排可从与程序有关的行政主体资格、行政系统内部的决定程序、行政系统内部的协调程序制度三方面展开。

欧洲大陆一直是行政法法典化的中心，行政法法典化浪潮绵延一百余年，生生不息，法典的内容伴随公共行政的发展而不断得以拓展。2015年，有“行政法母国”之称的法国，出台了《公众与行政机关关系法典》，补齐了欧洲大陆行政法法典化版图中最令人期待的那一块空白。陈天昊

《法国行政行为制度的法典化及其借鉴》一文以法典中行政行为的一般性规范为中心，结合法国行政法的基础理论及审判实践，介绍了法国行政行为的概念、类型、成立生效要件及失效制度的相关内容，提出建构以公共行政为导向的行政行为概念及建构相应的制度体系，为编纂我国行政基本法典中的行政行为制度提供了域外立法经验。

行政程序法专题

●大数据时代的程序正义:数据正当程序*

刘东亮　廖可儿**

摘　要:随着大数据应用场景的不断拓展,政府和数据型企业掌握的数据权力迅速扩张,带来“预测性隐私损害”等新型风险。政府的数据权力是公权力的一种表现形式,理应受到行政程序法的规范。数据型企业通过技术赋能“攫取”的权力,除主体因素之外,均符合公权力的属性;在有些情况下,数据型企业根据法律法规授权而获得了公权力,成为所谓的“法律法规授权组织”,亦应受到行政程序法的规制。但传统行政程序法面临大数据技术的诸多挑战,出现告知同意机制功能失灵、“个人可识别信息”约束失效、说明理由制度受到削弱及听取意见要求难以实现等情况。为此,需要重塑程序正义理念,发展和演化出“数据正当程序”,即禁止过度收集个人数据、提供有实质意义的通知、排除潜在的偏见与歧视,并提供有效的纠错和救济机制,使正当程序原则在大数据时代能够继续发挥权利保障功能。

关键词:数据权力;行政程序;正当程序;数据正当程序

当前,大数据开启了一场重大的时代转型。① 利用大数据分析的结果

---

* 本文系教育部社科基金规划项目“法律模糊性问题的解码与计算”(23YJAZH078)的阶段性成果。

** 刘东亮,西安交通大学法学院教授;廖可儿,西安交通大学法学院硕博贯通制研究生。
博士生张楚悦对本文所涉技术问题亦有贡献。

① 参见[英]维克托·迈-舍恩伯格、肯尼思·库克耶:《大数据时代》,盛杨燕、周涛译,浙江人民出版社2013年版,第1页。

改进决策，不仅在商业领域得到应用（如各种各样的算法推荐系统），同时也在重塑政府的运作方式，例如在疫情防控中广泛使用的“健康码”“一码通”等，即是运用大数据技术进行管理的鲜明例证。对数据资源的控制构成新的权力基础，数据权力（data power）兴起并迅速扩张。② 而权力天然具有被滥用的倾向，数据权力也不例外。实践中，已出现村镇银行储户被某地政府乱赋红码且长时间未解除、③某网约车平台过度收集用户信息甚至给国家安全带来风险隐患等乱象。④

对不断膨胀的数据权力如何进行有效的规范和约束？数据型企业和政府是否应当适用同样的程序法规则？行政程序法在数据权力面前会否成为形同虚设的“马其诺”（Maginot Line）？对于新兴的数据权力，传统行政程序法可以作出什么样的回应和变革？这些都是需要行政法学界深入思考的严峻现实问题。

一、运用行政程序法规制数据权力的法理基础

众所周知，行政程序法属于公法范畴，用于规制因技术赋能而产生的数据权力容易引起所规范对象是否恰当的质疑。但实际上，政府行使的数据权力只是公权力的一种表现形式，并不构成新型的、独立的权力形态。而各种数据型企业的数据权力，除主体因素之外，均符合公权力的属性。在某些情形下，数据型企业因法律法规授权而获得了一部分公权力，成为行政法上的“法律法规授权组织”，它们行使数据权力的行为理应受到行政程序法的统一规范和调整。

（一）政府的数据权力植根于公权力

数据作为一种新型的战略资源和生产要素，在行政领域也发挥了重要作用。近年来，在建设数字政府的过程中，各地纷纷开展将大数据应用

② 自 2015 年起，数据权力对社会的影响日益受到学界重视，迄今已举办四届“数据权力”国际学术研讨会，并出版多部会议特刊。资料来源：http://datapowerconference.org/data-power-2015/publications/，最后访问日期：2024 年 3 月 25 日。

③ 参见赵熹：《郑州通报部分村镇银行储户被赋红码问题：多名干部被处理》，载《新京报》2022 年 6 月 22 日。

④ 参见《16 项违法事实　国家网信办对滴滴处以 80.26 亿元罚款》，载中国新闻网，https://www.chinanews.com.cn/cj/2022/07-21/9808616.shtml。

于政务活动的探索实践，使政府的治理和服务效能均有明显提升。⑤

政府利用大数据的本意是顺应经济社会数字化转型趋势，推进国家治理体系和治理能力现代化，但在这个过程中形成了强大的数据权力，甚至可能引发“数据利维坦”危机。这种数据控制力和支配力源于公权力本身的权力势差。例如，为提升监管效率，政府利用电子技术监控设备实施行政检查、行政处罚乃至行政强制等多种行政行为，而个人只能接受被监视、被记录的状态，并转化为数据被自动化决策系统分析、评价和支配。

需要强调的是，大数据主要是政府履行职能的技术性工具。政府数据权力是因技术赋能产生的影响力与政府固有行政权力的结合，并不构成新型的、独立的权力形态。政府无论是自己还是委托第三方开发某种大数据应用系统，都是为了将数据要素嵌入公权力运行过程。因此，作为公权力的一种表现形式，政府的数据权力理应受到行政程序法的规制。⑥

(二)企业的数据权力具有公权力属性

在很大程度上，数据型企业决策过程中的“智能”来源于其通过各种途径获得的数据。一旦可用数据集大到可以为算法引擎提供良好运转所需要的充分“燃料”，企业就有了财富挖掘的不竭动力。这正是人们普遍把数据称为信息时代的“第五生产要素”的原因。⑦ 凭借数据资源优势，数据型企业也取得了强大的数据权力，并逐渐显现其公权力属性。

一方面，通过政企合作的方式，数据型企业与政府共同行使部分公权力。数据型企业在数据挖掘、利用方面具有技术优势和丰富经验，能够为政府行使公权力提供技术基础设施、运营维护等帮助，助力政府提升社会治理精准化、智能化水平。例如，阿里巴巴公司和腾讯公司都参与了全国

---

⑤ 参见《国务院关于加强数字政府建设的指导意见》，国发〔2022〕14 号。

⑥ 学界很多人担心，数据权力或算法权力将取代或侵蚀政府的公权力，这大概是对政府的数据权力或算法权力的性质认识不够准确。参见张凌寒：《算法权力的兴起、异化及法律规制》，载《法商研究》2019 年第 4 期；王禄生：《司法大数据与人工智能技术应用的风险及伦理规制》，载《法商研究》2019 年第 2 期。

⑦ 传统社会的四种生产要素是土地、劳动力、资本、技术。到了信息时代，越来越多的人认为，数据是第五种生产要素。

范围内"健康码"的开发运营，在疫情防控期间协助突发公共卫生事件治理，承担了原属于政府的一部分公共责任。[⑧] 近年，杭州市市场监督管理局还与阿里巴巴签订了全面深化战略合作协议，贯彻落实中央提出的"大力发展数字经济，提升常态化监管水平，支持平台经济发展"的要求。[⑨] 在此情况下，数据型企业实际扮演着服务平台提供者、公共事务治理者和公共价值增益者等多重角色。[⑩]

另一方面，数据型企业单独行使数据权力的行为也蕴含了公权力属性。随着数字经济的蓬勃发展，政府无法及时应对新业态新场景的治理需求，转而采取"包容审慎监管"的治理方针，允许数据型企业在某些领域成为市场规制者和治理者，代替政府承担相关公共职能。以电商平台为例，通过制定交易规则、信用评价、知识产权保护等措施，平台能够直接规范其内部运营流程，并通过技术架构实现对用户的规制和约束。平台对用户特别是对平台内的经营者具有强大的支配力和影响力，这是减少平台经营活动负外部性之所需，也是弥补数字经济时代政府规制能力不足的需要。[⑪] 事实上，通过制定和实施自治规则，平台集"立法、行政和司法"权力于一身，承担了维护和塑造网络空间社会秩序的公共职能。

更值得注意的是，除了技术赋能(权)，在有些情况下，数据型企业还通过法律法规授权获得了本应由政府行使的公权力。例如《电子商务法》第27、28条规定，电商平台应当对平台商家的身份地址等信息进行审查和登记，并向市场监管部门报送登记结果。该法第63条授权电商平台建立争议在线解决机制，制定争议解决规则。这实际上是立法指定电商平

---

⑧ 参见《阿里巴巴和腾讯"健康码"陆续上线，助力中国新冠疫情管控》，载网易新闻网，https://www.163.com/dy/article/F5LLFNSI0519GA7R.html，最后访问日期：2024年3月25日。

⑨ 参见《杭州市监局与阿里签合作协议》，载联合早报网，https://www.zaobao.com/realtime/china/story20230315-1372697，最后访问日期：2024年3月25日。

⑩ 参见王张华、周梦婷、颜佳华：《互联网企业参与数字政府建设：角色定位与制度安排——基于角色理论的分析》，载《电子政务》2021年第11期。

⑪ 参见刘权：《网络平台的公共性及其实现——以电商平台的法律规制为视角》，载《法学研究》2020年第2期。

台执行相关法律。[12] 数据型企业由于法律法规的授权而获得公权力的情形，一向为学界所忽视，并导致学界一直在其行使的权力是"公权力"还是"私权力"的问题上争论不休。既然在有法律法规授权的情况下，数据型企业成为所谓的"法律法规授权组织"，以行政程序法对其进行规制就具有充分的正当性。

总之，在数据型企业实际行使公权力的场景下，适用于公权力的行政程序法亦应适用于数据型企业，以防止其"无序扩张、野蛮生长"，并促使其以一种负责任且合理的方式行使自身的权力。

二、传统行政程序法规制数据权力面临的挑战

如前所述，适用行政程序法规制数据权力存在理论上的正当性和合理性。但肇始于传统工业社会的行政程序法规则体系有其产生的社会背景，反映了特定的时代精神，面对新兴的数据权力，部分规则在权力规训和权利保障方面很容易成为无用的"马其诺"而形同虚设。概言之，传统行政程序法在大数据时代面临的挑战，主要体现为以下几个方面。

(一)告知同意机制功能失灵

长期以来，通知/告知(notice)被认为是正当程序原则的核心要素之一，[13]其衍生出的告知同意原则成为个人信息保护的"帝王条款"，被称为个人信息保护制度大厦的基石。但在目前的实践中，告知同意机制面临着功能失灵的窘境。

数据权力主体常常只满足于做到形式上的告知和同意，不关注告知对象是否理解告知的内容，不能真正实现个人信息自主自决的立法初衷。虽然很多法律都规定，告知同意的内容应当包括数据收集的主体、方法、范围和目的，以及数据处理的方式和风险、数据共享和再处理

---

⑫ 此外，还有一些低层级的法律如规章等对数据型企业进行授权。如2021年国家市场监督管理总局发布的《网络交易监督管理办法》第15条授权电子商务平台在某些情形下删除消费者评价；2022年国家网信办发布的《移动互联网应用程序信息服务管理规定》第20条规定，应用程序分发平台应对申请上架和更新的应用程序进行审核并加强管理。

⑬ 另外两项核心要素是听证(hearing)和中立的裁判者(an impartial decision maker)。See Erwin Chemerinsky, *Constitutional Law: Principles and Policies*, Wolters Kluwer Law & Business, 2015 (5th ed.), p. 854.

等环节，但实际上往往无法落实，也很难获得当事人的实质同意。这一问题在企业数据权力的行使过程中尤为突出。申言之，很多数据型企业设计告知文本的首要考虑并不是为了保障个人的知情同意权，而是在形式上满足告知同意的法律要求以规避合规风险。这使得告知文本的行文冗长、信息混杂、用语晦涩等问题相当突出，以致普遍出现信息过载现象，令个人对有效信息的获取非常困难。并且，这种信息过载还存在一种规模效应，即现实生活中的个人可能需要面对成百上千个其他主体对自身数据的收集，需要了解一份份动辄上万字的告知文本或隐私协议的内容，这肯定无法合理做到。⑭ 在个人不能通过数据权力主体的告知获取有效信息时，由于知情环节存在瑕疵，就会影响告知同意原则的有效性。根据中国青年报社会调查中心的调查，70.9% 的受访者很少或从未阅读过 App 用户协议/隐私协议，而是直接勾选同意，使得同意环节徒有其名。⑮ 很多企业甚至使用"不接受就离开"（accept or leave）的霸权策略，利用个人对服务的依赖，迫使其不得不同意而导致告知同意机制的预设功能完全消解，使得个人丧失了自由选择的空间。

与数据型企业相比，政府是更重要的数据采集者，在履职过程中制作和获取了海量信息。⑯ 政府与数据型企业的主要区别是，政府可强制人们提供数据，而不必依靠说服或支付报酬。在告知同意环节，法律规定了政府履行告知义务的很多例外情形，但缺乏明确的认定标准。例如，《个人信息保护法》第 35 条规定，告知"将妨碍国家机关履行法定职责的"可作为告知规则的例外；同法第 13 条第 1 款第 3 项规定，"履行法定职责或者法定义务所必需"可作为同意规则的例外；同法第 13 条第 1 款第 7 项规定，"法律、行政法规规定的其他情形"也不需要取得个人同意。而不同国家机关的法定职责对数据的需求有各自的特殊性，判断何为"履行法定职责或者法定义

⑭ 参见吕炳斌：《个人信息保护的"同意"困境及其出路》，载《法商研究》2021 年第 2 期。

⑮ 参见王品芝、肖平华：《"我已阅读并同意"？七成受访者坦言很少或从没阅读过 App 用户协议》，载《中国青年报》2022 年 4 月 7 日，第 1 版。

⑯ 参见王万华：《大数据时代与行政权力运行机制转型》，载《国家行政学院学报》2016 年第 2 期。

务所必需”并不容易，在很多情况下缺乏明确的“必需”标准。[17] 何为“将妨碍国家机关履行法定职责”，也存在同样的问题。这意味着，较多的不明确例外情形存在被滥用的现实风险，容易成为权力规制的缺口。[18]

（二）“个人可识别信息”约束失效

在数据处理阶段，传统法律常常以锚定概念——个人可识别信息（personally identifiable information，PII）为标准，对数据处理主体提出匿名化、去标识化等程序性要求。但在大数据时代，这些措施很难为数据脱敏和隐私保护提供足够的支持。

首先，现有的隐私数据保护发布技术（privacy preserving data publishing）、隐私保护数据挖掘（privacy preserving data mining）和数据脱敏技术（data masking）还难以完全实现个人信息经过处理后无法识别特定自然人且不能复原的目标，存在“剩余风险”。由实践中广泛采用的常规数据隐私保护方法“k－匿名”方法[19]发展而来的数据发布技术容易受到数据分布的影响，处理过后的数据其可用性会严重下降，且无法防御同质性攻击、背景攻击和补充数据攻击而易导致隐私泄露。[20] 基于差分隐私的数据发布技术则受到扰动误差与数据复杂性的影响，无法在保证数据效用的同时兼顾隐私保护效果。[21] 例如，字节跳动旗下云服务平台火山引擎的 DPSQL 和 LDPDC 服务主要采用差分隐私模式，在复杂 SQL 语句情

---

[17] 我国仅有少部分法律在规定公权力机关法定职责时，明确赋予其涵括信息收集和处理在内的履职手段。例如，《全国人口普查条例》第 24 条规定了人口普查时需要收集的信息范围；《居民身份证法》第 3 条规定了居民领取身份证时需要提供的信息范围。但更多的法律并未明确规定履行法定职责所必需的范围和限度。

[18] 例如，新冠疫情防控期间，在有国家标准、最小范围原则的规制下，有地方仍然被曝出过度收集敏感信息。参见尤一炜：《调查：疫情期街道收集个人信息最多，超八成提交者担心流入黑灰产》，载《南方都市报》2020 年 2 月 26 日。

[19] “k－匿名”（k-anonymity）方法是为了解决链接攻击所导致的隐私泄露问题的基本算法。k－匿名通过概括（对数据进行更加概括、抽象的描述）和隐匿（不发布某些数据项）技术，发布精确度较低的数据，使得同一个准标识符（quasi-identifier）至少有 k 条记录，从而使观察者无法通过准标识符连接记录。

[20] 参见陈性元等：《大数据安全技术研究进展》，载《中国科学：信息科学》2020 年第 1 期；刘宇涵、陈红、刘艺璇等：《图数据上的隐私攻击与防御技术》，载《计算机学报》2022 年第 4 期。

[21] See Wu Nan, Farhad Farokhi & David B. Smith, et al. *The Value of Collaboration in Convex Machine Learning with Differential Privacy*, 2020 IEEE Symposium on Security and Privacy (SP), 2020, p. 304－317.

况下很难计算合适的差分隐私噪声而实际影响数据的可用性。[22] 此外,许多有针对性的改进技术还处于实验室阶段,尚未达到商用、民用领域的要求。也就是说,数据的可用性与隐私性之间存在此消彼长的关系,提高隐私性在某种程度上会导致可用性的下降,现有技术难以实现两者的完美平衡。在实践中,为了保证数据的可用性,数据权力主体处理后的数据仍存在不同程度的可识别性,具有数据可逆的重标识风险。

其次,匿名化、去标识化的程序性规定本身并不详尽,存在一定适用困境。不同种类的数据识别出对应自然人的难易程度不同、涉及的自然人信息敏感程度也不同,应有不同程度的匿名化、去标识化要求。而我国法律虽已原则上规定需要对数据进行分类分级保护,但还缺少具体的分类分级标准。[23] 面对不同的适用场景,也缺少更具针对性的匿名化、去标识化技术标准。这导致数据权力主体对此项技术的认识和做法与法律要求之间还有相当大的距离。在数据合规成本较高的情况下,采取单一或者过于简单的脱敏手段成为普遍现象,使得实践中数据脱敏与隐私保护的强度和效果不佳。

最后,大数据技术明显扩大了 PII 的范围,可能带来"预测性隐私损害"(predictive privacy harms)。[24] 相较于传统算法针对海量数据挖掘能力不足的缺陷,大数据技术能够深层次挖掘数据之间的相关性,提高生成新 PII 的可能性。但基于动态预测的技术特性,我们无法事先知晓确切的预测时间点,也就不能及时对该数据集提供隐私保护。在个人不知情或没有明确同意的情况下,对这部分新生成的信息进行处理和利用,会对个

---

[22] "差分隐私"(differential privacy)是一种用户隐私保护技术,旨在提供一种当从统计数据库查询时,最大化数据查询的准确性,同时最大限度减少识别其记录的机会。具体实现方法为在查询函数的返回值中加入噪声以实现隐私约束,但噪声的大小会影响数据的安全性和可用性。参见《差分隐私技术在火山引擎的应用实践》,载微信公众号"字节跳动技术团队",https://mp.weixin.qq.com/s/qE_xLv67itvAGs1rAlmvZw,最后访问日期:2024 年 3 月 25 日。

[23] 参见《数据安全法》第 21 条。国家网信办 2021 年 11 月发布的《网络数据安全管理条例(征求意见稿)》明确要建立数据分类分级保护制度,但该项立法至今尚未正式出台。

[24] 例如,美国一位高中女生在零售巨头 Target 公司购买了无味湿纸巾和补镁药品,但她不知道自己的购买记录已触发该公司的零售算法将其标记为怀孕顾客。Target 公司根据此怀孕信息进行营销,并将怀孕信息透露给女生家人,一定程度上侵犯了女生的隐私权。See Kate Crawford & Jason Schultz, *Big Data and Due Process: Toward a Framework to Redress Predictive Privacy Harms*, 55 Boston College Law Review 93 - 128 (2014).

人的生活产生影响。甚至,即使尚未据之作出任何决定,也会对人们造成严重的预测性隐私损害。㉕ 例如,预测性警务系统是将某些犯罪行为视为可被预测的"余震",在收集与整合某地区历史犯罪数据后进行预测性分析,创建一个包含潜在犯罪地点、犯罪数量等新信息的案件发生空间热力图。此类信息和其他人口学信息一样,成为居住在此空间的居民的新PII。如果据此执行治安管理会复制并加剧警务中的歧视,产生"巨大的结构性偏见",并会导致警队形成不良执法习惯。㉖

(三)说明理由制度受到削弱

行政行为需要说明理由,不仅是正当程序原则的体现,也是法律决定的合法性、合理性需要论证的要求。只有充分的说理或者说良好的法律论证才能有效规范行政权力的行使。但在数据权力的行使过程中,说明理由很容易停留在"相关性"(correlation)层面,以相关性取代法律上的因果关系,从而使说明理由的要求打折扣。这是因为,包括"大数据之父"舍恩伯格(Viktor Mayer-Schönberger)在内的很多学者向人们灌输了很多错误观念,诸如"社会需要放弃它对因果关系的渴求,而仅需关注相关关系。也就是说,只需要知道是什么,而不需要知道为什么",㉗这些"劝降"式的错误观念,大大削弱了行政程序法上说明理由等制度的正当性基础。

事实上,"大数据分析不追求因果关系而只关注相关性(相关关系)"是一种颇为流行但似是而非的说法。大数据分析并非完全放弃对因果关系的追求,其所关注的相关性是对因果关系的逼近和靠拢,是在无法确定因果关系时的一种折中,这与法律上的因果关系在大多数情况下属于"统计的因果关系"(强相关)并行不悖。易言之,大数据分析的相关性和法律上的因果关系在本质上是契合的。因而,大数据分析的结果可以在法

㉕ See Kate Crawford & Jason Schultz, *Big Data and Due Process: Toward a Framework to Redress Predictive Privacy Harms*, 55 Boston College Law Review 95 (2014).

㉖ 例如,美国的预测性警务工具就复制并加剧了警务中的偏见。根据美国司法部2020年公布的数据,在没有正当理由的情况下,非裔被警察拦住的可能性是白人的5倍,被捕可能性是白人的2倍。刑事司法系统中预测累犯的风险评估评分系统COMPAS也存在明显的种族偏见,其将非裔被告标记为未来罪犯的比例是白人被告的2倍。参见唐颖侠:《算法黑箱强化偏见 数字技术加剧美国的种族歧视》,载《光明日报》2022年6月20日,第12版。

㉗ 参见[英]维克托·迈-舍恩伯格、肯尼思·库克耶:《大数据时代》,盛杨燕、周涛译,浙江人民出版社2013年版,第9页。

律程序中适用,但受制于数据质量、建模错误等因素,其可靠性有时比较薄弱,从而导致其适用范围存在限制。也正因为如此,虽然在商业领域已有广泛运用,但大数据在法律程序中的作用主要是“预警”和“佐证”,仅在少数情况下才可以直接据以作出法律决定。[28]

必须强调,一旦接受只需要关注相关性的错误观念,就会导致对行政行为说明理由制度的理解发生错误进而放松对说明理由的要求。而凡事先问“为什么”是人类的一种天性,给“为什么”提供解释是程序正义的核心要素。舍恩伯格等人曾说过:“在大多数情况下,一旦完成了对大数据的相关性分析,而又不再满足于仅仅知道‘是什么’时,我们就会继续向更深层次研究因果关系,找出背后的‘为什么’”。[29]

(四)听取意见要求难以实现

对数据的单方收集处理不涉及意见的交涉,但基于数据分析预测作出的决策与个人利益直接相关。如果需要针对决策导致的不利处分进行抗辩,就需要保障利益相关方申请听证的权利,这是正当程序的另一核心要求。但在数据权力的运行中往往无法保证此项要求的有效实现。

在实践中,听取意见的渠道和程序因数据权力主体的不同而有所不同,但都不够充分和畅通。在运用行政自动化决策的领域,智能系统瞬间即作出法律决定,根本无法事前听证,只能考虑适用事后听证。然而,事后听证有其固有的缺陷,如果法律决定造成了事后难以弥补的损害就无法实现听证的预期效果。而在依赖企业自觉及社会责任来设计听证机制的商业领域,数据型企业提供的意见反馈机制、反馈渠道通常都比较少。例如,很多有针对性或者有选择性地发放问卷、社会调研、举办座谈会等方式,基本沦为“走过场”。而且,即使有一定的听取意见,数据权力主体真正采纳意见的程度也不高,只“听”不“取”的情况比较普遍。在确定收集数据的范围、方式、目的和数据处理方式等内容时,数据权力主体更多是从自身利益出发,很少考量利益相关方意见并在听

---

[28] 参见刘东亮、闫玥蓉:《大数据分析中的相关性和因果关系》,载《国家检察官学院学报》2023 年第 2 期。

[29] 参见[英]维克托·迈-舍恩伯格、肯尼思·库克耶:《大数据时代》,盛杨燕、周涛译,浙江人民出版社 2013 年版,第 89 页。

取意见后进行调整。[30]

由此可知,传统行政程序法在大数据时代遇到了一系列前所未有的挑战。舍恩伯格等人也认识到,"在大数据时代,对原有规范的修修补补已满足不了需要,也不足以抑制大数据技术带来的风险。我们需要全新的制度规范,而不是仅仅修改原有规范的适用范围。申言之,我们必须重新定义〔程序〕正义的概念,以确保人类的行为自由"。[31]

三、数据正当程序:大数据时代正当程序的演化与发展

长期以来,人类社会一直面临着一个问题:如何在个人的自由、隐私与全社会的安全和利益之间做好平衡?在数字化时代,这个古老的问题演变为:为了用于反恐、医学研究、公共事业、犯罪防治、精准广告营销等目的,从社会的角度看,我们应该以什么样的方式合理地收集和使用与个人相关的数据?[32]

对于这一问题,传统的思路仍然是诉诸"正当程序",因为正当程序是法治和人权保障的基石。任何人做任何事情,只要其行使权力使他人受到不利影响,都必须遵循正当程序。[33] 而在大数据应用的场景中,传统的

---

[30] 例如,滴滴公司曾召开司机意见征求会和乘客意见征求会,现场听取十多位代表的意见和建议,但现场讨论的问题没有涉及违规收集与处理个人信息问题,滴滴后续的公告对征求会中司机关注的平台合规问题没有做出公开回复,对抽成比例过高的平台规则之争议也未作调整,具体回应更多是大而化之、转移视线。建立面向全社会的意见建议通道后,滴滴又收到69,301条安全建议,其中包括信息收集范围、数据安全等意见,但滴滴未对自身违法行为真正进行调整。参见钱玉娟:《滴滴召开征求会听取十多位乘客代表的批评和建议》,载中华网,https://news.china.com/socialgd/10000169/20181008/34105295.html,最后访问日期:2024年3月25日;程士华、胡锐、何曦悦:《网约车糊涂账 定价谁说了算——平台服务费抽成谜团追踪》,载新华网,http://m.xinhuanet.com/tech/2021-05/11/c_1127430488.htm。

[31] 参见[英]维克托·迈-舍恩伯格、肯尼思·库克耶:《大数据时代》,盛杨燕、周涛译,浙江人民出版社2013年版,第219页。

[32] 参见[爱尔兰]约翰·凯莱赫、布伦丹·蒂尔尼:《人人可懂的数据科学》,张世武、黄元勋译,机械工业出版社2019年版,第143页。

[33] 作为正当程序之渊源的自然正义原则在英国普通法上最初仅适用于司法程序,后来被移植到行政程序之中,甚至在私法领域它也要求得到遵守,比如雇主解雇雇员或者俱乐部开除成员等。在英国法长期的历史发展过程中,虽然自然正义的确切内容不时出现难题,但它的普遍适用性却从未受到怀疑。See H. W. R. Wade, *Administrative Law*, Oxford University Press, 1988, p. 468.

正当程序几无适用余地。在这种时代背景下,2007 年,时任马里兰大学法学教授希特伦(Danielle K. Citron)提出了"技术性正当程序"(technological due process)的概念,强调通过优化计算机程序设计提高行政自动化决策系统的透明性和可问责性。[34] 也就是说,要从算法设计的源头加强对当事人正当程序权利的保护。应当承认,技术性正当程序理论有着非常重要的现实意义。不过,技术性正当程序侧重强调对行政自动化决策系统的规范,并主要从算法和程序法相结合的角度研究如何保障当事人的程序权利不被架空,对于解决上述数据的收集、处理和使用问题却力有未逮。

2014 年,微软研究院首席研究员克劳福德(Kate Crawford)和纽约大学法学教授舒尔茨(Jason Schultz)共同提出了"数据正当程序"(data due process)理论,倡导确立"程序性数据正当程序权"(a right to procedural data due process),以控制政府部门和私营机构频发的数据侵权行为,规避预测性隐私损害等新型风险,为当事人提供有意义的法律保护。[35]

差不多同一时期,2013 年 7 月,联合国经济合作与发展组织(OECD)也修正了其早前发布的《隐私保护及个人数据跨境流动指南》(Guidelines on the Protection of Privacy and Transborder Flows of Personal Data),界定了旨在保护数据主体隐私权和其他数据权利的八项原则。[36] 该指南所确立的八项原则,是迄今为止世界范围内有关个人隐私及数据权的最普遍接受的原则。

参考借鉴上述有关理论学说,我们认为,数据正当程序的内涵及要求应当包括以下几类。

(一)禁止过度收集个人数据

在大数据时代,窥探和监控个人的"第三只眼"无处不在。每个普通人被收集的数据量有多少？早在 2009 年,荷兰数据保护局(Dutch Data

[34] See Danielle K. Citron, *Technological Due Process*, 85 Washington University Law Review 1249 - 1313 (2007).

[35] See Kate Crawford & Jason Schultz, *Big Data and Due Process: Toward a Framework to Redress Predictive Privacy Harms*, 55 Boston College Law Review 93 - 128 (2014).

[36] 这八项原则是:(1)收集限制原则;(2)数据质量原则;(3)用途明确原则;(4)使用限制原则;(5)安全保障原则;(6)开放原则;(7)个体参与原则;(8)问责原则。详细参见 OECD, *Recommendation of the Council Concerning Guidelines Governing the Protection of Privacy and Transborder Flows of Personal Data*, OECD/LEGAL/0188。

Protection Authority)的一份报告估计,每个荷兰公民的数据平均被纳入250~500个数据库,而社交活动频繁的人,这个数字会攀升到1000个左右。[37] 对个人数据的全面收集意味着国家和社会正在合力创建一个类似福柯所说的数字化的“全景监狱”(panopticon)。[38]

面对“数据利维坦”的压迫,大多数现代隐私法律中的锚定概念——“个人可识别信息”根本无法为隐私保护提供足够的支持。因为,大数据系统在收集数据时还未产生明确的个人可识别信息,很多时候,从数据收集直到数据的传输过程,个人可识别信息都尚不存在。

数据正当程序当然不能拘泥于“个人可识别信息”这一传统概念的约束。数据正当程序包含收集限制原则(collection limitation principle),即禁止过度收集个人数据。个人数据的收集应以必要性为限度,并且,对个人数据的收集必须经当事人知情同意。

实际上,在目前的算力支持下,为了达到预定目的并不需要过多的数据。“计算机之父”冯·诺伊曼的名言“四个参数画大象,五个参数鼻子晃”充分说明:从不同来源收集的数据,可以促进数据内容的交叉检验,进而还原个人身份信息,实际需要的信息量远没有人们想象的那么多。[39] 收集数据应该越来越要求重视质量而不是数量。而且,收集过多的与实际需求无关的数据可能造成数据噪声过大、治理成本上升等后果。[40]

(二)提供有实质意义的通知

德国法学家基希曼(Julius v. Kirchmann)曾指出:“太阳、月亮和星星今天看上去一如几千年前;玫瑰今天仍像在伊甸园里那样开放;但法律从

---

[37] 参见[爱尔兰]约翰·凯莱赫、布伦丹·蒂尔尼:《人人可懂的数据科学》,张世武、黄元勋译,机械工业出版社2019年版,第157页。

[38] 参见[法]福柯:《规训与惩罚:监狱的诞生》,刘北成、杨远婴译,三联书店1999年版,第224~235页。

[39] 据物理学家费米(Enrico Fermi)回忆,冯·诺伊曼曾告诉他:“用四个参数我可以拟合出一头大象,而用五个参数我可以让大象的鼻子动起来。”这就是广为人知的“四个参数画大象,五个参数鼻子晃”的来源。这个说法说明,事实上,只需要4条数据,就足以识别某个人的身份信息。参见[德]克里斯多夫·库克里克:《微粒社会》,黄昆、夏柯译,中信出版集团2018年版,第87~91页。

[40] 参见朝乐门、邢春晓、张勇:《数据科学研究的现状与趋势》,载《计算机科学》2018年第1期;童楠楠、朝乐门:《大数据时代下数据管理理念的变革:从结果派到过程派》,载《情报理论与实践》2017年第2期。

来是另一回事。婚姻、家庭、国家、财产经历了最多种多样的形态。”[41]也就是说,法律中的真理和规律随时代、地点而变迁。个人信息保护领域被奉为“帝王条款”的告知同意原则,其内涵也必须随时代而进化。通知必须是“有实质意义的通知”,具体表现在通知的内容上,告知文本应明确说明拟收集数据的范围和用途。虽然更改用途是可允许的,但不应任意延伸(新用途应与原用途具有相容性),并应当向数据主体提前说明。

尤为重要的是,任何主体特别是企业不得以“知情同意”为由排除公民包括隐私权在内的宪法基本权利和法律的强制性规定。申言之,私人契约不能排除宪法基本权利,不能排除《个人信息保护法》《数据安全法》《网络安全法》等法律的强制性规定,即不能简单地以知情同意为由作为不当收集个人数据的合格抗辩。[42] 一旦数据收集违反宪法规定的基本权利或者法律的强制性规定,知情同意就不能作为可接受的免责事由。只有坚持这一法理,才能反向消解“不接受就离开”的霸权策略,才能摆脱知情同意权被这种技术霸权侵蚀而失灵的窘境。

(三)排除潜在的偏见与歧视

“排除偏见”是传统正当程序的核心要素之一,它在数据正当程序中具有更重要的地位。因为,偏见与歧视问题在大数据的应用场景中更为突出。大数据分析所使用的各种机器学习算法,都是基于过去的数据并利用某种“归纳偏好”(inductive bias)预测未来的趋势。任何一个有效的机器学习算法必有其归纳偏好,否则,它将被假设空间中看似在训练集上“等效”的假设所迷惑而无法产生确定的学习结果。通过训练样本数据使计算机产生某种归纳偏好,可以产出它认为“正确”的模型和预测结果。[43]

当然,“偏好”并不等于“偏见”。大数据分析所使用的机器学习算法并非一定存在偏见与歧视,但有很多事例证明,算法当中可能存在歧视与偏见。[44] 大数据技术产生的这种歧视与偏见,即使尚未据之作出任何决

---

[41] 参见[德]恩吉斯:《法律思维导论》,郑永流译,法律出版社 2014 年版,第 5~6 页。

[42] 参见张新宝:《个人信息收集:告知同意原则适用的限制》,载《比较法研究》2019 年第 6 期。

[43] 参见周志华:《机器学习》,清华大学出版社 2016 年版,第 6 页。

[44] 参见[美]凯西·奥尼尔:《算法霸权》,马青玲译,中信出版集团 2018 年版,第 117~136、163~184 页;Frank Pasquale, *The Black Box Society: The Secret Algorithms that Control Money and Information*, Harvard University Press, 2015, p. 193。

定,也会对人们造成严重的预测性隐私损害。[45] 比如,营销人员通过数字画像将人们分类为“目标”(Target)或者“废物”(Waste)。而将画像数据用于个人评估时,个人画像几乎等价于个人声誉。[46] 并且,基于技术方法,大数据技术实施歧视时能“聪明地”绕过反歧视法律。例如,通过“邮政编码”(居住区域)而非其他数据(种族、肤色等)推测用户的个人可识别信息,进而对其进行信用评级,这在某些域外国家是秘而不宣的常用做法。

因此,为了排除大数据分析过程中那些潜藏的偏见与歧视,算法的公开透明、说明理由等制度非常重要。在说明理由时,决不能放弃对因果关系的关注。在判断是否存在偏见和歧视时,运用法律上的“若非因果关系”(but-for)相当有效。比如,有法律对歧视的定义是:“假如雇员除了属于不同的〔种族〕外,在其他方面都一样……”在这一定义中,可以找到问题的关键。[47]

(四)提供有效的纠错和救济机制

大数据泛指海量的数据集。无疑,更多的数据意味着更多的信息,但也意味着更多的噪声或虚假信息。或者说,数据越多,变量越多,那些“老练”的研究员手中的相关性就越多。但这种所谓的相关性很多时候属于“伪相关”,若将其付诸应用会带来灾难性的后果。风险管理学家塔勒布(Nassim N. Taleb)称之为“大数据的悲剧”。[48]

---

[45] See Kate Crawford & Jason Schultz, *Big Data and Due Process: Toward a Framework to Redress Predictive Privacy Harms*, 55 Boston College Law Review 95 (2014).

[46] 参见[爱尔兰]约翰·凯莱赫、布伦丹·蒂尔尼:《人人可懂的数据科学》,张世武、黄元勋译,机械工业出版社2019年版,第148~151页。

[47] 珀尔认为,有三种不同的因果关系:必要因果关系、充分因果关系和充要因果关系。其中,必要因果关系等同于“若非因果关系”。法律界运用“若非因果关系”的做法历史悠久:若非被告做出某种行为,伤害事件就不会发生。在法庭审判中,律师常常使用这种表达和证明方法。珀尔将“若非因果关系”中假设的事实称为“反事实”(counterfactual)。“反事实”是珀尔的因果关系理论的核心概念。他认为,这一概念是道德行为和科学思想的基石。参见[美]朱迪亚·珀尔、达纳·麦肯齐:《为什么:关于因果关系的新科学》,江生、于华译,中信出版集团2019年版,“导言:思维胜于数据”第XVI-XVII页,第236~237、261、305页。法律上的“若非因果关系”理论,也被称为“因果关系最少主义”(causal minimalism)。参见[美]H. L. A. 哈特、托尼·奥尔诺:《法律中的因果关系》,张绍谦、孙战国译,中国政法大学出版社2005年版,“第二版前言”,第2、31页。

[48] 参见[美]塔勒布:《反脆弱:从不确定性中获益》,雨珂译,中信出版集团2014年版,第362页。

为了避免“大数据的悲剧”,数据正当程序要求比普通行政程序更重视纠错和救济机制。因为,如果缺乏及时、有效的纠错和救济,错误算法的自动化迭代升级会不断自我强化错误,使用该算法的系统工具就会成为灾难性麻烦的制造者。

在提供有效的纠错和救济机制方面,数据正当程序的要求是:所收集的个人数据必须与明确的用途有关,它们应该是准确的、完整的和最新的(数据质量原则);个人数据应当有安全保障,以防止被删除、盗窃、披露、修改或未经授权使用(安全保障原则);数据主体有权查阅个人数据并质疑数据的质量(个体参与原则)。数据控制者有责任提供有效的纠错机制保障上述原则得到遵守,执法机关有义务在技术专家的协助下督促数据控制者履行职责(问责原则)。当然,作为保障数据正当程序能够实现的最后一道防线,必要的司法审查是不可或缺的。

四、结语

作为正当程序原则在大数据时代的演化和发展,数据正当程序从数据和信息技术的角度提出了权力规制和权利保障的新方案,对“数据权力 v. 信息权利”的严重失衡进行校调和纠偏。数据正当程序以禁止过度收集个人数据、提供有实质意义的通知、排除潜在的偏见与歧视并提供有效的纠错和救济机制为核心要求,充分尊重和保障人性尊严,是引导政府与数据型企业的数据权力向“善”的良方。

尽管方兴未艾的数据正当程序理论已受到学界关注,但真正落地实施并不容易。而且,随着实践中大数据应用场景的不断变化,影响数据权力行使的新情况、新问题层出不穷,并不存在一劳永逸的“万灵丹”。政府与数据型企业的权力运转流程有各自的特殊性,应分别设置不同的监督和评估条件。尤其是,如何从制度设计上具体落实数据正当程序的各项要求?如何同步推进相关制度配套以实现制度之间的协同?这些问题都有待进一步探索和深化。

●行政紧急权力的程序控制*

林鸿潮　刘文浩**

摘　要：行政紧急权力包括“因紧迫而加速”“因未知而扩大”“因匮乏而集中”三个维度，其正当性都可以在损益权衡的实用主义逻辑下获得解释。应急法将人民对行政紧急权力的正当化期望是否获得满足转换为合法性评价，其中，程序法是这种转换的间接方式，即把政府和人民对行政紧急权力正当化期望是否一致转化为合法性评价，通过塑造和维系应急行动中的社会共识制约紧急权力。具体而言，面向“因紧迫而加速”的紧急权力，应当将社会影响评价、公众参与、合比例性评价等机制嵌入应急方案的预决策即应急预案的编制环节；面向“因未知而扩大”的紧急权力，应当确保应急方案能够经常获得检视并及时调整，使紧急措施的冗余度和事态的不确定程度之间保持匹配；面向“因匮乏而集中”的紧急权力，应当建立针对应急行动中社会资源重配效益的绩效评价机制。

关键词：行政紧急权力；正当化期望；程序法；应急法治

能否以及如何对行政紧急权力施加程序上的控制，一直是个令人感兴趣的话题，很多关于紧急权力法治的研究都会提到这一点。其中当然不乏陈词滥调，比如把正当程序的原则及其具体要求拿到应急情景下宣示一番，便以为解决了问题。而一些比较严肃的研究却往往有令人沮丧

* 本文是国家社科基金一般项目“自然灾害综合防治立法研究”（19BFX180）的阶段性成果。

** 林鸿潮，中国人民大学纪检监察学院教授，法学博士；刘文浩，中国政法大学宪法学与行政法学专业2021级博士研究生。

的发现,即认为在面对紧急权力时,程序是行政法的各种控权工具中最不切实际的一个。人们通常会得出这样的结论:紧急权力一旦启动,行政程序可以在必要情况下被简化或者变通,但应当保留一些底线性的程序装置;[①]至于紧急权力是否应该被启动,本质上是一种政治性决策,法律很难设计某种程序去约束这种判断权,只能转而要求决策机关在民主性和功能上适格,并要求就紧急权力启动后的法律状态切换向外界提供一个可信赖的清晰标识。[②] 非但程序控制如此,对紧急权力的合目的性控制、比例控制等都面临着类似情形。

之所以会出现此种情况,或许和人们长期以来对行政紧急权力的两种理解有关:第一,行政紧急权力是"一种"权力,它作为一个整体体现了行政权在应急情景下运行的特殊性,立足于这种整体上呈现的特殊性,就能够决定法律对待紧急权力的态度;[③]第二,行政紧急权力是"各种"权力,它们是我们所熟悉的各种行政权——比如行政处罚权、行政强制权、行政征用权等——在应急情景下的运用,从行政法的一般框架出发并结合应急行政的特殊性进行分析,就可以为我们所关心的那些问题找到答案。[④] 我们不能断言这些理解都是错误的,但至少可以肯定一点,就是它们都未能真正揭示行政权力和突发事件应对之间的内在关系。行政权力的行使,无非体现为行政机关对一定的人、物、空间、行为的单方支

---

① 参见马怀德主编:《应急反应的法学思考——"非典"法律问题研究》,中国政法大学出版社 2004 年版,第 135 ~ 142 页;韩大元、莫于川主编:《应急法制论》,法律出版社 2005 年版,第 32 页;莫于川:《公共危机管理的行政法治现实课题》,载《法学家》2003 年第 4 期;戚建刚:《行政紧急权力的法律属性剖析》,载《政治与法律》2006 年第 2 期;王晓杰:《紧急行政程序论纲》,载《甘肃社会科学》2006 年第 5 期;刘莘:《行政应急性原则的基础理念》,载《法学杂志》2012 年第 9 期。

② 参见于安:《论国家应急基本法的结构调整——以〈突发事件应对法〉的修订为起点》,载《行政法学研究》2020 年第 3 期;林鸿潮、孔梁成:《论我国紧急状态法制的重构——从反思〈突发事件应对法〉切入》,载《上海大学学报(社会科学版)》2020 年第 5 期。

③ 参见马怀德主编:《应急反应的法学思考——"非典"法律问题研究》,中国政法大学出版社 2004 年版,第 8 ~ 15 页;江必新:《紧急状态与行政法治》,载《法学研究》2004 年第 2 期;戚建刚:《行政紧急权力的法律属性剖析》,载《政治与法律》2006 年第 2 期;刘小冰:《国家紧急权制度研究》,法律出版社 2008 年版,第 1 页。

④ 参见张亮:《应急征用权限及其运行的法律控制——基于我国〈突发事件应对法〉第 12 条的法释义学分析》,载《政治与法律》2020 年第 11 期;于文豪:《应急状态下行政许可的实施》,载《南大法学》2021 年第 2 期;刘文浩:《重大突发事件应对中的快速行政处罚——兼评新修〈行政处罚法〉第 49 条》,载《行政法学研究》2022 年第 2 期。

配,对行政权力和突发事件应对之间的关系展开有意义的讨论,首先必须回答这样一个问题:为了应对突发事件,行政机关需要在这个过程中额外支配些什么?这里的"额外",不仅指范围,还包括方式和程度。只有明确这一点,才能解决行政紧急权力的正当性来源,并呈现政府回应人民对紧急权力正当化期望的方式,进而从中发现正当程序的生长点。基于此,本文将从突发事件应对的原理出发,通过类型化的方式讨论行政紧急权力的正当性基础,进而探讨行政程序在回应人民对紧急权力的正当化期望时所能扮演的角色及其限度,并在此基础上对具体的程序性装置进行描述。

一、行政紧急权力的类型及其正当化逻辑

什么样的行政权力可以称为行政紧急权力?这个问题的答案取决于对突发事件本身的理解,而由于事态具体情景的不同,突发事件的概念实际上也不是完全确定的。如果突发事件的危害范围基本能够确定,那么其紧急性仅仅是时间维度上的,对事件的应对指向在尽可能短的时间内完成处置和救援,紧急权力也仅仅来源于这种快速响应的需要。如果突发事件的危害范围难以完全确定,那么其紧急性还是信息维度上的,即为了以合理代价避免危险的实际发生,行政机关只能在不完全信息条件下预测事件的危害范围,并在此范围内采取额外的控制性或防护性措施,决定并采取这些措施的权力也属于紧急权力的范畴;有时候,突发事件的紧急性还包括资源维度,即政府自身的资源不足以应对危机,不得不临时对外汲取资源以实现能力扩展,这构成了另外一种紧急权力。因此,行政紧急权力不应被看作"一种"权力,而应被看作几种具有不同正当性来源的权力在突发事件应对过程中的"组合"。

(一)因紧迫而加速的权力

所有的突发事件应对都需要快速响应,以尽快控制事态和减少损失。在大多数情况下,快速响应指的是迅速处置事态本身,以及对人员、财产和环境进行救援或保护;在有的情况下,还包括迅速控制事件的次生、衍生危害。[5] 对于大部分已经能够常规化应对的突发事件(主要是那些规

---

⑤ 参见王宏伟:《应急管理导论》,中国人民大学出版社2011年版,第93页。

模不太大的自然灾害和事故灾难)来说,事态的影响范围可以得到清晰界定,不需要采取冗余措施去控制未知的危险,政府事先准备的资源也基本能够覆盖应急响应的需要,不存在向外部进一步汲取资源的问题,因此,只有应急响应的快速性可能涉及紧急权力的运用。

快速响应通常不涉及正式的行政决定,和紧急权力相关的主要是一些被称为"行政事实行为"的应急措施,比如,应急行动可能需要破拆房屋和设施,或者造成其他财产的损坏以及造成污染等,在行政法上,这些损失可以被解释为公务行为的附随效果,通过行政补偿来解决。⑥ 然而,在规模更大的快速响应行动中,这种附随性的损失要大得多,通常需要做出正式的行政决定来实施,比如在洪水来临时启用蓄滞洪区,在地震堰塞湖排险中使用淹没区等。如果不考虑时间上的紧迫性,快速响应所造成的这些损失理论上是可以避免或者显著减轻的,因为政府可以从容地采取其他代价更小的措施。不过,由于需要花费更多时间,突发事件本身造成的损失又会大得多。此外,在突发事件发生之后,对次生、衍生危害的控制也需要快速响应,比如为了维护社会秩序和市场秩序,可能需要采取治安管理或者市场管理措施,前者如管控场所和交通,后者如打击哄抬物价、囤积居奇、制假售假等,其主要方式是行政处罚。由于在突发事件应对背景下,次生、衍生违法行为的危害具有扩散效应,并可能反过来影响针对原生事件的应急行动,因此,针对这些行为的处罚常常更加严厉和迅捷,也就是实施所谓"从严、从重、从快"处罚。⑦ 由此可见,政府采取快速响应措施是损益权衡的结果,也即通过较小的代价换得时间,又因争取到的时间避免更大损失,快速响应的紧急权力正是在这个意义上证成了正当性。

(二)因未知而扩大的权力

置身于"风险社会"及其信息不确定条件下,政府基于保障公共安全的目标,能否以及如何采取干预措施?这些问题通常被放在"风险行政"

---

⑥ 参见翁岳生:《行政法》,中国法制出版社2009年版,第1836页。

⑦ 参见刘文浩:《重大突发事件应对中的快速行政处罚——兼评新修〈行政处罚法〉第49条》,载《行政法学研究》2022年第2期。

“风险规制”“风险预防”的名义下讨论,[⑧]相关成果已汗牛充栋,也非本文主题所及。但需要指出的是,即使在风险“现实化”即已经转化为突发事件的情况下,其不确定性也不会完全消失,而是继续体现在事件的危害范围和演变趋势等方面,并可能因为与其他经济社会因素发生耦合而更加复杂多变。

在突发事件即将发生时采取的预警响应措施和在突发事件发生后采取的应急处置措施,都需要对事态的危害范围和演变路径做出判断。有时候,这种危害的边界和演变的趋势是清晰的,其判断依据具有较高的确定性。比如,一场危险化学品爆炸事故的危害范围主要是爆炸区域内受到威胁的人员和财产,还可能演化为污染周边空气、水流和土壤的环境事件,此种情况下采取的应急措施,其正当性通过时间维度上“紧迫—加速”的逻辑就可以获得解释。而在另外一些突发事件当中,上述边界并不十分清晰,相关判断依据既包括一些确定因素,也包括一些不确定因素。例如,在传染病发生之后,对于存在被感染风险的人员和场所、区域进行判定,就包含了很多不确定因素;又如,在气象机构发出灾害性天气预警之后,对可能直接遭受影响的范围以及随之可能发生的地质灾害、公共设施安全事故等次生、衍生事件进行预判,同样具有不确定性。在这种情况下,政府仍然要对那些可能遭受影响的人员、场所、区域或者领域采取控制性、干预性措施,尽管从“后见之明”的角度回顾,这些措施中的大部分最后都会被证明是“多余”的,因为人们之前担心的危害往往并未发生。此时,行政紧急权力的正当性已经无法从“紧迫—加速”的维度获得解释,而必须引入其他视角。尽管政府在很多情况下采取的应急措施建立在不确定信息的基础上,但这些信息如果足以支持这样的判断——一定范围

⑧ 相关研究可参见赵鹏:《风险、不确定性与风险预防原则——一个行政法视角的考察》,载姜明安主编:《行政法论丛》第12卷,法律出版社2009年版,第187~211页;Vern R. Walker:《风险规制与不确定性的多种面貌》,金自宁译,载姜明安主编:《行政法论丛》第12卷,法律出版社2009年版,第212~223页;赵鹏:《知识与合法性:风险社会的行政法治原理》,载《行政法学研究》2011年第4期;金自宁:《风险规制与行政法治》,载《法制与社会发展》2012年第4期;苏宇:《风险预防原则的结构化阐释》,载《法学研究》2021年第1期;王贵松:《风险行政的预防原则》,载《比较法研究》2021年第1期;王贵松:《风险行政与基本权利的动态保护》,载《法商研究》2022年第4期。

内的人暴露于危险中的概率明显高于平时,[9]那么,在人们认为"损害×事件发生概率"所得到的不利后果高于"因应急措施付出的代价×事件不发生的概率"时,就会倾向于付出这种代价,也就是接受甚至要求政府采取某种应急措施。此时,行政紧急权力的正当性来源于人们在信息不充分的情况下出于对安全的追求而对额外负担的容忍,我们可以将其概括为"未知—扩大"的维度。当然,这种正当性仍是来源于利益衡量的结果,不过相对于仅仅考虑时间紧迫性的损益计算,在信息不确定条件下的利益衡量涉及概率、因果关系和特定社会的风险因素,显然要复杂得多。

(三)因匮乏而集中的权力

突发事件的"突发性"还可以从能力维度上理解。很多研究者将突发事件看作一个能力本位的概念,指的是某个突然发生的、具有严重危害性的事件超出了负有法定职责的主体在常规情况下的应对能力。[10] 如果不存在这样的能力差距,事件就称不上"突发";反过来,这种能力差距越大,事件的等级越高,应对措施也就越具有特殊性。对于政府来说,缩小这种能力差距从而使危机应对能力与事态相匹配,依靠的是对内的能力整合和对外的资源汲取,前者本质上是公共资源的临时性重新配置,后者则是额外地将一部分私人资源转化为公共资源来使用,具体机制包括调度储备物资、启动生产能力储备、紧急采购或者征购、紧急征用、动用预算准备金、发行特别国债、开展募捐、发动志愿服务等。[11]

总的来看,政府危机应对能力的扩展主要体现为资源的集中,这需要私人付出代价,对外的资源汲取自不待言,即使是对内的能力整合也是如此。这是因为,政府将其掌控下的公共资源更多投入到危机应对中,必然意味着在其他方面减少投入,进而影响其他领域的公共福祉,在事态十分严重的情况下,甚至包含着对部分经济社会发展目标的暂时舍弃。这种政府因扩展应急能力而集中资源的权力,其正当性通过"必需之法则"[12]

---

⑨ 参见王宏伟:《应急管理导论》,中国人民大学出版社2011年版,第39页。

⑩ 参见薛澜、钟开斌:《突发公共事件分类、分级与分期:应急体制的管理基础》,载《中国行政管理》2005年第2期。

⑪ 参见林华:《非常规突发事件应急准备的法律保障》,载《法学杂志》2012年第5期。

⑫ 参见戚建刚、杨小敏:《行政紧急权力的制约机制研究》,华中科技大学出版社2010年版,第155~169页。

似乎就可以得到证明,因为政府在常态下的能力状况和危机应对能力需要之间的差距是客观且刚性的,如果全社会不能付出必需的代价以填平这种能力差距从而战胜当前的危机,危机的蔓延就会使最基本的生命财产安全持续受到威胁,其他的利益和福祉便无从谈起。但实际情况比这种简单的假设要复杂得多,人们为了战胜一场公共危机需要付出多少代价,有时候并不容易得到答案。这个代价既取决于危机本身的类型、规模、形态和演变趋势,还与人们设定的应对目标和应对策略有关。如果某种目标设定和策略选择导致人们需要付出的代价过于高昂,甚至足以在其他方面引发更加严重的危机,人们就会退而求其次,在其所能够容忍的风险水平上选择更具"性价比"的策略,暂时与当前的危机"共存"。因此,政府为了扩展危机应对能力而集中资源的权力,其正当性最终仍要诉诸成本和收益之间的损益衡量,也就是必须证明对这些资源的汲取和集中使用是"物有所值"的。

二、法律控制行政紧急权力的方式与程序的功能

本文将在这一部分讨论,为什么要通过程序法控制行政紧急权力?对这个问题的回答,需要前溯到另一个问题上:为什么要通过法律控制行政紧急权力?而要回答这个问题,又需要继续前溯到应急法的"元命题",就是法律在突发事件应对中的功能,以及由此推出的应急法的性质。在此,我们首先梳理两种代表性的观点。

第一种观点可以归为功能主义立场,其理论基点是将应急法视为应对突发事件的法律化的经验法则。其基本逻辑是,人们在与突发事件的长期斗争中逐渐积累了正反两个方面的经验教训,由此沉淀了应对突发事件的一系列优选策略,为了保证此后的危机应对活动不会偏离这些优选策略,便将其中的核心内容上升为法律,通过法律背后的国家强制力确保其得到运用。[13] 由于这些应急策略是由各种各样的紧急权力以不同方式组合而成的,因此,法律控制行政紧急权力的运行空间,实际上是为了约束政府的应急策略选择空间,使其始终匹配那些经过优选的经验法则。

---

⑬ 参见王祯军:《国家紧急权的理论与实践》,法律出版社 2015 年版,第 65 页;林鸿潮:《中国公共应急体制改革研究》,中国法制出版社 2015 年版,第 12 页。

不过,这种分析进路的有效性取决于两个前提:第一,立法理性足以为绝大部分(如果不是全部的话)突发事件提前预设应对策略,也就是实现这些突发事件应对的常规化,达到政府"依法行事"便可有效应急的程度;第二,立法频繁地修改,从而与突发事件应对的最新经验教训始终保持同步。不过,人们早已承认,立法机关无法实现这两个前提中的任何一个。

第二种观点可以归为规范主义立场,其理论基点是将应急法视为突发事件应对过程中的价值秩序。其基本逻辑是:常态下公权和私权在一系列支配性原则下已经形成了相对稳定的价值秩序,但在应急情景下需要做出一定调适,基本原则是公权获得适度扩张,私权受到相应减缩,两者在新的边界稳定下来之后形成新的价值秩序,并保持在事态平复后恢复到原有价值秩序的能力。这些要求通过立法程序得以实定化、具体化之后,便划出了政府在突发事件应对过程中的行动边界,形成了对行政紧急权力的约束。⑭ 这种分析进路以传统的自由主义法治学说为出发点和参照物,是应急法治理论中的主流观点。但其"软肋"在于,应急情景的千变万化使其中的公、私权关系及其背后的价值次序也呈现出复杂多样的形态,很难提炼出通约性的规则。即使勉强提炼出一些这样的规则,也只能是底线性的,比如基本权利不可克减原则、基本权利保护不足禁止原则等。⑮ 即使这些原则的作用得以发挥,对行政紧急权力也仅仅起到了最低限度的制约,远远不能满足人们的期望,何况这些原则本身是否可靠也不乏可疑之处。

总之,无论将应急领域的法律视为"经验法则"还是"价值秩序",都无法对"为什么要通过法律控制行政紧急权力"这一问题给出满意的答案。笔者认为,从行政紧急权力的正当化逻辑出发,应当将其理解为将人民对紧急权力正当化的期望是否得到满足转化为对紧急权力进行合法性评价的社会信任反馈机制。如上文所述,突发事件的概念如同一个"多棱镜",如何理解行政紧急权力,取决于从哪一个角度理解突发事件。如果将突发事件理解为一个紧急事件,紧急权力指的是政府因时间紧迫而快

---

⑭ 参见马怀德主编:《应急反应的法学思考——"非典"法律问题研究》,中国政法大学出版社 2004 年版,第 46 页;于安:《突发事件应对法着意提高政府应急法律能力》,载《中国人大》2006 年第 14 期。

⑮ 参见赵宏:《疫情防控下个人的权利限缩与边界》,载《比较法研究》2020 年第 2 期。

速响应的权力；如果将其理解为一个具有不确定性的事件，则是指政府根据不确定的信息对私人施予额外负担的权力；如果将其理解为政府在应对能力上存在差距的事件，那么，其指的又是政府因能力扩展之需而集中资源的权力。但是，无论从上述哪一个维度理解行政紧急权力，其正当性都是通过收益大于成本的实用主义逻辑来证成的。[16] 行政紧急权力是对一定人、物、空间、行为在范围、方式或程度上的额外支配，其行使必然意味着私主体的权利克减和利益牺牲，人们根据其对这种代价通常所能容忍的程度，授予国家一定范围的紧急权力，并具体化为各种行政紧急措施。[17] 这些紧急措施之所以能够获得人民的认可和服从，是因为紧急权力的运行符合他们对应急行动损益权衡结果的期望，即政府行使紧急权力所获得的收益总体上大于其所付出的成本。在突发事件应对过程中，人民对各种紧急权力都怀有这种基于成本和收益评价的正当化期望，人民根据这种正当化期望是否得到满足而决定是否认可和服从紧急措施，从而形成了对行政紧急权力的社会信任机制。[18]

无论是否制定法律，上述社会信任机制都会起作用。人民对政府的信任与否如果不能转化为规范性评价，就会诉诸行动，比如各种方式的不合作甚至公开反抗，直至其代价达到一方或者双方难以忍受的地步，被迫屈服或者改弦更张。将政府应对突发事件的活动纳入法律调整，目的在于通过更小的代价反馈人民对紧急权力的社会信任，将人民对行政紧急权力的正当化期望是否得到满足的问题，转换为紧急措施是否合法的问题，通过对违法行为的公开否定性评价和对责任的追究，替代各种方式的不合作以表达人民因正当化期望没有得到满足而产生的不满。因此，行政紧急权力之所以受到法律的约束，是因为法律充当着对紧急权力社会信任的规范性反馈机制。

那么，法律通过什么方式实现上述转换呢？有两种方式。一种方式，

---

⑯ 参见郑雅方：《论我国行政法上的成本收益分析原则：理论证成与适用展开》，载《中国法学》2020年第2期。

⑰ 参见戚建刚：《法治国家架构下的行政紧急权力》，北京大学出版社2008年版，第79～80页。

⑱ 参见宾凯：《重大突发事件的系统治理与法治》，载《国家检察官学院学报》2020年第6期。

是将人民对行政紧急权力的正当化期望是否直接获得满足转化为合法/违法的评价，这就是实体法的机制。这意味着，法律必须对紧急措施所要实现的成本和收益状态提出明确的应然性要求。根据目标高低不同，这些要求是分层的，形成了我们所熟悉的应急法上的各种装置。比如，比例原则体现的是人民对行政紧急权力最理想的正当化期待，即成本以必要为限，且收益大于成本；⑲基本权利不可克减原则体现的是人民愿意在应急行动中容忍的最大成本；⑳基本权利保护不足禁止原则体现的则是人民所能接受的应急行动应当取得的最小收益。㉑ 总之，应急领域的很多实体法制度都可以被看作对应急成本和收益的不同程度的期望。当然，这些制度设计以及由此建构起来的应急法治模式是否能够取得成功，即法律到底有没有能力将人民对紧急权力正当化的直接期望转化为合法/不合法的规范性评价，有许多可疑之处，理论上也存在不少争议，但这并非本文主题所在，笔者在此不作展开。

另一种方式，是将人民对行政紧急权力的正当化期望是否间接得到满足转化为合法/违法的评价，这就是程序法机制。之所以说是间接的，是因为它并不直接对应急行动的成本和收益提出要求，而是要求政府在行使紧急权力时抱持着和人民相同的正当化期望，即努力按照收益大于成本的目标去行使紧急权力，进而将政府和人民对紧急权力的正当化期望是否一致转化为合法性评价。因此，应急领域的程序法承担着两个层次的功能：第一个层次，程序法通过使政府按照人民的正当化期望行使紧急权力，促成应急行动的结果符合这种期望，即符合实体法上的目标。在这一意义上，程序法具有工具性意义，和一般行政法上“借由程序公正实现实体公正”的工具性功能是相通的。当然，正如前文反复指出的那样，突发事件瞬息万变导致缺乏类比推理对象和稳定的参照物，能否在实体法上就人民对紧急权力的正当化期望是否得到满足做出确定性的评价，一直不无疑问。第二个层次，程序法使政府和人民在行政紧急权力的正当化期望上取得一致，并让人民确信这一点，在一定程度上也满足了人

⑲ 参见梅扬：《论比例原则在紧急状态下的特殊适用规则》，载《人权》2021 年第 4 期。

⑳ 参见王祯军：《论紧急状态法制中的不可克减原则》，载《河北法学》2012 年第 9 期。

㉑ 参见陈征：《宪法中的禁止保护不足原则——兼与比例原则对比论证》，载《法学研究》2021 年第 4 期。

民的正当化期望,在突发事件应对过程中促成了社会共识的形成。在这一意义上,程序法具有独立的功能,在实体法的目标难以实现的情况下,程序法的这一功能更加重要。[22] 从最极端的意义上说,如果实体法机制确实不可靠,甚至可以认为程序法是约束行政紧急权力的唯一有效法律机制。

确保政府在行使紧急权力时和人民一样保持着收益大于成本的正当性,并让人民确信这一点,要求政府行使的每一项紧急权力都经历过公开且负责任的正当性检视。这种检视应当始终围绕着人民对行政紧急权力非正当化行使的担忧展开,可能存在于突发事件应对的事前、事中或事后,还可能不止经历一次。那么,人民为什么对行政紧急权力的非正当化行使存在担忧呢?这必须回到前文对行政紧急权力类型的分析上。由于应急行动在时间上是被"加速"的,人们自然会担心紧急措施的采取没有经过周详的考虑,过于仓促甚至鲁莽,政府在匆忙间可能做出了不恰当的决策,导致应急行动未能以合乎比例的方式达成目标;由于应急行动可能是在信息不充分的情况下被"扩大"的,人们还会担心政府用于支撑其应急行动的证据过于稀薄,夸大的风险泛化了紧急措施的覆盖范围,导致人民付出更多代价;由于应急资源的"集中"直接减损了(主要是财产性的)私人利益或公共福祉,人们还会担心这些资源的集中是过度的,造成了对它们的滥用或者浪费,至少是降低了效用。因此,程序法应当致力于避免政府陷入这样的错误,并取得人民的确信。至于在结果上,行政紧急权力的行使最终是否符合合比例性的正当化预期,则交给实体法去评价;即使实体法无力做出评价,行政紧急权力的行使也因为建基于程序所塑造的社会共识而实现了正当化。在此基础上,下文将根据行政紧急权力的不同维度,讨论具体的程序设计。

三、嵌入应急行动预决策的程序装置

突发事件的紧急性要求应急响应的高效性,促使行政权力因时间紧迫而加速运行,为了更快实现行政目的,政府不得不采取一些相对于平时

㉒ 参见崔卓兰、曹中海:《论行政程序的内在价值——基于对行政程序底线伦理的探索》,载《法制与社会发展》2006年第3期。

更为严厉和激烈的措施。对此,行政法的一般回应思路是:法律应当为政府的快速行动提供空间,这主要体现为放松对行政权力的程序控制和裁量规制;但考虑到应急行动对私人权利的威胁,法律应当在其退守之处筑起新的防线。㉓ 比如,法律允许政府对那些妨碍应急行动或者产生次生、衍生危害的行为进行快速处罚,即通过简化甚至省略部分程序环节来压缩行政处罚的实施过程,以更快地惩处违法行为。基于此,2021 年修订的《行政处罚法》第 49 条规定了重大突发事件应对情景下的依法快速处罚条款。而学者们通常会提出,法律在进行此类授权时应同时做出一些限制,比如规定一些程序在任何情况下都不得被省略,包括表明身份、告知事由、说明理由、告知救济渠道等,㉔以此作为控制紧急权力的底线性保障,保证非常法制下"最低限度的公正"㉕。再如紧急情况下的从严从重处罚,其目的是通过对违法行为给予比平时更严厉的惩戒以给潜在违法者造成更大威慑,从而快速遏制次生、衍生危机,这同样属于"因紧迫而加速"的紧急权力;但传统行政法会认为这属于实体裁量问题,应当通过调整行政裁量基准来实现对紧急权力"放"和"收"的平衡。㉖

上述回应方式建立在一个基本前提之上,那就是认为政府应对突发事件主要运用的是那些型式化的行政措施,比如行政处罚、行政强制等,这些措施已经有了一套公认的实施程序(即使没有完全法定化)和裁量方式。因此,当这些措施需要被加速实施或者需要更快地收获效果时,通过对原有规则进行恰当改造,便可以在"应急"和"法治"之间达成新的平衡。我们承认这样的回应思路能够解决个别问题,比如促进紧急情况下行政处罚的公正实施,但远不足以解决快速响应的正当化问题。这不仅仅是因为很多应急措施并不是型式化的行政行为(尽管事实也是如此),而是因为人民对紧急权力非正当化行使的主要担忧并不在于具体紧急措施是否得到公正实施,而在于整体上的应急行动方案选择以及由此决定

㉓ 参见江必新、黄明慧:《论紧急行政权的限度》,载《行政法学研究》2022 年第 5 期。

㉔ 参见王晓杰:《紧急行政程序论纲》,载《甘肃社会科学》2006 年第 5 期。

㉕ 王锡锌:《正当法律程序与"最低限度的公正"——基于行政程序角度之考察》,载《法学评论》2002 年第 2 期。

㉖ 参见金成波:《从重处罚设立的必要性及其制度构造》,载《行政法学研究》2022 年第 4 期。

的紧急措施组合方式。因此,对行政紧急权力的程序控制,应当将重点聚焦于应急决策,而不是决策之后的具体措施实施上。

人们通常认为,在应急决策环节,法律应当授予政府机断之权,因此不应给予过多的程序性约束,甚至不应有任何程序约束。[27] 实际情况可能恰恰相反,因为出于快速响应的需要,突发事件应对中的行政决策主要并不依靠临机决策,而是预决策,其基本方式就是人们所熟悉的编制应急预案。"应急预案是针对可能的重大事故(件)或灾害,为保证迅速、有序、有效地开展应急与救援行动、降低事故损失而预先制定的有关计划或方案。"[28]应急预案的内容通常包括突发事件应对原则、组织机构与职责、监测预警与信息报告、应急响应行动、应急保障措施等部分,其中,对人、物、环境、管理等方面要素所开展的快速响应、应急处置、风险防护以及系统恢复等应急措施是重中之重。[29] 政府编制应急预案的目的,并非创制一种具有确定约束力的制度安排,而是在既有的制度安排下尽量提高应急反应的速度。[30] 应急预案作为一种预授权机制,通过事先进行危机情景假设,预先配置相关主体的职权职责等内容,并为有效应对突发事件提供具体的、体系化的预设措施和手段。有了预决策机制,只要预设的应急情景出现,相关主体就可以直接实施预定的应急行动方案,以此提高政府对突发事件的响应速度。这种预案式应对模式将大部分突发事件的应急决策前置到平常状态下,预案编制时并不存在真正的紧急情况,各种程序法装置自然就具备了生长空间。

不过,在以往的应急预案编制实践中,紧急措施的正当化从来不是关注重点。在我国应急预案的发展史上,对预案编制最初的要求是形式上的完整性和体系性,也就是主体上"该编的都要编",内容上"该有的都要有"。后来,预案的编制开始追求科学性和有效性,强调要以风险评估和应急资源调查为基础,进行充分的情景建构和模拟推演,并借

---

[27] 参见薛澜、张强、钟开斌:《危机管理:转型期中国面临的挑战》,清华大学出版社2003年版,第163页。

[28] 詹承豫、顾林生:《转危为安:应急预案的作用逻辑》,载《中国行政管理》2007年第5期。

[29] 参见曹海峰:《非常规突发事件应急预案研究——基于情景构建的视角》,社会科学文献出版社2018年版,第167页。

[30] 参见林鸿潮:《论应急预案的性质和效力》,载《法学家》2009年第2期。

助案例积累实现危机发生后具体应急方案的快速生成等。[31] 但是,很少有人意识到,应当将预案编制环节作为解决紧急措施正当性的契机。我国现行法律法规往往不厌其烦地为常态下的行政决策设计程序性控权装置,却对应急决策"退避三舍",比如,2019 年施行的《重大行政决策程序暂行条例》明确将"突发事件应急处置决策"排除在适用范围之外。殊不知,突发事件快速响应的实现机制既包括对决策过程的压缩,还包括对决策过程的前置,后者发挥着更加重要的作用。如果说决策过程的压缩造成程序的压缩(甚至被压缩为零),那么,决策过程的前置则会相应带来程序的前置。因此,尽管行政紧急权力的实际运行过程"因紧迫而加速"了,但其程序性控制装置不应消失,只不过应当被前移到应急预案的编制环节而已。也就是说,程序法需要嵌入应急预案的编制过程,以促使政府和人民对那些将来可能被行使(而不是正在被行使)的紧急权力达成正当化期望上的一致。

常态下的重大行政决策程序主要包括公众参与、专家论证、风险评估、合法性审查、集体讨论等,这些程序在面向突发事件的预决策中本质上并无不同,大多可以直接或者变通地嵌入应急预案的编制过程。其中,能够促成政府和人民对紧急权力正当化期望一致性的,主要是风险评估和公众参与的组合。这里的风险评估指的是社会稳定风险评估,也就是本土化的社会影响评价,而不是环境影响评价、生产安全风险评估、灾害风险评估等技术性风险评估。社会稳定风险评估本质上是对行政决策相关利益群体的压力测试,聚焦于利益相关群体对行政决策所抱持的态度,重点是反对力量有多大,以及基于这种力量付诸对抗性行动的可能性和破坏力有多大,并据此决定保留、修正或者是放弃拟定的决策方案。[32] 相关利益群体对决策抱持的态度,直接来源于对风险和收益的感知,说到底还是一种损益权衡。有效的社会稳定风险评估实际上是建立在充分公众参与和风险沟通之上的行政决策方案动态调整机制,决策方案经过一次或者多次的风险评估,最终将在相关利益群体可接受的情况下稳

---

[31] 参见钟开斌:《中国应急预案体系建设的四个基本问题》,载《政治学研究》2012 年第 6 期。

[32] 参见林鸿潮:《重大行政决策社会稳评体制的批判与重构》,载《行政法学研究》2018 年第 3 期。

定下来。[33] 正如上文反复指出的那样,行政紧急权力是政府在紧急情况下对私人利益的额外支配,人民对政府能否正当行使这种权力抱有深深的疑虑,在预先决定如何行使这些权力的预案编制过程中达成社会共识具有关键意义,而以公众参与和风险沟通为内核的社会稳定风险评估正好可以扮演这样的角色。因此,被嵌入应急行动预决策过程当中的,应当是还原了本来面目的社会影响评价(仍将其称为社会稳定风险评估也无妨),而不是异化成了为行政决策发放“通行证”的“橡皮图章”。

在预决策中促成政府和人民对紧急权力正当化期望一致的另外一项重要措施,是在预案编制中加入合比例性评估。由于紧急措施的成本和收益很难通过量化方式被放在一起直接比较,因此,合比例性分析需要通过在不同紧急情形和应急方案之间进行类比推理来进行。[34] 但在真实的应急场景中,往往缺乏这样的类比推理对象,时间的紧迫更使政府难以进行这些细致的分析比较。因此,如果以突发事件发生后的临机决策为假设,紧急措施的合比例性分析确实是很不可靠的,要求政府在这种情况下仍要选择最合乎比例的方案展开紧急行动,未免失之过苛。[35] 但是,基于预案编制的应急决策前置又使合比例性分析具备了一定可能性。因为,在预案编制过程中,应急场景和应急方案都是建立在以往经验和逻辑推理上的假设,尽管未必与将来真实情况完全一致,但可以力求接近,政府有条件在这些场景和方案之间进行细致比较。特别是在应急预案更新的情况下,这种比较更加具有可操作性,因为原来的应急方案及其曾经应用过的实际事件提供了较为可靠的比较对象。而且,预案式应对使应急决策的主要过程被提前到平时,政府有充裕的时间进行深入对比分析。即使在预案编制过程中的这种情景假设和行动模拟与将来实际发生的突发事件及其应对过程存在一定差距,但预案编制过程中的这种合比例性分析本身已经使将来可能行使的行政紧急权力受到相当程度的制约,也可以让公众看到,政府力求在将来的突发事件应对过程中采取代价最小的

---

[33] 参见成协中:《风险社会中的决策科学与民主——以重大决策社会稳定风险评估为例的分析》,载《法学论坛》2013年第1期。

[34] 参见刘权:《比例原则的精确化及其限度——以成本收益分析的引入为视角》,载《法商研究》2021年第4期。

[35] 参见梅扬:《比例原则的适用范围与限度》,载《法学研究》2020年第2期。

方式争取最佳效果，或者说政府保持着和人民相同的正当化期望在计划未来的应急行动，这仍然可以形成较高程度的社会共识，使将来的应急行动获得社会信任。合比例性评价应当嵌入应急预案编制中的如下两个环节：一是在编制小组的工作中，要求其在多个可能的应急行动方案之间进行合比例性比较，这一要求应当体现在国家层面有关应急预案编制的规范性文件或者指南当中；二是在专家论证环节，要求专家在应急预案的评审中就应急行动方案的合比例性提供意见。

四、在不确定条件下维系社会信任的程序装置

行政紧急权力的另一个维度是"因未知而扩大"，这将引起人民对紧急权力非正当化行使的另一种担忧，就是紧急措施覆盖范围的过度扩大化或者长期化带来的额外负担。"风险是概率论的，如果应对举措是决定论的，两者之间的张力将极大。以此为背景，决策者必须……充分考虑各种选项，必须最大限度重视信息的反馈，否则可有可无的风险就很容易变成不折不扣的实际危害。"㊱紧急措施的扩大化来源于突发事件危害后果的不确定性，必须指出，这种不确定性的程度和人们对紧急措施的容忍度随着紧急事态的持续和演变是不断变化的。人们期望紧急权力的正当化行使，并不是苛求政府采取的紧急措施恰好与突发事件的危害范围"不多也不少"地完美匹配，也就是要求将紧急措施的冗余度压缩为零——实际上，人们出于对安全的追求，也希望紧急措施所提供的安全保护具有适当冗余度——而是这种冗余度和事态的不确定程度之间保持合理匹配，从而始终落在其能够容忍的合理范围之内。

具体而言，在突发事件发生之初，由于事出突然，危害范围的不确定程度最高，政府为了避免未知风险外溢需要在较大范围内采取比较激烈的紧急措施。此时，赖以证明紧急措施必要性的事实基础最为薄弱，或者说冗余度最高，但由于人们对于尽快控制损害扩大（确保收益）的期盼大大压倒了对紧急措施精准度（减少成本）的要求，对"因未知而扩大"的紧急权力的接受度反而处于较高水平。如果危机很快结束，紧急措施也随之解除，人们一般不会质疑这些措施是否过度，尽管事后可能证明情况确

㊱ 季卫东：《疫情监控：一个比较法社会学的分析》，载《中外法学》2020 年第 3 期。

实如此。如果危机持续的时间比较长,情况就会变得复杂,因为随着事态的演变,一些最初未知的情况将逐步明朗起来,新的信息既有可能证明之前的紧急措施是必要的甚至仍存在不足,也有可能证明它们是过度甚至完全多余的。如果属于后者,公众可能很快就会对原来的紧急措施感到不满,迫切希望政府做出调适。如果政府能够及时对此做出回应,调整紧急措施的强度和覆盖范围,则公众对应急行动的正当化期望可以一直得到满足,紧急措施也可以继续获得人们的信任和支持。当然,紧急事态的演变也可能走向相反的方向,就是出现了新的未知威胁,人们希望获得更加确定的安全保障,这又使得紧急措施必须在“因未知而扩大”的逻辑下进一步扩张。总之,法律必须使紧急措施的冗余度和事态的不确定程度一直保持着这样的动态匹配关系,以此使行政紧急权力一直受到人们正当化期望的约束,并维系公众对行政紧急权力的信任。

“在过程导向的行政权力运行程序中,行政程序的内涵具有相当大的开放性,被视为行政机关之间的信息交换过程,行政机关与个人、企业之间的信息交换过程、意见表达和沟通过程。”[37]在持续性的公共危机应对过程中维持政府和人民对紧急权力正当化期望的一致性,正需要在这一意义上展开程序建构,其关键在于解决两方面的问题:

一方面,使政府在应急过程中保持对事态本身和公众态度变化的敏感性,以及迅速调整紧急措施的灵活性。[38] 这首先需要专家通过制度化的方式在突发事件应对过程中对决策施加影响,这些专家必须“既有特定的专业人士在品性方面的可靠性,又有非专业人士所无法有效地知晓的知识和技能的准确性”[39]。由这些专家组成的审议性机构应当具备如下条件:对相应突发事件的应对具有专业判断能力;能够及时跟进紧急措施的实施效果和舆情评价;具有法律地位和权威性,当其提出检讨既有紧急措施的建议时,能够获得政府的高度尊重和回应;具有相对独立性,不被公

---

[37] 王万华:《我国行政法法典编纂的程序主义进路选择》,载《中国法学》2021 年第 4 期。

[38] See C. Ansell, E. Sørensen, J. Torfing, *The COVID – 19 Pandemic as a Game Changer for Public Administration and Leadership? The Need for Robust Governance Responses to Turbulent Problems*, Public Management Review, Vol. 23, No. 7, 2021, p. 952.

[39] [英]安东尼·吉登斯:《现代性的后果》,田禾译,译林出版社 2011 年版,第 74 页。

众视为政府的附庸。现有法律并非不注重发挥专业人士在突发事件应对中的作用,应急领域有大量的法律法规要求政府及其部门建立起综合性或者专门性的专家机构,但通常做法是将其定位为在政府决策中提出参考性意见的咨询团队。有鉴于此,法律应当明确规定这些专家机构的审议性职能及其运行机制,包括:(1)规定这些专家有权参与应急决策过程以充分了解情况;(2)要求专家保持对事态发展和舆情的高度关注,并在必要情况下及时进行研判;(3)要求专家对应急过程中的技术性或者政策性问题形成意见后,向政府独立提出检讨既有应急方案的建议;(4)要求政府在得到建议后,及时启动相应的政策检讨机制。[40] 当然,法律规定上述审议性机构及其运行方式的目的在于确保有人能够启动对紧急措施的检讨机制,并不排斥政府在其认为必要的其他情况下(比如发现了紧急事态中的重大变化或者感受到舆情压力)自行启动这样的检讨机制。无论通过何种方式,一旦政府确认既有紧急措施"因未知而扩大"所产生的冗余度已经超过了公众对安全的实际需求,偏离了合比例性的要求,就应当迅速做出调整。如果这样的政策调整是制度化的,并始终建立在科学判断和公众预期的基础之上,那么将无需担忧因"朝令夕改"而损害政府在危机应对中的领导权威,反而有助于使人民持续保持对紧急权力正当性的信任。

另一方面,对紧急措施的检视结果可能满足了公众的期望,也可能只是部分满足,还可能没有满足(经过检视之后决定暂不做调整),在公众意见不一致的情况下,还可能只让一部分人满意而让其他人失望。但无论如何,在信息不(完全)确定的条件下开展应急行动,维系公众对紧急权力的社会信任至关重要,在涉及政策变或不变的敏感节点上尤其如此。这就需要在政府和公众之间嵌入更多的程序装置,进一步构建决策做出者与决策接受者之间的沟通渠道,即建立风险沟通机制。"风险沟通是个人、群体和机构之间交换信息和看法的互动性过程;这一过程涉及多种多样的信息,既包括风险性质的信息,也包括表达关切、看法的信息,或者对

---

[40] 参见沈岿:《风险治理决策程序的应急模式——对防控甲型 H1N1 流感隔离决策的考察》,载《华东政法大学学报》2009 年第 5 期。

风险信息或风险管理的立法和机构安排做出反应的信息。”[41]可见，风险沟通的本质是政府和利益相关者之间的风险信息交流过程，目的是协助利益相关者更全面地认知风险，消除因信息不对称造成的政策误解，从而增进相互理解，凝聚社会共识，协同推进危机治理过程。[42] 风险沟通要求政府善于借助官方公告、新闻发布会、专家访谈等方式向公众传递信息，同时要畅通公众表达意见的渠道，积极赋权于风险承担者。当存在不同立场的意见和利益纷争时，政府要善于借助专家资源进行沟通，将风险沟通“进一步结构化为政府、专家与民众三方主体间平衡认知冲突和促进共识生成的动态机制”[43]。实际上，就行政紧急权力“因未知而扩大”这一维度而言，由于紧急措施本来就具有一定冗余度，公众不可避免会对其必要性心生疑虑，即使在紧急措施确实需要长期保持稳定的情况下，政府也应当经常开展不同形式的风险沟通，以维持社会信任。

五、评价应急资源使用绩效的程序装置

在等级较高、规模较大的突发事件中，政府可能因既有资源准备的不足而需要对外对内进行紧急的能力扩张，对外的资源汲取需要减损私人权益或者额外增加私人负担，对内的资源集中则涉及公共资源的临时性调配，但无论何种形式，这些有别于常态的危机应对能力扩展都需要公众付出相应代价，构成了“因匮乏而集中”维度上的紧急权力。人民有理由担忧政府不能正当地行使这种权力，比如过度集中资源或者未能使被集中的资源产生应有效益。法律需要回应这种担忧，通过约束这一维度上的行政紧急权力满足人民的正当化期望。

既有研究不乏对这一问题的关注，主要着眼于两个方面：一是应急征用及其补偿。应急征用是政府在紧急情况下对外汲取资源的重要方式，其实质是政府在付出一定补偿的情况下将私人财产转为公共财产，关涉公民的财产权，人们必然关心征用的公正性。法学界围绕应急征用的很

---

[41] National Research Council, *Improving Risk Communication*, Washington DC: National Academy Press, 1989, p. 21.

[42] 参见钟开斌：《应急管理十二讲》，人民出版社2020年版，第80~81页。

[43] 肖梦黎、陈肇新：《突发公共危机治理中的风险沟通模式——基于专家知识与民众认知差异的视角》，载《武汉大学学报(哲学社会科学版)》2021年第6期。

多问题展开过讨论,包括征用主体(比如什么层级的政府有权征用,政府部门是否有权征用等)、征用程序(是否要坚持先补偿、后征用,补偿是否需要依申请进行)、补偿标准(完全补偿还是适当补偿,是否适用损益相抵的计算方式)、征用对象(能否征用运输经过本行政区域的物资,是否包括还没有形成实物的"生产能力")等。[44] 此外,一些与应急征用相关的措施,比如紧急采购、征购,也引起了研究者的兴趣。[45] 二是公共资金的紧急使用。在重大突发事件的应对过程中,动用预算准备金、调整预算、发行特别公债等,是政府用于扩张应急能力的常见财政手段。财政手段的运用应当被置于民意代表机关的严格监督之下,即便是遇到紧急情况需要采取临时性的财政措施,也仍应受到民意代表机关相当程度的控制。有学者关注了这些问题,其关心的主旨包括:如何在确保民意代表机关对公共资金使用的控制和紧急情况下财政措施的灵活性之间保持平衡;[46]如何在公共资金的紧急使用中满足公众的知情权;[47]如何在各级政府和不同地区的政府之间进行应急资金支出责任的合理划分等。[48] 应当承认,在占大多数的常规突发事件中,对应急征用和应急财政的关注基本上回应了人们对"因匮乏而集中"的紧急权力在正当性方面的主要担忧。但是,在重大甚至超常规的突发事件应对中,"因匮乏而集中"的紧急权力之意涵要丰富得多,涉及更加重大的公私利益临时性重新配置,甚至涉及全国范围或者一定区域内一定时期经济社会发展目标的重新安排,对这种重大而

---

[44] 参见王敬波:《略论政府应急征用法律制度的完善》,载《行政法学研究》2011 年第 4 期;刘浪、李俭:《非常规突发事件应急征用补偿机制》,载《北京理工大学学报(社会科学版)》2012 年第 4 期;张亮:《应急征用权限及其运行的法律控制——基于我国〈突发事件应对法〉第 12 条的法释义学分析》,载《政治与法律》2020 年第 11 期;熊文钊、王秋艳:《应急行政征用制度探究》,载《广西社会科学》2020 年第 9 期;金成波:《论应急征用制度的构建》,载《河南社会科学》2021 年第 4 期。

[45] 参见张小平:《我国紧急采购的法治化:经验与建议》,载《财经法学》2020 年第 3 期;林鸿潮、张雨田:《完善应急物资保障制度的公法路径——以应急物资保障协议为切入点》,载《西南民族大学学报(人文社会科学版)》2021 年第 12 期。

[46] 参见陈治:《突发事件背景下预算法应急机制的困境与出路》,载《法学论坛》2022 年第 1 期。

[47] 参见陈治、黄成:《突发事件背景下应急支出的预算授权检视与完善》,载《财经科学》2021 年第 5 期。

[48] 参见李楠楠:《央地协同治理:应急财政事权与支出责任划分的法治进路》,载《地方财政研究》2021 年第 9 期。

剧烈的利益调整的正当性问题，远非对应急征用和应急财政的研究所能回应，而需要放在对整个突发事件应对活动绩效评价的框架下讨论。

行政的可问责性可以在公共领域的“委托—代理”垂直关系中得到解释，即把公众看作委托方，政府作为代理方，其获得委托方的授权，代表委托方的利益执行任务，并有责任就其所涉及的工作绩效向委托方做出汇报。[49] 在应急行政中，这一逻辑并未改变，政府作为突发事件应对的第一责任主体，对于保障人民生命财产安全、维护社会稳定负有重要职责，应当就其工作绩效接受评价，评价者包括垂直关系下的上级机关、民意代表机关和公众等主体，在实际的制度运行中主要是前面两者。[50] 对政府的应急绩效进行评价，“有助于形成一种关于紧急权力行使之正当边界的规范理论，促使政府更好地应对未来之危机”。[51]

在现行法律体系中，存在两种评价应急绩效的制度。一种是政府向国家权力机关所做的专项报告。《突发事件应对法》第25条规定：“县级以上人民政府……突发事件应急处置工作结束后，应当向本级人民代表大会常务委员会作出专项工作报告。”从实践来看，这一机制除了在《突发事件应对法》施行之初有过一些实践，此后很少被实际启动。原因在于，地方层面的突发事件应对活动实际上是在地方党委政府的共同领导下（主要是在地方党委的领导下）开展的，地方党委负责人往往就是应急指挥机构的第一负责人，其通常又兼任本级人大常委会的负责人。从那些实际上启动了这种评价机制的例子——比如2008年汶川地震后国务院就抗震救灾及灾后恢复重建工作情况向全国人大常委会所作的报告[52]以及后者就此做出的决议[53]——来看，其主要评价内容是应急行动所取得的

---

[49] 参见欧文·E.休斯：《公共管理导论》（第4版），张成福等译，中国人民大学出版社2015年版，第265页。

[50] 参见莫于川：《我国的公共应急法制建设——非典危机管理实践提出的法制建设课题》，载《中国人民大学学报》2003年第4期。

[51] 郑玉双：《紧急状态下的法治与社会正义》，载《中国法学》2021年第2期。

[52] 参见《国务院关于四川汶川特大地震抗震救灾及灾后恢复重建工作情况的报告》，载中国人大网，http://www.npc.gov.cn/zgrdw/huiyi/lfzt/fzjzf/2008-06/24/content_1439800.htm。

[53] 参见《全国人民代表大会常务委员会关于四川汶川特大地震抗震救灾及灾后恢复重建工作情况报告的决议》，载中国人大网，http://www.npc.gov.cn/zgrdw/huiyi/lfzt/fzjzf/2008-06/27/content_1439799.htm。

效果，以及对下一步安排（比如恢复重建）进行审议。另一种评价机制主要是针对生产安全事故的，近年来在自然灾害应对中也有所应用。2019年施行的《生产安全事故应急条例》第27条规定："按照国家有关规定成立的生产安全事故调查组应当对应急救援工作进行评估，并在事故调查报告中作出评估结论。"2021年修正的《安全生产法》第86条重申了这一点，要求在事故调查中同时"评估应急处置工作"。对事故应急处置和救援的评估，主要是评估应急响应是否及时，应急预案是否完整、明细和具有可操作性，是否执行了应急预案中的主要措施，相应岗位职责是否认真履行，处置和救援效果如何等，评估的对象包括生产经营单位和行政机关，评估的目的是总结经验教训，并为之后的问责追责提供事实依据。[54]此外，尽管还没有专门的法律法规，但在近年来发生的一些重大自然灾害应对中，也借鉴了生产安全事故的模式对灾害应对工作进行调查评估，比如2021年国务院对河南郑州"7.20"特大暴雨灾害开展的调查，[55]地方层面也有一些类似的实践。[56] 这种评估与生产安全事故调查类似，但由于灾害的发生源于自然力，省去了对事件原因的调查和对相应责任的分析，使调查评估更加侧重于灾害发生之后的应对效果。但无论如何，从总体上看，这些调查评估工作的相关部分（远远不是全部）只涉及突发事件应对的效果层面，即评价应急行动是否解决了维系安全和秩序等国家"第一性政治问题"，从而在"收益"层面证成其基本正当性。[57] 而在应急过程中，人们还十分关心政府在"因匮乏而集中"的逻辑下将社会资源重新配置之后的效果，也就是将这种资源重配作为社会成本纳入考虑之后的应急行动整体效益。政府只有进一步回应人民的这种深度关切，才能够在更高的层面上证成行政紧急权力的正当性。

将社会资源重配作为成本引入对重大突发事件应对整体上的效益评

---

[54] 参见闪淳昌主编：《安全生产执法实务与案例》，中国法制出版社2021年版，第240~241页。

[55] 参见《河南郑州"7.20"特大暴雨灾害调查报告公布》，载新华网，http://www.news.cn/politics/2022-01/21/c_1128287291.htm。

[56] 例如，河南省减灾委员会出台《河南省重大自然灾害调查评估工作暂行办法》，黑龙江省减灾委员会出台《黑龙江省重大自然灾害调查评估暂行办法》等。

[57] 参见孟融：《论突发疫情防控措施的国家向度及法律控制》，载《南开学报（哲学社会科学版）》2020年第5期。

价当中,我们仍然难以直接将成本和收益量化之后直接进行比较,但可以找到一个观察视角,就是这种社会资源重配对经济社会发展的影响程度。因此,法律需要设计某种机制,使突发事件应对的效果和同一时期内的经济社会发展状况同时得到公开评价。一个可以考虑的方案是,要求各级政府每年向本级人民代表大会报告工作时,如果上一年度全国或者本行政区域发生了重大突发事件的,应当在政府工作报告中同时报告这些事件的应对情况。[58] 这样做有几点好处:首先,这种安排具有强制性,因为政府不可能不向本级人民代表大会报告年度工作,而《突发事件应对法》第16条规定的政府向本级人大常委会就突发事件应对情况做专项工作报告则是选择性的。在上一年度发生重大突发事件的情况下,经济社会发展必然受到较大影响,要求政府将事件应对情况纳入年度工作报告中一同接受国家权力机关评价,具有合理性。而且,这并不妨碍本级人大常委会在其认为必要的情况下,仍然要求政府就突发事件应对情况做出更加详细的专项报告。其次,每年一度的各级人民代表大会社会关注度很高,政府工作报告中的重要内容都会得到广泛的报道和讨论,有关突发事件应对的情况更是如此,对于那些法律提出了明确要求且社会关心的内容,政府若避而不谈、轻描淡写或者不当粉饰则都可能带来负面影响,上述方案有助于保证报告内容的真实性和充实度。再次,基于政府年度工作报告的社会关注度,其报告的内容实际上不仅以制度化的方式接受着本级国家权力机关的评价,还以非制度化的方式同时接受着社会公众的评价。最后,政府将突发事件应对情况和经济社会发展情况一同报告,国家权力机关、媒体和社会公众必然会将这两者放在一起比较并给予重点关注,从而能够将人民对行政紧急权力的正当化期望——要求政府兼顾危机应对和经济社会发展,注重应急情况下社会资源重配的合比例性——以直接和间接的方式一起传递给政府,从而形成对"因匮乏而集中"的紧急权力的有效事后制约。

六、结语

行政紧急权力是政府在紧急情况下对私人利益直接或间接的额外支

---

[58] 参见林鸿潮:《战时隐喻式应急动员下的问责机制变革》,载《法学》2022年第9期。

配，人民必然对这种权力的行使怀有强烈的正当化期望，希望其能够被法律驯化。行政紧急权力的正当性可以通过简单的实用主义逻辑获得解释，其核心是合比例性。应急领域的很多法律制度，都体现为在不同层面上对行政紧急权力的合比例性要求，本质上是将人民对紧急权力合比例性的期望是否得到满足转化为紧急权力合法/不合法的判断。对此，实体法采取了直接转化的进路，但其获得成功的可能性一直存在争议，程序法则采取了间接转化的进路，希望通过塑造政府和人民对紧急权力正当化期望的一致性来实现对紧急权力的制约。

在推动行政法法典化的进程中，不少学者呼吁要在不同形式的行政法典中规定应急行政程序的内容。[59]“伴随着人类社会进入到风险社会，公共行政面临着越来越多的不确定的风险，为及时有效应对各类突发事件和重大灾害，维护国家、社会重大公共利益，保护公民生命财产安全，行政法总则当中还应规定紧急行政程序。”[60]实际上，2008 年施行的《湖南省行政程序规定》在地方政府规章层面就曾对行政应急行为及其基本程序提出了比较完整的规范框架，[61]此后陆续出台的一些地方性行政程序法规、规章也不乏仿效者。但是，既有研究大体上仍把对行政紧急权力的程序制约理解为对既有的各种行政程序进行一定程度的简化和变通，在传统学说用各种型式化行政行为和行政程序所编制出来的“行政法地图”中理解突发事件应对中的行政权。

实际上，人民对行政紧急权力的主要担忧，并非具体行政措施在实施中的合法性问题，而在于应急行动方案的选择和调整，后者在紧急情况下公私利益格局的形成中起着决定作用。这就需要我们在更开放的意义上理解紧急情况下的行政程序，不仅仅将其定义为政府实施紧急措施的方式、步骤、时限和顺序，而是将其理解为在突发事件应对过程中塑造社会共识，维系官民双方正当化期望一致性的一系列机制。对这些机制的具

[59] 参见姜明安：《关于编纂我国行政程序法典的构想》，载《广东社会科学》2021 年第 4 期；关保英：《〈行政法典总则〉对行政法治理念的整合》，载《法学》2021 年第 9 期。

[60] 谭宗泽、付大峰：《从规范程序到程序规范：面向行政的行政程序及其展开》，载《行政法学研究》2021 年第 1 期。

[61] 参见王万华：《统一行政程序立法的破冰之举——解读〈湖南省行政程序规定〉》，载《行政法学研究》2008 年第 3 期。

体设计,应当从人民对行政紧急权力非正当化行使的担忧着眼,而这又需要回到行政紧急权力的行使方式上。面向“因紧迫而加速”的紧急权力,应当利用应急预案将应急决策前置的特点,将基于公众参与的紧急措施社会影响评价嵌入其中,并在预案编制中增加合比例性评价的内容。面向“因未知而扩大”的紧急权力,应当通过制度化的专家审议机制使既有应急方案能够经常性地获得检视并及时做出调整,使紧急措施的冗余度和事态的不确定程度之间始终保持合理匹配,并借助多种形式的风险沟通增进人民对紧急措施必要性的理解。面向“因匮乏而集中”的紧急权力,应当建立起针对应急资源使用效益的评价机制,可以从评价突发事件应对中政府重配社会资源对经济社会的影响程度入手,将突发事件应对效果和相应时期内经济社会发展情况一并纳入政府工作报告当中,接受国家权力机关和公众的一体性评价。

●论规制法与行政程序法的嵌合*

王瑞雪**

摘　要:行政程序法既具有独立于结果的自然正义价值,也具有增进规制决策理性之功效,应与行政规制过程深度嵌合。在规制工具选择过程中,规制者须强化对规制政策的评估,将各方的交流与沟通作为贯穿始终的程序性要求,加强对规制工具与规制目标之间合理联结程度的说明理由。在信息规制的过程中,规制者须在归集、评价、披露和使用相对人信息时遵循适当的程序性要求;相对人在不同情境下均应享有基于特定理据请求阻断信息流转的程序性权利。在风险规制的过程中,行政机关具有确保专家咨询与公众参与不流于形式的程序性义务,否则规制政策的实体结果也极有可能偏颇甚至加剧风险。风险不应当是无限趋近于常态化的一般状态,因此以规避风险为目标的预测性规制工具应当审慎适用。在合作规制的过程中,不同规制主体均须遵从正当法律程序原则的要求,同时其彼此之间的合作机制亦应获得程序法支持。

关键词:规制工具选择;信息规制;风险规制;合作规制;行政程序法

引　言

行政程序相关立法在世界范围内的大规模颁行,原本就是立法者面向规制国家所采取的系统性约束方案之一。例如,美国 1946 年《联邦行政程序法》的制定背景即为政府规制的兴起使得完全依赖司法审查完成

---

* 本文系国家社科基金青年项目“声誉制裁在行政法中的体系定位与法治完善研究”(21CFX066)的阶段性成果。

** 南开大学法学院副教授。

的传统控权模式力有不逮，更为充沛的程序性规则有助于调和规制任务庞杂与控制机制单一之间的紧张关系。[①] 正当程序法律原则和诸多的行政程序相关规范为行政机关从事准立法、行政与准司法活动均提供了无可替代的合法性框架。我国行政程序立法实践同样遵循通过程序性约束来实现行政合法性的基本逻辑。例如，《江苏省行政程序条例》中的核心概念是“行政决定”，条文基本围绕行政决定作出的全流程以及重要行政决定的程序性要求展开，并对行政规范性文件、行政规划、重大行政决策等规则制定程序作出规定。

然而，旨在对行政过程进行约束的“行政程序法”的确更加倾向于回应行政规制中的合法性问题，往往并不直接面向什么是好的规制政策、该选择怎样的规制工具等合理性问题。[②] 但由此认为行政程序对于确保规制合理性贡献阙如却显然偏颇，绝大多数的实体性法治方案均需要与其适配的程序法规范支撑。正当程序除具有独立于结果的自然正义价值外，还可发挥促进决定正确性的作用。[③] 例如，在专家咨询的过程中，专家委员会如何遴选、专家意见如何表达、对专家说明理由的要求程度如何，将对确定“什么是好的规制政策”产生根本性影响。又如，在趋近于自动化的行政过程中，相对人是否有机会阻断信息的自动流转，在若干重要节点向行政机关充分表达反对意见、提出抗辩理由，亦将通过补充事实依据而直接影响行政机关的实体判断。行政机关与相对人之间通过交互的行政程序建立良好的信赖与合作关系，对于提升公共决策与行政决定的可接受性至关重要。[④] 下文将并不周延地选取规制工具选择、信息规制、风险规制与合作规制等政府规制常见论域，尝试勾勒通过程序法来增进规制合理性的可能进路。

---

① [美]理查德·斯图尔特：《走入21世纪的美国行政法》，田雷译，载《南京大学法律评论》2003年第2卷；彭錞：《迈向欧盟统一行政程序法典：背景、争议与进程》，载《环球法律评论》2016年第3期。

② [美]约瑟夫·P.托梅恩、西德尼·A.夏皮罗：《分析政府规制》，苏苗罕译，载方流芳主编：《法大评论》第3卷，中国政法大学出版社2004年版，第230页。

③ 参见沈岿：《论行政法上的效能原则》，载《清华法学》2019年第4期；[美]杰瑞·马肖：《行政国的正当程序》，沈岿译，高等教育出版社2005年版，第109页。

④ 可参见王万华的《论行政程序法的功能》一文。

一、规制工具选择

(一)规制工具选择的程序法映射

规制工具选择包括四个交融连贯的过程,分别是确立规制目标、充分获取信息、列举可供选择的规制工具以及基于充分的理由适用某一种或多种规制工具。⑤

其一,确立规制目标。无论是制定规制政策抑或采取具体的规制行动,规制任务显然并非行政系统内部创制,而是源于回应实践需求。但在不胜枚举的规制需求中,究竟优先、重点回应哪些需求,希冀达成怎样的规制目标,则更多地属于内部程序需要探研决策的问题。在规制任务的逐层分配过程中,自上而下的监管部门也在不断细化自身的规制目标。例如,为实现节能减排约束性指标,国家规划被一步步细化至地方规划,各地单位国内生产总值二氧化碳排放量的降低比例被逐级严格明确。⑥ 无论规制目标是宏观抑或具象,行政机关均须不断地调研、试验、沟通与论证,同时应当在若干关键节点引入作为民主与科学支持的公众参与、专家参与。

其二,充分获取信息。在公共规制的过程中,规制者占有规制知识的多寡,是公共规制能否实现既定目标的关键。⑦ 又鉴于规制者与被规制者之间普遍存在的信息不对称难题,充分获取有效信息贯穿于整个规制过程的始终,是规制过程中“隐形”的决定性环节。⑧ 在规制政策制定过程中,获取充分信息的过程往往是大量相关监管数据的采集与分析过程;在具体的规制决定作出过程中,获取充分信息的过程往往是基于行政调查所产生的证据信息。规制者所拥有的监管案例、技术、经验等信息资源和

---

⑤ 该分类源于规制法学者提出的一般控制体系分析框架:某种标准、目标以及价值,用以对其所控制的环境中的进程进行衡量;通过某种监控和反馈机制,进而触发某种形式的措施,去根据既定目标对控制变量进行调整。笔者在此基础上进行了相应的增补。参见 Christopher Hood, Henry Rothstein and Robert Baldwin, *The Government of Risk: Understanding Risk Regulation Regimes*, Oxford University Press, 2001, p. 23 – 27;[英] 科林 · 斯科特:《规制、治理与法律:前沿问题研究》,安永康译,清华大学出版社 2018 年版,第 114 页。

⑥ 参见[德]韩博天、奥利佛 · 麦尔敦:《规划:中国政策过程的核心机制》,载《开放时代》2013 年第 6 期。

⑦ 参见靳文辉:《公共规制的知识基础》,载《法学家》2014 年第 2 期。

⑧ 参见王俊豪:《政府管制经济学导论:基本理论及其在政府管制理念中的应用》,商务印书馆 2001 年版,第 50 页。

被规制者合规数据等相关信息资源等,共同成为行政规制的知识基础。

其三,列举可供选择的规制工具。可供选择的规制工具往往并非针对单一规制任务而设计,而是绝大多数规制任务均可在其中进行选择适用的“工具箱”。⑨ 这样的“工具箱”中不仅有以加强惩戒为目标的强制性硬法工具,还有建议、协商、激励等以自愿性为特征的软法工具。⑩ 同时这样的“工具箱”完全不以部门法为界分,具有鲜明的领域法面向。例如,针对违反市场交易规则的违法行为,可供选择的规制工具既包括监管机构所采取的诸多处罚种类和约束措施,也包括涵盖惩罚性赔偿的民事诉讼等。⑪ 在相对人和具体规制情境具有高度异质性的情形下,每一种规制工具的采用均有可能带来部分相对人压力的骤增,每一种规制工具也应当适配严格与灵活程度不同的程序,以实现加强或放松规制的不同目标。因此规制者在系统性考虑何为可供选择的规制工具的过程中,将诸多规制工具进行效力分殊的排序非常重要。知名规制理论“执法金字塔”即提醒规制主体建立尽可能丰富的规制“工具箱”,高度注意规制工具对具体规制任务的回应性。⑫ 越是在强化规制方面效果严厉的规制工具,程序性要求就应当更加严格与审慎。而针对更具灵活性的规制工具,更“软”的程序亦须被创制,以便创造一个更有助于参与和对话的环境。⑬ 事实上,

---

⑨ 根据经济规制学者的研究,规制工具至少包括禁止特定行为、许可认可、标准、认证及审查、检验、征税、财政补贴、政府融资、劝告、指导、说服等行政指导、提供信息等。参见[日]植草益:《微观规制经济学》,朱绍文、胡欣欣等译,中国发展出版社1992年版,第23页。

⑩ 参见罗豪才、宋功德:《公域之治的转型——对公共治理与公法互动关系的一种透视》,载《中国法学》2005年第5期。王瑞雪:《公共治理视野下的软法工具》,载《财经法学》2020年第4期。

⑪ Richard M. Cooper, *Regulation through Private Litigation*, Food and Drug Law Journal, Vol. 47, No. 4 (1992), p. 437 - 444. 对于公共规制的权力应当赋予行政机关还是法院的问题,规制理论界经过了长期的讨论。该决策过程十分困难,美国哈佛大学教授斯蒂芬森(Matthew C. Stephenson)甚至将立法者面临的选择比喻为“买彩票”。Matthew C. Stephenson, *Legislative Allocation of Delegated Power: Uncertainty, Risk, and the Choice Between Agencies and Courts*, 119 Harv. L. Rev. 1035 (2006). 具体分析可见宋亚辉:《论公共规制中的路径选择——行政规制、司法控制抑或合作规制》,载《法商研究》2012年第3期。

⑫ Ian Ayres & John Braithwaite, *Responsive Regulation: Transcending the Deregulation Debate*, Oxford University Press(1992), p. 31. 具体介绍可见卢超:《从规制国到规制资本主义》,载《二十一世纪》2011年2月号,第154页。

⑬ 参见[美]奥利·洛贝尔:《作为规制治理的新治理》,宋华琳、徐小琪译,载冯中越主编:《社会性规制评论》第2辑,中国财政经济出版社2014年版,第127~145页。

诸多规制工具创新实质上是以传统行政程序的更新为基本形式完成的，例如，行政许可程序的改革方案就显著发挥了放松事前规制的效果。[14] 因此程序性要求绝不等同于漫长甚至冗余的过程，而是在适配不同规制任务的基础上生发的合理且高效的要求，以回应经济社会发展的动态性、复杂性、不可预期性。[15]

其四，基于充分的理由适用某一种或多种规制工具。规制工具的适用过程在理论与规范上往往被拆解为行政规则制定过程或行政决定作出过程，由此该过程的程序性控制方案也最为完善。基本上“行政程序法”相关规范均从这个维度展开，通过对规则制定过程中听取意见程序的明确规定，以及对行政决定过程中告知、回避、听取相对人陈述和申辩、说明理由程序的具体落实来约束规制过程的合法性。

（二）回应规制工具选择的程序法要求

在规制工具选择过程的不同阶段，程序性要求呈现出更加适配单一规制者选择单一规制工具的显著特征。这也是在程序法律规范化的过程中，立法者选择将复杂规制过程拆解为以行政规则或行政决定为基本单元的行政行为过程所必然产生的后果。从希冀通过程序性要求实现依法行政目标的角度，这样的拆解几乎是唯一可行的规范方案。但从促进实现更好规制的角度，这样的拆解却产生了巨大的难题。规制程序形式化有余但可操作性不强，难以对希冀实现更加公平合理规制的实体法要求进行有效支持。[16] 这至少产生了三方面的问题，规制法与程序法需要对此共同回应。

其一，规制工具选择的复杂过程与行政程序的单线条过程存在紧张关系。规制工具选择的重要难题在于规制者对于被规制主体、规制事务的复杂性认识不足；而将复杂问题拆解为特定机构可以分别处理的数个问题，则有可能进一步加剧相关信息与知识的匮乏，直接形成“头痛医头，脚痛医脚”的应对方案。即便在更加具有普遍适用性的规则制定过程中，

---

⑭ 张力：《先证后核、消极许可与规制工具试验》，载《中国行政管理》2019 年第 5 期。

⑮ 关于规制结构的讨论，参见高秦伟：《规制结构与行政法设计型理念的提出》，载《浙江学刊》2024 年第 2 期。

⑯ 参见［美］史蒂芬·布雷耶：《规制及其改革》，李洪雷等译，北京大学出版社 2008 年版，“导言”。

不同规制工具也较少被一并考量。例如,作为补强政府规制工具的失信联合惩戒,在近年的发展中业已渐次补足告知、听取陈述和申辩等程序法要求,相对人在单一程序中的程序性权利逐渐获得尊重。但实践中仍未生发出系统性考量相对人在原初处罚决定之外又受到信用惩戒后所遭致的整体惩戒力度是否超过比例原则限度的行政程序,因而对于整体的权益减损相对人并不额外享有表达反对意见的权利。同为行政系统的规制工具尚且如此,行政与民事规制工具基于实施主体的区隔更加鲜少被一并考量。例如,作为补强政府规制的民事诉讼惩罚性赔偿,在完成规制任务的同时却往往并未被作为规制工具来看待。[17] 相对人在行政、民事不同法律关系中为基本相同的违法行为所付出的整体制裁代价并无任何程序来进行统合考虑。正因为理论、规范与实践均仅重视规则制定与行政决定程序中法定的程序性要求,忽略对整个规制过程的程序性约束,因此即便相对人在不同法律过程中享有程序性权利,却仍旧出现了针对整体规制方案表达意见、参与沟通的权利之缺失。

对此,监管机构须更多从具体领域、具体问题出发,跨越不同法律规范、跨越部门法来系统考虑如何保障相对人的程序性权利。第一,制度设计者需要在任何领域的顶层设计层面均加强对整体规制政策的评估与说明理由,致力于确保不同规制与治理工具的兼容性。第二,即便在单一的规制过程中,“听取相对人的陈述和申辩”这一程序法传统教义也可以被赋予更为充沛的内涵。在任一规制过程中,规制者对相对人可能遭致的整体损失是否达致过罚相当与合理威慑均应当充分听取相对人意见,并将源自其他规制者的规制方案适度纳入自身的裁量过程。这非但不会违背“考虑相关因素、不考虑不相关因素”的行政合理性原则要求,反而更有可能促进实质意义上的公平。[18]

其二,规制工具有时以不影响相对人权利义务的样态出现,从而受到

---

⑰ 参见赵鹏:《惩罚性赔偿的行政法反思》,载《法学研究》2019年第1期。

⑱ 《行政处罚法》第29条规定,“对当事人的同一个违法行为,不得给予两次以上罚款的行政处罚。同一个违法行为违反多个法律规范应当给予罚款处罚的,按照罚款数额高的规定处罚”。该规定的有效实施事实上需要程序法的补充,涉及不同行政机关就某一违法行为作出处罚决定的信息沟通与行为选择。这一修改后的“一事不二罚”条款实质是统合不同规制过程、减轻相对人规制压力的雏形。

程度更低的程序性控制。规制工具宽泛地代指对相对人产生影响的工具,如果它没有以任何一种现有行政决定的面貌出现,就有可能遮蔽于行政系统的内部管理制度之中。例如,作为“行政执法三项制度”之一的行政执法公示,其基本制度设计围绕增强行政执法透明度展开,属于提供信息的行政事实行为,看似并不涉及相对人的陈述与申辩等程序性权利。然而行政执法信息同时亦为相对人的守法合规信息,因此它的另一面是影响庞大群体声誉利益的规制工具。[19] 类似的情况在比较法视野上亦很常见。例如,美国政府经由未通过通告评论程序制定的政策将某些类别的非法移民作为驱逐出境的优先对象,但政策的公布形式是国土资源部部长给移民部门负责人的内部备忘录。[20] 相当多的实践提醒我们,一旦行政活动无法严格归于既有法律规范所严格约束的行政决定类型,那么它就有可能无须遵守核心的程序性要求。

对此,打开遮蔽内部行政过程的“黑箱”至关重要。[21] 即便是针对行政系统内部行为作出约束的制度,如果同时也涉及相对人权益的影响,产生“外部化”的效果,那么它就应当按照规制政策的要求,针对其规制影响展开必要评估。尤其在《重大行政决策程序暂行条例》业已针对重大行政决策进行全过程约束的情形下,识别究竟何为重大行政决策、挖掘行政决策的多重面向已经具备规范支持。一旦确认某项行政系统内部管理制度可以对相对人权利义务产生直接影响,那么相对人的程序性权利就应当被明确强调。

其三,规制工具选择过程中未被规则制定与行政决定过程强调的环节,程序性要求的有效贯彻程度更弱。例如,针对规则制定而言,更多的程序性要求被施加于规则制定过程中的听取意见程序;但在议程设定这一更加前置的关键环节,公众表达意见的机会显著降低。又由于扮演至关重要角色的充分获取信息环节并没有明确的程序性要求予以支撑,因此部分创新型规制工具在适用中的“政策扩散”往往依据的是先行先试地

[19] 参见安永康:《作为风险规制工具的行政执法信息公开——以食品安全领域为例》,载《南大法学》2020 年第 3 期。

[20] 参见[美]吉莉恩·E. 梅茨格、凯文·M. 斯塔克:《内部行政法》,宋华琳、吕正义译,载《公法研究》第 20 卷,第 162 页。

[21] 参见何海波:《内部行政程序的法律规制》(上),载《交大法学》2012 年第 1 期。

区的“经验”,作为地方性知识的信息支撑则显然不足。[22] 这进一步导致诸多公共政策领域的试点项目均存在因果关系科学性难以立足的困境,其推广也普遍面临事实依据不足的拷问。[23] 类似现象对决策过程中的信息收集、处理、推理程序的精细化建构提出了更高要求。

对此,行政规则制定过程仍须进一步打开封闭性,将各方的交流与沟通作为贯穿始终的过程,而并非单独的节点。行政机关说明理由的程度须进一步增进,尤其是行政程序规范须针对行政规则或行政决定的事实依据提出更高的说明理由要求。理由的形成过程本身承载了那些未被显性行政程序明确吸收的过程。因此理由不能是大而化之的、四海皆准的道理,不能仅阐述行政目的而忽视关联性,不能仅满足形式合法性而忽视实质合法性,不能是单薄和表面的。[24] 规制政策究竟是源于权益保障需求、客观规律、科学性要求抑或历史传统、行业惯例等,不同考量因素对公共利益等开放性概念的贡献等,均应当具有充分的说明。[25] 规制工具的回应性、合理联结程度、可能的有效性等亦须在说明理由中进行更为详细的呈现。公共利益理论、规制俘获理论、组织与制度理论、公共选择理论、综合规制理论、成本收益分析等规制过程须借鉴的分析方法皆可嵌入对“理由”的追寻,从而纳入程序法视野。[26]

规制并非万能,规制法本身在一定情形下将遭遇失灵已经是理论界与实务界的共识。错误的判断、拙劣的政策分析、对众多阻碍规制目标实现的障碍不敏感复杂的体系化效应和意料之外的后果等不同的因素均可能导致规制失灵。[27] 规制是一个动态演变过程,这需要在确保法的安定性

---

[22] 参见卢超:《行政审批改革政策试验机制的法治化图景》,载《法学研究》2022 年第 6 期。

[23] 参见卢超:《行政复议改革的“政策试验”机制及其反思》,载《中国政法大学学报》2021 年第 6 期。

[24] 参见张红凤、杨慧:《规制经济学沿革的内在逻辑及发展方向》,载《中国社会科学》2011 年第 6 期。

[25] 参见苏宇:《深化合法性分析技术:迈向“整体合法性”理念的探索》,载《东方法学》2011 年第 4 期。

[26] 关于规制分析的理论与方法,参见董炯:《政府管制研究——美国行政法学发展新趋势评介》,载《行政法学研究》1998 年第 4 期。

[27] 参见[美]凯斯·R. 桑斯坦:《权利革命之后:重塑规制国》,钟瑞华译,中国人民大学出版社 2008 年版,第 96 页。

的基础上确保规制的有效性。因此即便在规制政策实施之后,调试规制目标、收集最新信息、重新审视规制工具箱、调整规制工具的种类与强度,亦为永无止境的循环过程。规制所遇到的困难、面临的风险需要永续获得关注与评估,这需要规制评估与监督程序提供不竭的程序推力。[28]

二、信息规制

信息规制最初指向行政机关主动披露相对人正面或负面信息以影响其声誉利益的过程,后演变为一系列通过信息流转而展开的规制活动。因此也可以说信息规制具有两重含义:在狭义的层面上,它是通过信息披露实现规制目标的工具方案的统称,无论是立法要求企业进行强制性信息披露,抑或行政机关主动进行违法事实公布,均属于信息规制的题中之义。[29] 而在广义的层面上,信息规制事实上囊括了晚近关于信用规制、数字规制、算法规制的一系列规制方案,只要是基于信息数据的流转而发挥作用的规制方案,均属于信息规制范畴。在这个意义上,诸多政府规制中晚近的创新性举措事实上均依托于信息规制。顶层设计中亦将大数据规制、信用监管等置于更加基础性的角色,例如《国务院办公厅关于加快推进社会信用体系建设　构建以信用为基础的新型监管机制的指导意见》(国办发〔2019〕35 号)直接将表征相对人守法程度的公共信用信息的流转作为现代监管机制的基础。

(一)信息规制的程序法映射

狭义的信息规制是规制者直接对外公开信息或责令被规制者主动披露信息的过程。行政机关披露相对人负面信息的行为主要被定性为声誉罚、作为行政事实行为的公共警告等。诸多违法事实公布形式究竟属于声誉罚抑或行政事实行为是学术界一直以来的争议焦点。二者核心要旨均在于行政机关对外披露相对人真实姓名(或名称)、违法行为与处罚结果,在实践中全然分开极为困难。究竟如何定性涉及迥然不同的法律控制方案,程序约束极为不同。一方面,声誉罚具有明确的程序性规范约束,它与其他行政处罚种类一样,相对人均享有告知、听取陈述和申辩、说明理由等一系列程序

㉘ 参见[美]史蒂芬·布雷耶:《打破恶性循环——政府如何有效规制风险》,宋华琳译,法律出版社 2009 年版,第 26 页。

㉙ 朱春华:《法治政府的信息规制工具》,中国社会科学出版社 2022 年版,第 43 页。

性权利。另一方面,行政事实行为则较少嵌入程序法要求,相关决策过程更多为行政机关径自决定,程序性要求至多在告知层面得以贯彻。

基于目前的法律安排,强制性信息披露的行为主体在于企业,行政机关更多地发挥监督角色。因此在具体实施过程中,被规制者主动进行信息披露是并不对应任何行政程序的。信息工具的呈现样态非常丰富,它往往与其他规制工具深度嵌合。例如,监管机构对垃圾食品中的盐等设定最高含量,再辅之以含量提示和过度食用的危害提示,就属于信息规制工具与质量标准规制工具的组合。[30] 这进一步说明了在规制工具选择过程中,大量规制工具并非以行政决定的形式来呈现,而直接以企业的合规义务形式展开,进而行政程序法的要求无法加诸于所有的规制工具。

广义的信息规制高度依赖于信息技术的发展,它对于规则制定与行政决定均带来了重要变革。就规则制定而言,晚近越来越多的行政规则通过目录、清单的样式展开,表面上是基于更加清晰地表达复杂规制事项的需求,更深的层面则体现了信息规制对行政规则所施加的限制规范中裁量空间的影响。信息规制天然倾向于信息格式的统一,因此如果监管机构针对不同相对人所采集的信息差异化极大,那么信息规制的效率将大大降低。于是信息规制的核心方案直接通过对规则的无限细化而展开,较少尝试将行政裁量所需遵循的条件予以量化表达。例如,在哪些行政决定信息应当纳入信用监管平台的议题上,以国家版为基础、地方版为补充的信用信息目录明确列出不同单位所需收集、报送与公开的信息,行政机关无须在具体的信息汇集过程中再予裁量。[31] 在这样的过程中,目录、清单等行政规则创制出几乎完全闭环的自动化行政,即使设置程序性

---

[30] 参见应飞虎、涂永前:《公共规制中的信息工具》,载《中国社会科学》2010年第4期。

[31] 《国务院办公厅关于进一步完善失信约束制度构建诚信建设长效机制的指导意见》(国办发〔2020〕49号)规定,社会信用体系建设部际联席会议(以下简称部际联席会议)牵头单位会同有关部门依法依规编制并定期更新全国公共信用信息基础目录,部际联席会议成员单位和其他有关部门可依法依规提出拟纳入目录信息的建议,部际联席会议牵头单位梳理汇总目录,征求各地区、各有关部门和相关市场主体、行业协会商会、法律服务机构、专家学者和社会公众意见,提请部际联席会议审定后向社会公布并组织实施。各地可依据地方性法规,参照全国公共信用信息基础目录的制定程序,制定适用于本地的公共信用信息补充目录。

要求亦不具有影响实际后果的约束功能。[32]

除却行政规则之外,信息规制还在更大程度上改变了行政监管过程。相对人既往表现被数据化地规整记录,一系列具有预测性的分殊对待方案就此展开。典型的例如在信用监管过程中,从行政决定的视角无法归入任何类型也并不直接影响相对人权利义务的监管频次调整,事实上可以发挥增加相对人精神警惕和合规压力的效果,是一种相当有效的规制工具。然而其更多地属于依赖信息作为事实依据的内部决策程序,不满足引入听取意见等程序性控制方案的"门槛"。从更广阔的范围看,信息规制几乎等同于"通过数据的治理"(rule by data),行政机关在决策、监督、执法过程中显著减少了与相对人的直接接触。[33] 信息规制中的程序法则更偏重对流程的梳理,而非正当法律程序原则的贯彻。

(二)回应信息规制的程序法要求

信息规制既是监控体系的重要组成部分,[34]又以电子政务的面貌出现,[35]囊括了相对人信息流转的全过程。在信息流转的过程中,王锡锌教授提炼出告知、同意、说明理由和查询、更正等程序性要求,强调了程序法治对于行政机关处理个人信息活动的约束。[36]

在世界范围内,约束行政机关的信息处理活动已经成为晚近立法的重要关切。例如在《欧盟行政程序模范规则》中,第六部分整章规定了"行政信息管理",对于信息交换和使用的一系列程序进行规定。不过,其中的部分程序性规定实质上形成了新的规制工具,如其第20条规定,"主

[32] 参见王瑞雪:《声誉制裁的当代图景与法治建构》,载《中外法学》2021年第2期。

[33] 参见王锡锌:《数治与法治:数字行政的法治约束》,载《中国人民大学学报》2022年第6期。

[34] 例如,《国务院办公厅关于印发加强信用信息共享应用促进中小微企业融资实施方案的通知》(国办发〔2021〕52号)对于如何通过政府平台展开常态化数据监测进行了列举,指出省级人民政府要在充分利用现有地方信用信息共享平台、征信平台、综合金融服务平台等信息系统的基础上,统筹建立或完善地方融资信用服务平台,鼓励有条件的市县结合实际建立相关融资信用服务平台。各级融资信用服务平台要加强对获得贷款企业信用状况的动态监测,分析研判潜在风险并及时推送相关机构参考。

[35] 例如,《江苏省行政程序条例》第7条规定,行政机关应当推动行政管理信息化、数字化、智能化,提高行政效能,为公民、法人和其他组织提供方便、快捷、优质的公共服务。

[36] 王锡锌:《行政机关处理个人信息活动的合法性分析框架》,载《比较法研究》2022年第3期。

管机关开展活动时，有责任考虑其他主管机关依通知义务提供的信息或输入数据库的信息。尤其有责任搜索或查询数据库中可获取的信息”，其后还规定了对相关信息的独立评估义务等程序。如此这般的信息查询义务实质上相当于设置了相对人的“信用档案”，行政机关在作出行政决定时须参考与之相关的既往表现。[37] 这与我国目前的信用监管方案高度趋同。这充分提醒我们，信息流转程序的建立，本身就有可能成为强化规制的另一种表达方式。

现代行政法视野下的程序价值至少囊括了支撑起行政规则与行政决定合法性与合理性的程序要求。正如听取相对人的陈述和申辩事实上是通过保障相对人权利来实现公平正义一样，如果听取相对人的陈述和申辩，却无法增进任何对行政决定的矫正，那么程序就仅仅是一个单纯的流程。因此面对信息流转天然倾向基于算法的自动化规制的情势，程序法不仅须规整信息的流转过程，更须朝向强化相对人意见表达之方向发展。笔者认为，如果信息流转过程可以大体被区分为信息的归集、评价、披露和使用过程，那么基于对相对人权利义务影响程度的区别，相关过程所应受到的程序性约束之严格程度应由轻至重展开。

其一，对于信息归集而言，在《个人信息保护法》等规定的告知义务外，如果设置过多的程序性节点引入人工判断，那么将会“牵一发而动全身”地影响整个监管系统的效率。此外，信息的归集处理实质上是诸多现代规制过程简化与流程再造的基础，例如，之所以晚近可以在行政许可中推行更具效率的信用承诺制，是因为具有相对人大量既往表现信息的数据支撑。[38] 鉴于其对相对人权益的直接影响程度最低，因此其程序性约束位于最低的程度。但如果行政机关以档案的形式记录信息，那么相当于在信息归集之外额外形成了相对人的“数字人格画像”，应当承担更高程度上的程序性义务。

其二，对于信息评价而言，由于行政机关基于相对人既往表现信息所展开的评级、评分等评价活动，将在未来诸多监管环节中影响相对人权

---

[37] 《欧盟行政程序模范规则》，蔡培如、王子晨译，载姜明安主编：《行政法论丛》第19卷，法律出版社2016年版，第320～323页。

[38] 参见卢超：《行政许可承诺制：程序再造与规制创新》，载《中国法学》2021年第6期。

益,因此应当在听证等方面满足更高程度的程序性要求。[39] 目前实践中存在大量基于等级评定的规制形式,甚至出现了依附于“码治理”的各种评级形态。[40] 对此,行政机关首先应当克制信息规制形式的创新,进而展开程序性要求。程序性要求的展开应当超越其自动性、隐蔽性的现状,尤其是听证人员在听取相对人陈述和申辩时应当克服基于既往数据所产生的“偏见”,将决策过程框定在“考量相关因素、不考量不相关因素”的合理性框架下,将“技术性正当程序”的要求真正加诸于行政过程。[41]

其三,对于信息披露而言,更多的负面信息披露应当被置于行政处罚类型中的声誉罚范畴之中,由此适用《行政处罚法》中所规定的程序性要求来对其展开约束。[42]

其四,对于信息使用而言,如果行政机关将相对人既往负面信息作为限制其未来资格的条件,且已经达到了符合《行政处罚法》中所规定的“限制开展生产经营活动”“限制从业”的程度,那么其程序性要求则根据《行政处罚法》的规定展开。如果相关限制不直接影响相对人的权利和义务,那么程序性要求将更低,但不能突破听取相对人意见的底线要求。

在技术不断发展的背景下,基于信息流转所采行的规制方案将越发复杂多元。但归根结底,信息技术只是促进监管目标实现的手段,生成、解释、分类、传播和理解信息仍然取决于社会和市场规制的需求,取决于对公共利益的判断。[43] 程序性要求在信息规制中不应当“隐身”,它不能被“代码”“算法”等化约为一个个数据处理流程。相反,程序性要求需要发挥实质性作用,相对人应当在信息处理过程中基于不同的情境享有请求阻断信息流转的程序性权利。

---

[39] 参见王瑞雪:《论行政评级及其法律控制》,载《法商研究》2018 年第 3 期。

[40] 参见郭春镇:《对“数据治理”的治理——从“文明码”治理现象谈起》,载《法律科学(西北政法大学学报)》2021 年第 1 期。

[41] See Danielle Keats Citron, *Technological Due Process*, 85 Washington University Law Review 1249(2008), p. 1283.

[42] 参见王瑞雪:《声誉罚的梯度构造》,载《法学家》2024 年第 2 期。

[43] 参见[美]珍妮特·A. 韦斯:《公共信息》,载[美]莱斯特·M. 萨拉蒙主编:《政府工具:新治理指南》,肖娜等译,北京大学出版社 2016 年版,第 211 页。

三、风险规制

风险规制是宽泛地描述诸多监管过程的语词，无论是人类应对自然灾害、流行性疾病等所采取的应急措施，还是控制与高科技发展相伴生的副作用，均期望在决策于未然之中的情形下保护人类生命、健康或公私财产的安全免于遭受巨大损失。无论何种动因、类型的风险规制，贯彻更高程度的程序性要求所可能增进的决策理性都是非常重要的。

（一）风险规制的程序法映射

其一，风险评估。现实可能的风险是否构成须法律规制的风险、其影响范围与大小如何，是风险评估阶段的核心议题。风险评估的最重要程序是专家咨询与公众参与，有研究者认为二者应当并重；[44]还有学者将利害关系人的参与置于更高的位置，指出在“知识有限”这一约束条件下，只有多方参与，才能削减最终决策所招致的反对。[45] 在现有规范之中，专家参与往往被作为更加前置性的程序性要求，例如《农产品质量安全法》规定“国务院农业农村主管部门应当设立农产品质量安全风险评估专家委员会”，委员会由“农业、食品、营养、生物、环境、医学、化工等方面的专家组成”。在该法中，作为与科学性并重的民主性要求，公众参与在风险评估中出现的节点明显被置于更靠后的程序环节。其要求农产品质量安全标准须充分考虑风险评估，同时广泛征求意见，征求范围包括“农产品生产经营者、消费者、有关部门、行业协会等”。

其二，风险交流。风险交流是公权力主体、专家、公众、利益团体对风险以及风险应对措施等相关制度的交流，贯穿于风险规制始终。[46] 它既是专家知识与大众意见的交互过程，又是超越征求意见的反复沟通、趋向共识的过程。[47] 在这一过程中，信息的发布与传播、不同主体之间意见的有效交互等，均需要完整的程序性规范予以支持。

---

[44] 参见成协中：《风险社会中的决策科学与民主——以重大决策社会稳定风险评估为例的分析》，载《法学论坛》2013 年第 1 期。

[45] 参见金自宁：《科技不确定性与风险预防原则的制度化》，载《中外法学》2022 年第 2 期。

[46] 参见沈岿：《风险交流的软法构建》，载《清华法学》2015 年第 6 期。

[47] 参见金自宁：《作为风险规制工具的信息交流——以环境行政中 TRI 为例》，载《中外法学》2010 年第 3 期。

其三，风险预警。正式的风险预警直接代表着公权力机构对风险程度的阶段性判断，不同的风险内容与风险等级往往附随一系列风险应对方案。在面对急迫且重大的风险时，行政机关的预警程序往往需要遵守相关法律的明确规定。例如，《突发事件应对法》规定政府在预警自然灾害、事故灾难或者公共卫生事件即将发生或者发生的可能性增大时，须遵循法律、行政法规和国务院规定的权限和程序。

（二）回应风险规制的程序法要求

上述风险规制过程中的程序性要求已经具有一系列法律以及更加灵活的软法规范的支持。其中专家咨询和公众参与程序在包括但不限于食品、药品、卫生、环境等重要的社会规制领域立法中被广泛强调。

然而，相关程序的形式性确立无法掩盖专家咨询和公众参与程序的有效性缺失。例如，科学专家可能在假设、推定的过程中混杂了过多的政策考量与个人偏好，于是规制方案的科学性仍然无法得到有效保障。[48] 又如，公众参与的程序性节点往往被置于风险规制方案业已原则性形成之后，针对公众意见的回应也有失粗疏，因此规制方案的民主性欠缺有效保障。为实现通过行政程序促进更好规制的目标，风险规制的过程中须继续在多元主体真诚、有效的参与和沟通方面作出更大努力。行政机关之外的其他主体不仅仅是交流和协商的对象，更是整个风险规制过程中的主体；有意义的参与不能出现于个别规制政策的制定过程中，而须制度化地贯穿于风险规制始终。[49] 概言之，浮于表面的征求意见程序仅是披上"完美程序"的外衣但全无理性的内核。

此外，风险规制及其所着重强调的预测性、预防性规制工具，晚近呈现出无限扩大之趋势。信息技术的发展为人类的预测技术带来了天翻地覆的变化，通过监控所形成的数据以及前述相对人既往表现信息形成了超大规模的"决策于未然之中"的事实依据，例如，在刑法领域的犯罪预测，以及在行政法视野下的不合规概率的预测。以前文所述的不合规概率预测为例，在《国务院办公厅关于加快推进社会信用体系建

---

[48] 赵鹏：《风险评估中的政策、偏好及其法律规制——以食盐加碘风险评估为例的研究》，载《中外法学》2014 年第 1 期。

[49] 参见叶俊荣：《环境行政的正当法律程序》，台北，三民书局 1993 年版，第 5 页。

设 构建以信用为基础的新型监管机制的指导意见》(国办发〔2019〕35号)中明确将风险的较低、一般与较高,对应了信用较好、一般与失信,同时采取不同频次的检查方案。[50] 虽然风险原本就无时无刻不存在于任何个体与事件之中,但预测性质的规制策略在致力于最大程度上减小风险的同时,也有可能产生僵化的新难题。表面上,此风险非彼风险,经济与社会风险不同于自然与技术风险。但实际上它们并非仅仅在语义上共享"风险"概念,在实质的应对方案中亦为相似,均大量地运用预测性、预防性规制工具。

于是风险规制所面临的更新挑战在于,当信息规制与风险规制相结合,使得诸多预测性手段发挥着类似于传统规制过程中行政处罚等常态化监管手段的角色,那么这些为防范风险所采的预测性手段边界为何;我们究竟是否可以将这些情境称为"决策于未然之中"并予以预测性执法。理论界不仅原本具有保安处分的相关主张,[51]亦已出现将部分信用惩戒作为预防性手段而去制裁性的观点,认为缔约资格排除类信用惩戒是规避信用风险的应对措施而非行政处罚。[52] 如果从这些角度扩展开来,那么公私主体主导的信用评价制度基本均具有预防风险的面向。这些与科技、自然风险完全不同的日常监管领域,是否也要将"风险"作为执法的重要考量要素,是需要审慎考察的问题。

对此,与纳入专家与公众参与的科技、自然风险规制不同,预测个体相对人的经济交往"风险"必须回到尊重相对人知情、表达的程序性权利上来。面对预测性、预防性的行政手段,相对人至少对于信息的真实性、信息与手段直接的合理关联享有知情权和陈述、申辩权,并享有信息的复核、更新、删除请求权。[53] 采取相关措施的规制主体必须对其标准与指标体系的科学性承

---

[50] 该文件指出,"双随机、一公开"监管要与信用等级相结合,对信用较好、风险较低的市场主体,可合理降低抽查比例和频次,减少对正常生产经营的影响;对信用风险一般的市场主体,按常规比例和频次抽查;对违法失信、风险较高的市场主体,适当提高抽查比例和频次,依法依规实行严管和惩戒。

[51] 参见熊樟林:《立法上如何安排行政没收?》,载《政法论坛》2022年第4期。

[52] 参见陈国栋:《缔约资格排除类信用惩戒的法治化路径》,载《现代法学》2021年第1期。

[53] 参见沈岿:《社会信用惩戒的禁止不当联结》,载《暨南学报(哲学社会科学版)》2021年第11期。

担证明责任。程序性约束至少应当确保行政机关对于判断相对人在何种方面具有何种程度的风险具有充分的依据,这样的依据不能是牵强、微弱的,所防范的风险也不应当是无限趋近于常态化、无法被称为“风险”的一般状态。

四、合作规制

规制的产生源于社会服务的提供方与规制者彼此分离,政府不再仅通过自上而下的“控制—命令”方式来直接从事社会服务的方方面面,而是通过规则的制定与标准的确立,在不同规制情境下使用不同的规制工具,以期实现规制任务。合作规制的基础即为这样的相对分离,如若各方不具有相对独立性,那么合作也无从谈起。扮演规制角色的不同主体均须在影响相对人权利义务时保护其程序性权利,确保规制网络中的普通个体获得公平、平等的对待。

(一)合作规制的程序法映射

合作规制至少包括三种形态:其一,规制者主要是政府,但其他市场与社会主体在部分任务中承担专业性的协助角色,如第三方认证机构通过认证、认可与审计等职能扮演规制角色。其二,政府通过契约等方式将社会服务的提供方一齐纳入规制网络,形成合作规制,如绝大多数的政府购买服务均是基于契约的合作规制;绝大多数的企业自我规制则均可以纳入以强制力为后盾的合作规制。其三,部分市场与社会主体在某些情境下形成了对资源、信息等方面的优势地位,在规则制定、服务交易、纠纷解决等方面均自成体系,具有强大的支配力和影响力,如部分协会团体、大型网络平台等。在这样的情境下,合作规制以非常复杂的形式展开,企业既是被监管者,同时又具有公共性。[54] 行政程序规范对不同样态下合作规制提出了相应要求。

其一,第三方审核。第三方审核既有可能采取通过行政协议委托的方式,也有可能采取认证、认可的方式。[55] 第三方审核程序应当独立于行

---

[54] 参见刘权:《网络平台的公共性及其实现——以电商平台的法律规制为视角》,载《法学研究》2020 年第 2 期。

[55] 参见高秦伟:《论政府规制中的第三方审核》,载《法商研究》2016 年第 6 期。

政机关与产业界，在透明度、科学性与公平性等方面受到程序性约束。[56]例如，《认证认可条例》第6条明确规定“认证认可活动应当遵循客观独立、公开公正、诚实信用的原则”。该行政法规要求认证认可机构制定相关规范与程序，同时“确保认证、检查、检测的完整、客观、真实，不得增加、减少、遗漏程序”。

其二，行政协议。作为行政机关与市场、社会主体合作的正式载体，行政协议的制定程序已有详细规定。《江苏省行政程序条例》设置“行政协议”专门章节，规定了行政协议的概念、适用事项、基本原则、订立方式、协议解除以及纠纷解决的内容，基本是《最高人民法院关于审理行政协议案件若干问题的规定》（法释〔2019〕17号）的缩略重述。行政协议的订立一般采用公开招标、拍卖、挂牌等竞争性方式，分别依据《招标投标法》、《拍卖法》和《政府采购法》中规定的程序形成，并以书面形式签订。相关规范通常贯彻了提高透明度、尊重双方协商与合意的程序法要求，行政协议程序渐趋完善。

其三，自我规制。作为规制体系的重要一环，诸多规范对于企业自我规制应当遵循的要求进行了规定。例如，《食品安全法》鼓励食品生产企业“实施危害分析与关键控制点体系”；金融监管机构出台《企业内部控制基本规范》《证券公司内部控制指引》《商业银行内部控制指引》等软法规范。[57] 为实现善治目标，合作规制体系要求企业在自我规制过程中确保其内部决策程序符合经济规制与社会规制的整体要求。[58] 尤其在企业运营内容具有高度的前沿性与创新性的情境下，行政机关对企业提供产品和服务的试验与推广过程进行程序性控制，有利于增进政府对创新动态的了解并及时提供解决方案，尽量减少对新业态发展的过度阻碍。[59]

其四，“私人规制者”的程序法要求。在规制任务“私人化”趋势产生之后，信息公开、隐私权保护、平等保护、正当程序并列成为最需要适用于

---

[56] 参见宋华琳：《行政法学视角下的认证制度及其改革——以药品GMP认证为例》，载《浙江学刊》2018年第1期。

[57] 参见谭冰霖：《论政府对企业的内部管理型规制》，载《法学家》2019年第6期。

[58] 参见［德］恩斯特-哈绍·里特尔：《合作国家——对国家与经济关系的考察》，赵宏译，载《华东政法大学学报》2016年第4期。

[59] 参见张红：《监管沙盒及与我国行政法体系的兼容》，载《浙江学刊》2018年第1期。

私人规制者的行政法基本原则,“正当程序原则”的“私人化”趋势已经产生。[60] 一方面,行业团体等社会组织的透明度等程序法要求显著增加。[61] 另一方面,互联网平台等对广泛民众生活、消费产生巨大影响的商业主体被施加越来越多的程序性要求。例如,为规制平台私权力,无论是制定规则还是实施具体管控措施,平台都应遵循基本的程序正义标准,对用户作出不利决定前明确告知用户,必要时还应充分说明理由,听取用户的陈述、申辩。[62] 程序性要求通过保护利益相关者的程序性权利,提高利益相关者的谈判抗衡力量。[63]

(二)回应合作规制的程序法要求

虽然在合作规制领域已有以上程序法规范以及正当法律程序原则的适用,但合作规制过程的程序法控制依然面临巨大挑战。可以说,真实的合作规制过程距离规整的行政规则制定和行政决定作出程序越远,程序性要求获得有效贯彻的难度就越大。

其一,多阶段合作规制过程的程序法控制。多阶段行政程序和复数行政活动已经成为现代行政的常态,具有先后顺序的不同行为之间所引发的合法性判断难题原本就是行政法学理与实践中的疑难问题。[64] 而由属于不同法律关系的诸多规制主体共同完成规制任务的合作规制样态又将这一过程无限复杂化,使得这一难题更加“立体”。例如,在平台企业与行政机关的数据合作过程中,如果数据传输错误、不及时或出现了数据安全疏漏,那么行政决定也极有可能接续该错误而出现偏差,相关错误还有可能被“传导”至不同主体。对此,程序法越来越多地从要求“私人规制

---

[60] See Avishai Benish & David Levi-Faur, *New Forms of Administrative Law in the Age of Third-Party Government*, 90 Public Administration 226 (2012).

[61] 参见李洪雷:《论互联网的规制体制——在政府规制与自我规制之间》,载《环球法律评论》2014 年第 1 期。

[62] 参见刘权:《网络平台的公共性及其实现——以电商平台的法律规制为视角》,载《法学研究》2020 年第 2 期。

[63] 参见周林彬、何朝丹:《试论“超越法律”的企业社会责任》,载《现代法学》2008 年第 2 期。

[64] 参见朱芒:《“行政行为违法性继承”的表现及其范围——从个案判决与成文法规范关系角度的探讨》,载《中国法学》2010 年第 3 期;王贵松:《论行政行为的违法性继承》,载《中国法学》2015 年第 3 期;成协中:《行政行为违法性继承的中国图景》,载《中国法学》2016 年第 3 期。

者"遵循程序法义务,转移到将合作规制程序予以明确化、制度化上来。仍以网络平台数据报送义务为例,政府请求数据程序、企业内部审批程序、确保数据安全程序、数据报送接收程序等随着合作规制的规范化日趋完善。[65] 概言之,为增进合作规制过程的合法性与有效性,在各领域法规范的制定过程中,立法者应当将合作规制主体所受法律约束的基本原则、标准与实施程序进行明确规定,为合作规制的有序展开提供明确而系统的法律支持。[66]

其二,多主体"可问责性"的程序法控制。在合作规制网络中主体多元且分散的情境下,即便法律对于不同主体的程序性义务进行了明确规定,确保多元主体有效履行规制任务的难度依然剧增。例如,即便法律向网络平台施加了正当程序要求,但其极度复杂的算法与代码如何获得有效监管仍旧是理论与规范关注的重点议题。立法者需要向掌握科技、算法的平台运营者提出更为明确的程序性要求并予以持续评估,确保科技治理符合伦理与法治的要求。[67]

结　语

正当法律程序原则和行政程序相关规范是确保行政行为合法性的基石。通行的行政法法典样本均以行政活动遵循的一般性行政程序法律规范为核心内容,同时对行政组织法、行政实体法和行政救济法实现部分法典化。[68] 与此同时,规制法与行政程序法的连接点极多,彼此之间深度嵌合。无论是"技术性正当程序"还是"正当程序的私人化",种种面向现代规制过程的概念创生均源于保护相对人程序性权利的基本关怀。

但行政程序法面向规制过程的发展,并不仅仅局限于扩展至所有新领域、新规制主体。更重要的是,"行政程序法"不仅需解决诸多行政活动所需遵循的形式性法律要求,还需为实现合理、高效、符合公共利益价值

---

[65] 参见刘权:《论网络平台的数据报送义务》,载《当代法学》2019年第5期。

[66] 参见周汉华:《〈个人信息保护法〉"守门人"条款解析》,载《法律科学(西北政法大学学报)》2022年第5期。

[67] 参见赵鹏:《科技治理"伦理化"的法律意涵》,载《中外法学》2022年第5期。

[68] 王万华:《我国行政法法典编纂的程序主义进路选择》,载《中国法学》2021年第4期。

的行政规制提供合理性的支持。随着新的规制工具、规制形式的不断发展,如果将规制过程中的所有步骤、方式放在行政程序法的框架下审视,可以发现诸多行政程序法的传统教义(如听取多方意见、听取相对人的陈述和申辩、说明理由等),有时只是获得了形式上的遵从,更多地发挥"装饰性"的作用,并未真正增进决策理性。在为确保规制方案合理性而建立的法律控制机制中,程序法的基本要求仍然具有巨大的作用空间。行政程序的合理设置正在朝着整合程序问题与实体问题的趋势迈进,尤其是通过确保各方主体所表达的不同意见获得审慎的考虑与对待、显著提高说明理由的程度等,系统性扭转规制知识不足、规制决策偏颇、规制工具适用随意化等现实难题。

●内部行政程序在行政法法典化中的安排*

覃 慧**

摘 要:我国行政法法典化方案对行政程序制度的讨论鲜有涉及内部行政程序。但在此前行政程序统一立法的讨论中,学界已就"内外并举"模式达成共识。学界对"内部行政程序"的理解与安排深受域外行政程序立法影响,由此引发了学者对立法回应中国现实问题乏力的担忧。文章在厘清"内部行政程序"理解分歧的基础上,采纳"是否有当事人参与"作为划分标准,对其进行类型化与程序作用的剖析,论证了内部行政程序在我国行政实践中的重要性。从内部行政程序制度的本土生成演进、凸显行政法法典化的中国特色、提升法典对内部行政要素的关注三方面阐明了在我国行政法法典化讨论中纳入并重视内部行政程序制度的理由。法典化对内部行政程序的安排可从与程序有关的行政主体资格、行政系统内部的决定程序、行政系统内部的协调程序制度三方面展开。

关键词:内部行政程序;行政法法典化;行政程序法;内部行政法

导 论

我国民法典的编纂成功与出台,激发了包括行政法在内的多个部门法推动法典化的热情,引发了各界的热烈讨论。① 全国人大常委会2021年、2022年连续两年的立法计划中均提出研究启动条件成熟的领域法典

---

* 本文系2018年国家社科基金青年项目"内部行政程序的法律规制研究"(项目编号:18CFX018)的阶段性成果。

** 法学博士,华南师范大学法学院特聘研究员。

① 参见万学忠:《学界首次提出建构中国行政法法典》,载《法制日报》2018年1月19日,第6版。

编纂工作,其中行政基本法典等行政立法领域的法典编纂被明确列入立法计划。[②] 围绕行政法法典化的问题,学界从法典化的路径选择(模式)、框架、内容、精神气质、法典与既有行政法律规范的关系等内容展开多方面的讨论。[③] 尽管学术界对于实现行政法法典化的路径选择尚未达成一致的看法,但无论是"制定行政法总则""制定行政程序法典",还是"编纂行政基本法"的方案,行政程序制度均是其中必不可少的重要内容。

从既有行政法法典化方案中对行政程序内容的介绍来看,主张"制定行政程序法典"的学者认为法典应当以规范行政主体对外部相对人行使权力,实施各类行政活动的行政程序规范为核心内容。[④] 主张"制定行政法总则"的学者认为"行政程序一章可以参照既有立法积累的有益经验,全面规定行政回避、决策、公开、证据、送达、期间以及裁量权基准制度等"。[⑤] 主张"编纂行政基本法"的学者认为,行政程序编中的程序规定应与行政活动编对应起来,而行政活动编规范的均为外部行政管理领域的行政活动内容。[⑥] 上诉方案中对行政程序的关注均聚焦于外部行政程序,鲜有对内部行政程序的规定。有学者已意识到这一不足,提出行政法法典化中应补齐内部行政程序内容。[⑦]

事实上,我国在21世纪初期关于行政程序统一法典的讨论中,就已涉及法典中如何处理内部、外部行政程序的关系、两类程序的具体篇幅安排问题。学界基本达成一致的认识,即未来行政程序立法的选择应采取

---

② 参见《全国人大常委会2021年度立法工作计划》,http://www.npc.gov.cn/npc/c30834/202104/1968af4c85c246069ef3e8ab36f58d0c.shtml;《全国人大常委会2022年度立法工作计划》,http://www.npc.gov.cn/npc/c30834/202205/40310d18f30042d98e004c7a1916c16f.shtml。

③ 参见章志远、马琳昆:《新时代中国行政法法典化路径述评》,载中国政法大学法治政府研究院:《中国法治政府发展报告(2021年)》,社会科学文献出版社2022年版,第32~51页;马怀德:《行政基本法典模式、内容与框架》,载《政法论坛》2022年第3期;周佑勇:《中国行政基本法典的精神气质》,载《政法论坛》2022年第3期。

④ 参见王万华:《我国行政法法典编纂的程序主义进路选择》,载《中国法学》2021年第4期;姜明安:《关于编纂我国行政程序法典的构想》,载《广东社会科学》2021年第4期。

⑤ 应松年、张航:《中国行政法法典化的正当性与编纂逻辑》,载《政法论坛》2022年第3期。

⑥ 参见杨伟东:《基本行政法典的确立、定位与架构》,载《法学研究》2021年第6期。

⑦ 参见章志远:《行政法总则制定的基本遵循》,载《学习与探索》2020年第7期。

内外部并存,适当规范内部行政程序的方式。[8] 但当时以域外国家行政程序法典的经验为蓝本进行对照,对内部行政程序认识具有明显局限,将内部行政程序的内容限定在管辖、行政机关之间的相互关系(如授权、委托、代理、公务协助)等内容,并在多个版本行政程序法专家试拟稿中将内部行政程序置于"行政机关"的章节之下,篇幅极为有限。有学者犀利地指出,这样立法"在行政程序内容上必定是'跛脚'的,它更像是外国立法的一个摹本,而不是对中国现实的回应"。[9]

内部、外部行政程序作为行政程序的一种划分方式,内部行政程序并非中国独有。但在我国的语境下,内部行政程序具有特殊的意义。这一类程序构成了我国行政程序建设的重要本土资源,将其纳入我国行政法法典化的内容中将有助于实现法典的民族性。内部行政程序囊括了哪些内容?可以划分为哪些类型?具有何种作用?对这些问题的探究将直接影响行政法法典化讨论中是否纳入该程序制度以及如何对其进行安排。本文将从我国行政程序法及其法典化讨论中对内部行政程序的认识与安排作为起点,厘清对"内部行政程序"的理解分歧与范围划定,并进行类型化梳理,剖析程序的不同作用。在此基础上,就我国行政法法典化讨论中应纳入并重视内部行政程序制度的理由进行论证,就具体的程序制度内容安排进行阐释。

一、行政程序统一立法讨论中对内部行政程序的认识与安排

(一)域外国家行政程序法中的"内部行政程序"

域外国家行政程序法典化的进程经历了三波浪潮,[10]基本形成了两大类具有代表性的行政程序法典的内容模式。一类以美国《联邦行政程序法》为代表,该法中纯粹规定了行政程序的内容,且被认为只规定了行政

---

⑧ 参见王万华:《行政程序法的内容分析及中国立法的选择》,载《行政法学研究》2002年第2期;杨海坤:《中国行政程序法典化构想》,载《法学评论》2003年第1期;姜明安:《制定行政程序法应正确处理的几对关系》,载《政法论坛》2004年第5期;应松年:《中国行政程序法立法展望》,载《中国法学》2010年第2期。

⑨ 何海波:《内部行政程序的法律规制》(上),载《交大法学》2012年第1期。

⑩ "三波浪潮"的具体内容,参见李洪雷:《国外行政程序法制度建设简要历程》,载《紫光阁》2015年第2期。

机关外部行政程序。[11] 日本、瑞士的行政程序法均属于此类。另一类以德国为代表，在规定程序性内容的同时融入实体性内容，此外，程序性内容中兼顾外部与内部行政程序。因为行政程序法承载着实现行政法法典化的目标，行政程序法的调整对象除了行政机关行使公权力的行为，还将行使公权力主体的规范也一并纳入。[12] 德国最初对行政程序是否采取法典化与如何实现法典化的问题，围绕"行政法总则法典化""行政程序法典化""非法典化"三种意见展开激烈论争。因"行政法总则法典化"方案面临政治与法律上的诸多阻碍，最终在各方妥协之下采取了"行政程序法典化"路径。但立法者考虑到实体与程序难以区分，仍将行政实体法以"附属内容"形式嵌入行政程序法之中。[13] 意大利、奥地利、西班牙、葡萄牙均属于此类。

域外国家的行政程序法中虽有不少涉及内部行政程序的内容规定，但这些法律文本之中从未出现过"内部行政程序"这样的语词。这些行政程序法中的"内部行政程序"到底都规定了什么内容？综合学界既有的梳理来看，主要包括以下这些内容：

第一，合议行政机关（机构）制度。包括合议行政机关（机构）的组成、人员构成，合议行政机关（机构）的会议制度（涉及会议的类型、召集会议、会议的筹备、议程的确定、会议形式等）、决议（涉及流程、表决方式、票数要求与票数相同时的处理）、会议记录（涉及记录内容、形式要求、效力等）等组织与运作的内容。[14]

第二，行政机关间的相互关系。涉及行政机关相互间关系的原则，行政协作（协作协议适用与基本要求、运作规则、协议的效力），职能的委托与授权、转授权，接替（代任）与协调、协助（适用条件、运作规则、效力），部门间的通报。[15]

---

[11] 参见杨海坤：《中国行政程序法典化构想》，载《法学评论》2003 年第 1 期。

[12] 参见王万华：《行政程序法研究》，中国法制出版社 2000 年版，第 144 页。

[13] 参见严益州：《德国〈联邦行政程序法〉的源起、论争与形成》，载《环球法律评论》2018 年第 6 期。

[14] 如《希腊行政程序法》（1999 年）第 13～15 条；《葡萄牙行政程序法》（1991 年）第 14～28 条。另外，《西班牙公共行政机关法律制度及共同的行政程序法》（1999 年）第 22～27 条规定了集体领导机构的组织和运作的内容。

[15] 如《西班牙公共行政机关法律制度及共同的行政程序法》（1999 年）第 4～10 条、第 13 条、第 15～21 条；《联邦德国行政程序法》（1997 年）第 4～8 条；《葡萄牙行政程序法》（1991 年）第 35～41 条。

第三，管辖制度。管辖是对行政机关之间的权限进行划分。涉及管辖权法定原则、管辖的种类、管辖竞合及其处理、管辖冲突的权限与处理、管辖变更等内容。⑯

第四，回避制度。为保障行政主体行使行政权力的公正无偏，绝大多数国家行政程序法典中涉及回避的内容，但多为人员的回避，少数涉及行政机关的回避。⑰ 内容包括回避的类型（自行回避与申请回避）、回避的情形、回避的处理、应予回避而未回避前的行为效力与法律责任等。⑱

此外，还有一些被视为内部行政程序的内容只是出现在个别国家的行政程序法中，并非各国立法的通行做法。比如西班牙行政程序法中对行政机关设置的要求、意大利行政程序法中对“行政程序负责机关”的规定等。⑲

按照当时学界解释大陆法系国家行政程序法多采取外部与内部程序并存模式的理由来看，主要观点是“在行政法典尚付阙如的情况下，一些与外部程序关联极为密切的内部程序就不得不在行政程序法典中作出规定。例如：对行政权力运行主体的规范等自然只能规定在以行政权为调整对象的行政程序法中”。⑳ 还有学者在借鉴域外行政程序立法经验的基础上指出，特别在我国行政组织法空缺较多的情况下，行政程序立法中可以对包括授权、委托、行政协助、管辖等在内的内部行政程序作出必要规定。㉑ 可见，域外行政程序法中规范享有行政权主体的行政组织法内容被我们视为“内部行政程序”，此时对“内部行政程序”的理解与行政组织法内容存在交叉。

---

⑯ 如《奥地利普通行政程序法》（1991年）第1～6条；《葡萄牙行政程序法》（1991年）第42～43条。

⑰ 少数涉及行政机关回避的规定的如《西班牙公共行政机关法律制度及共同的行政程序法》（1999年）第28条第1款：“行政机关及其工作人员在本条下一款所属情形下应回避参与程序并报告其直接上级以便予以处理。”

⑱ 如《瑞典行政程序法》（1986年）第11～12条；《西班牙公共行政机关法律制度及共同的行政程序法》（1999年）第28条；《葡萄牙行政程序法》（1991年）第44～51条。

⑲ 《西班牙公共行政机关法律制度及共同的行政程序法》（1999年）第11条、《意大利行政程序与公文查阅法》（1990年）第4～5条。

⑳ 应松年：《中国行政程序法立法展望》，载《中国法学》2010年第2期。

㉑ 参见杨海坤：《中国行政程序法典化构想》，载《法学评论》2003年第1期。

(二)我国统一行政程序法典诸方案中的"内部行政程序"

中国学者受到域外行政程序法典化浪潮的影响,积极推动我国制定统一的行政程序法典。学界在经过20世纪90年代的理论准备,从2000年开始先后推出了多个版本的立法建议稿。2003年全国人大常委会正式将《行政程序法》列入"研究起草、成熟时安排审议的"第二类规划之中,但后续的立法规划中又将其删除。直到党的十八届四中全会明确要求完善行政程序法律制度,中共中央2021年印发的《法治中国建设规划(2020—2025年)》中提到"研究制定行政程序法",行政程序法的编纂再次引发讨论,并被视为我国实现行政法体系化的唯一选项,㉒实现行政法法典化的"最有效和最切实可行的途径"㉓。

在学者的立法建议稿中,以应松年教授领衔的行政立法研究组推出的《行政程序法(试拟稿)》(以下简称行政立法组版本)与姜明安教授领衔的北京大学宪法与行政法研究中心推出的《行政程序法(专家建议稿)》(以下简称北大版本)为代表。其中,行政立法组版本历经14次易稿,于2004年提交全国人大常委会法工委。该版本的讨论中将"行政程序法是否应当规定内部程序"作为一个基本问题进行讨论,并认为行政程序法规定内部程序是必要的。㉔ 该版的内容中力求将行政过程中的内部行政程序与外部行政程序实现结合,规定的内部行政程序内容为有关行政机关系统内的管辖、回避、行政授权与行政委托、行政协助、行政机关的工作机制等,㉕并将部分内部行政程序内容放在"行政机关"一节中,㉖采

㉒ 参见叶必丰:《行政法的体系化:"行政程序法"》,载《东方法学》2021年第6期。

㉓ 姜明安:《关于编纂我国行政程序法典的构想》,载《广东社会科学》2021年第4期。

㉔ 参见马怀德主编:《行政程序立法研究——〈行政程序法〉草案建议稿及理由说明书》,法律出版社2005年版,"序言"第13页。

㉕ 草案建议稿第13～14条规定了行政机关的类型、合议制行政机关的工作机制;第16～17规定了行政协助的适用情形及相关要求、请求机关与协助机关之间的关系;第18～22条规定了管辖类型、管辖权竞合与争议的处理,特殊情形下(有管辖权不适合管辖、因客观条件变化丧失管辖权等)的处理;第23条规定了行政机关、行政机关负责人及工作人员的回避要求;第24～30条规定了授权与委托的范围、程序要求。《行政程序法(草案建议稿)》的具体内容,详见马怀德主编:《行政程序立法研究——〈行政程序法〉草案建议稿及理由说明书》,法律出版社2005年版。

㉖ 参见应松年、王锡锌:《中国的行政程序立法:语境、问题与方案》,载《中国法学》2003年第6期。

取“先规定内部行政程序,再规定外部行政程序”的思路。[27] 至于为什么将这部分程序性内容放在“行政程序主体”篇章之下,参与立法的学者提供的理由如下:一种解释认为,行政主体通过内部程序建立,缺少关于行政主体成立的内部程序,外部程序便没有了前提或基础,因此行政程序法要对行政主体作出规定;[28]另一种解释认为:“鉴于实践中行政主体的合法性和内部行政程序对相对人权益的严重影响而法律对此又一直缺乏明确的规定,因此另立一章。”[29]可以说行政立法组版本中对“内部行政程序”的理解与立法安排完全采纳了域外行政程序立法中的理解,并模仿学习了域外的立法安排。

2015 年发布的北大版本则是在其 2002 年版本的基础之上,广泛吸收近十年来国家及地方层面行政程序立法经验后草拟而来。[30] 该版同样也注意适当规范内部行政程序。在如何理解与安排涉内部行政程序的内容时,处理方式基本与行政立法组版本相同,将管辖、行政协助置于“行政程序主体”章之“行政机关”一节之下。[31] 另外,考虑到内部行政规范在行政管理中的重要作用,北大版本将之纳入“特别行政程序”章中专设一节进行规范,内容涉及内部行政规范范围的划定、制定程序、“红线”、效力。[32] 此外,行政裁量基准作为行政机关一种重要的自我规制手段,并不限于作为结果层面的内部行政规范进行规范,北大版本还将之放置在“行政处理程序”章之“行政处理一般程序”节下进行专门规范,涉及裁量基准的选用标准、裁量基准确立的程序与适用等内容。[33]

这一版本中关于“内部行政程序”的内容理解,相较于此前版本已有

---

[27] 参见王万华:《行政程序法的立法架构与中国立法的选择》,载《行政法学研究》2005 年第 2 期。

[28] 参见马怀德主编:《行政程序立法研究——〈行政程序法〉草案建议稿及理由说明书》,法律出版社 2005 年版,“序言”第 13 页。

[29] 应松年:《行政程序法(试拟稿)评介》,载《政法论坛》2004 年第 5 期。

[30] 立法专家建议稿及有关说明,参见姜明安等:《行政程序法典化研究》,法律出版社 2016 年版,第 394 ~ 471 页。

[31] 《行政程序法(专家建议稿)》(2015 年)第 14 ~ 25 条分别规定了管辖的类型(级别管辖与地域管辖、紧急管辖),管辖竞合与管辖争议的处理,特殊管辖情形(移送管辖、管辖权变更、联合执法管辖),行政协助及其程序、法律责任。

[32] 《行政程序法(专家建议稿)》(2015 年)第 188 ~ 191 条。

[33] 《行政程序法(专家建议稿)》(2015 年)第 149 ~ 151 条。

了新的突破,不再局限于行政机关是否具备资格本身,而是将之拓展到行政活动内容进行观察,对作为结果与作为过程面向的"内部行政规范"的有关内容进行规定。尽管如此,仍有学者提出立法建议稿中"内部行政程序"的规定仍有进步的空间。比如有学者指出作为过程来规范的行政执法,不光有外部关系,还有内部的问题。如果完全按照欧美的术语,按照他们的设定来处理,不能解决中国问题。在中国庞大的行政管理中,内部程序非常重要。这些内部程序事关行政机关内部谁有权做决定、行政机关负责人何时需要做决定、什么情形需要行政机关法制部门做审核等内容,不能忽略这样的内部程序。[34]

(三)我国地方行政程序立法中的"内部行政程序"

虽然全国统一行政程序立法存在诸多困难,但行政程序统一立法却在地方率先取得了突破。2008年《湖南省行政程序规定》颁布,它被视为"统一行政程序立法的破冰之举"[35]。随后包括山东省、江苏省、浙江省、宁夏回族自治区,汕头市、西安市、海口市、蚌埠市、兰州市等在内的五省(区)多市制定了用于统一行政程序的地方政府规章,2022年江苏省首颁作为地方性法规的《江苏省行政程序条例》。多地行政程序规定的内容基本上按照《湖南省行政程序规定》中所确立的基本框架展开。[36]

有研究者统计了地方政府行政程序规章中涉及内部行政程序规定的情况。其中,就数量来看,在地方行政程序规定中,规定内部行政程序的条文数占对应地方程序规定总条文数的比重在18.3%~33%。[37] 可见涉及内部行政程序的规定在地方行政程序规定中已经占据了相当一部分的篇幅。就内容而言,条文中直接包括"内部"语词的内容且与行政程

[34] 参见李文曾:《专家学者共话中国行政程序法——〈中华人民共和国行政程序法(专家建议稿)〉研讨会综述》,载《行政法论丛》2016年第18卷。

[35] 王万华:《统一行政程序立法的破冰之举——解读〈湖南省行政程序规定〉》,载《行政法学研究》2008年第3期。

[36] 参见章剑生:《从地方到中央:我国行政程序立法的现实与未来》,载《行政法学研究》2017年第2期。

[37] 湖南省、江苏省、宁夏回族自治区、山东省、海口市、汕头市、西安市的行政程序规定中规定内部程序的条文数分别为49、32、25、46、31、37、26,对应行政程序规定的总条文数为178、106、120、139、131、182、142,内部规定条文数占对应总条文数的比例依次为27.5%、30.2%、20.8%、33%、23.7%、20.3%、18.3%。其中规定内部程序的条文数据,参见罗许生:《内部行政程序研究》,法律出版社2019年版,第58~59页。

序有关联的内容，涉及行政机关办理行政执法事项的内部工作程序、行政机关间办理内部行政事务的程序要求（包括办理期限）等。[38] 此外，涉及内部程序内容的章节均分布在行政程序的主体、行政决策程序、行政执法程序、行政监督和责任追究篇章中。这些内容涉及行政机关之间的关系，除了包括管辖与回避、行政协助、行政授权与行政委托等传统内部行政程序内容外，还将政府间的区域合作、部门联席会议制度纳入；行政决策程序的启动、决策内部流程与程序要求；行政执法程序的启动、行政决定作出前的要求、行政系统内部的工作期限等。[39] 地方行政程序规定中的内部行政程序内容多涉及行政机关内部工作流程和具体的内部行政事务。[40]

地方行政程序立法中规定了相当数量涉及内部行政程序的内容，这与地方功能主义立法风格密切相关，立法指导思想立足于解决本地行政管理中存在的突出问题。[41] 以《湖南省行政程序规定》的起草过程为例，如何处理行政机关之间的关系等问题被列入需要解决的问题清单，由省政府原法制办工作人员为班底成立的工作组更是专门提出考虑对实践中遇到问题缺乏规范，各地各部门的做法存在较大差异的区域合作机制、议事协调机制、部门联席会议机制等作出初步规定的设想。[42] 以部门联席会议等为代表的议事协调机制在我国的行政实践中发挥着重要作用。比如在“放管服”改革背景下，行政审批局作为“相对集中行政许可权”改革的

---

[38] 比如《湖南省行政程序规定》（2022年修改）第60条规定：“行政机关办理行政执法事项，应当健全内部工作程序，明确承办人、审核人、批准人，按照行政执法的依据、条件和程序，由承办人提出初审意见和理由，经审核人审核后，由批准人批准决定。”类似的规定还有第82条：“行政机关之间办理请示、报告、询问、答复、商洽工作等内部行政事务，应当按照简化办事程序，提高办事效率的要求，承诺办结期限，并向社会公开。”第84条：“行政机关应当按照高效便民的原则和本规定的要求，具体确定本机关每项行政执法事项、非行政许可的行政审批事项、内部行政事务的办理时限，并报本级人民政府备案……将经本级人民政府备案的每项行政执法事项、非行政许可的行政审批事项、内部行政事务的办理时限分解到本机关具体的工作机构和岗位，并编制行政事项办理流程时限表，向社会公布。”

[39] 比如《湖南省行政程序规定》（2022年修改）第15～16条、第32～34条、第39～41条、第64条、第75条等。

[40] 参见罗许生：《内部行政程序研究》，法律出版社2019年版，第61～62页。

[41] 贺安杰：《关于〈湖南省行政程序规定〉的几个问题》，载《湖南社会科学》2008年第5期。

[42] 参见王万华：《统一行政程序立法的破冰之举——解读〈湖南省行政程序规定〉》，载《行政法学研究》2008年第3期。

一种主推模式,实践中通常靠着联席会议、会商等机制来实现“审”与“管”之间的衔接,实现高效整合监管资源、激励推动行政任务迅速解决。[43] 这也在一定程度上反映了内部行政程序制度在我国行政管理中发挥的作用不彰自显。

结合既有行政程序及法典化讨论中对“内部行政程序”的认识与安排来看,一方面,我国学界早期对“内部行政程序”的认识与立法安排基本上完全吸收借鉴了域外行政程序立法中的做法,将规范行政主体职权与行政机关之间关系的内容视为内部行政程序,有组织法与程序法内容交叉的特点,此时关于内部行政程序的规定多集中在行政程序的主体一章。另一方面,在晚近的立法及其讨论中,学界开始关注在我国行政管理活动中发挥重要作用的内部行政制度或机制,如内部行政规范、联席会议机制、工作协调机制等,并尝试将之纳入统一行政程序立法的不同章节。

二、内部行政程序的范畴、类型与作用

我国行政法通用教科书上将“行政程序”定义为“行政机关实施行政行为时所应当遵循的方式、步骤、时限和顺序所构成的一个连续过程”。[44] 方式与步骤、时间与顺序分别从空间与时间这两个维度构成了行政程序的核心内容。但从域外的行政程序法典来看,以德国等为代表的行政程序立法承载着实现行政法总则化的理想。行政程序法在规范行政权运行过程的同时,也不得不将规范享有行政权的主体纳入行政程序法中。而这部分具有强烈组织法色彩的内容也被当时的我国学界理解为属于内部行政程序的内容。学界对“内部行政程序”的认识存在泛化。到底应该如何理解“内部行政程序”?

(一)对“内部行政程序”的理解分歧与范围划定

学理上对如何理解“内部行政程序”存在不同认识。一种代表性的理

---

[43] 参见卢超:《行政审批局改革的组织创新及其公法启示》,载《浙江学刊》2021 年第 2 期。

[44] 姜明安主编:《行政法与行政诉讼法》(第 7 版),北京大学出版社、高等教育出版社 2019 年版,第 325 页。

解认为,“内部行政程序”是内部行政行为[45]的程序。[46] 该种理解以行政行为所涉及的对象和范围作为标准,这一划分同时确立了内部行政程序与外部行政程序“交叉适用无效”与“分别救济”的原则。[47] 因此,持这一观点的学者并不认同将外部行政行为的程序进一步拆分为内部与外部程序的做法。比如将行政处罚程序中的调查、检查程序视为外部程序,而将行政机关负责人对调查、检查的审批、决定列为内部程序。他们认为这样的划分,“既缺乏法律根据,也缺乏理论根据,甚至是荒谬的”;“很不合理、很不适当的,这种划分会给司法审查制造不必要的困难”。[48] 按照这一划分标准,内部行政程序包括:第一,那些虽不直接影响行政相对人权益,但间接影响其权益的程序,比如授权、委托、代理、公务协助等。第二,那些虽不影响行政相对人权益,但影响行政机关工作人员权益的程序,比如公务员的奖惩任程序。第三,纯粹属于行政机关对内部事务进行管理的程序,比如单位对公车管理所涉及的程序。提出这一划分标准的学者也强调这一划分的法律意义在于明确行政程序法的调整重心,内部行政程序主要应由内部行政法律文件进行规范。[49]

---

[45] 学术界对内部行政是否属于行政行为存有争议。以章剑生、梁凤云等为代表的学者认为,与行政机关内部组织设置、相互关系、人员配备、物资保障等有关的内部行为不是行政行为。以胡建淼、姜明安等为代表的学者认为内部行为是行政行为,并且是与外部行政行为一道构成行政行为的一种重要分类。造成理解分歧的根本原因在于“行政行为”这一概念本身有广义与狭义之分,在最广义与最狭义的两端光谱之间,存在着对“行政行为”范围宽窄不同的6种理解。最广义的“行政行为”为行政主体实施的所有行为,包括法律行为和事实行为;最狭义的“行政行为”只包括行政主体实施的具体行政行为。认为“内部行为并非行政行为”观点,对“行政行为”采纳了狭义的理解,认为行政行为是行政主体对外作出的行为总称;而认为内部行为属于行政行为的观点,则对“行政行为”采广义的理解,认为行政行为是行政主体实施的所有行为,包括事实行为与法律行为。参见《行政法与行政诉讼法学》教材编写组:《行政法与行政诉讼法学》(第2版),高等教育出版社2018年版,第82页;章剑生:《现代行政法总论》(第2版),法律出版社2019年版,第128页;江必新、梁凤云:《行政诉讼法理论与实务》(下)(第3版),法律出版社2016年版,第421页。

[46] 参见胡建淼:《行政法学》(下)(第5版),法律出版社2023年版,第857页。持类似观点的还有谭元满、肖一沙:《论行政相对人的内部程序参与权》,载《湖南经济管理干部学院学报》2006年第3期。

[47] 参见姜明安主编:《行政法与行政诉讼法》(第7版),北京大学出版社、高等教育出版社2019年版,第327页。

[48] 姜明安:《行政处罚程序无内外之分》,载《人民法院报》2005年4月18日,B1版。

[49] 参见姜明安:《制定行政程序法应正确处理的几对关系》,载《政法论坛》2004年第5期;胡建淼:《行政法学》(下)(第5版),法律出版社2023年版,第857页。

另一种代表性的理解认为，以行政活动过程中是否有当事人的参与作为界分，没有当事人参与的程序为“内部行政程序”。[50] 此类理解不拘泥于程序适用的行政行为类型，扩大了内部行政程序的范畴。一个行政行为的作出，无论行为属性属于外部还是内部，在行政系统中均涉及权力与职责如何分配的问题，即“由哪个机构、哪些人员来负责处理，谁来决定启动、谁来调查事实、谁来参与讨论、谁拟写决定、谁最后拍板”。[51] 按照这一理解，首先，外部行政行为作出过程中，行政系统内部的运作程序也被纳入“内部行政程序”。比如有学者将行政执法中的请求批准、指挥命令、指导建议、行政认可、记录在档、行为备案的程序列为内部行政程序。[52] 其次，地位相对中立的第三方参与到行政活动过程中，比如外部专家的评议、评审和评定也被纳入“内部行政程序”的范畴来进行考量。[53] 最后，内部程序是相对于行政行为程序而言的概念，即使是内部行政行为，其也同时包含内部程序与外部程序。[54]

另外，还有一种理解借用了行政过程论的视角来进行界分。行政活动过程可分为事前、事中与反馈的过程，其中，事前过程程序属于“内部行政程序”的范畴。[55] 按照这一理解，行政决定作出前的整个过程所涉及的程序环节都被纳入“内部”的范畴，重大行政决策、规范性文件制定等行政活动程序中关于公众参与的程序要求被纳入，且不排斥有行政相对人参与的程序，比如行政执法中的约谈程序。[56] 持这一观点的研究者认为“将内部行政程序界定为没有行政相对人的程序，则无疑忽视了当下政府行政改革广

---

[50] 参见何海波：《内部行政程序的法律规制》（上），载《交大法学》2012 年第 1 期；王万华：《行政程序法研究》，中国法制出版社 2000 年版，第 22 页。

[51] 何海波：《内部行政程序的法律规制》（上），载《交大法学》2012 年第 1 期。

[52] 参见张淑芳：《论行政执法中内部程序的地位》，载《吉林大学社会科学学报》2008 年第 1 期。

[53] 参见何海波：《内部行政程序的法律规制》（下），载《交大法学》2012 年第 2 期。

[54] 参见何海波：《内部行政程序的法律规制》（上），载《交大法学》2012 年第 1 期。

[55] 参见罗许生：《内部行政程序研究》，法律出版社 2019 年版，第 61 ~ 63 页。

[56] 比如《网络安全法》（2016 年）第 56 条规定：“省级以上人民政府有关部门在履行网络安全监督管理职责中，发现网络存在较大安全风险或者发生安全事件的，可以按照规定的权限和程序对该网络的运营者的法定代表人或者主要负责人进行约谈。网络运营者应当按照要求采取措施，进行整改，消除隐患。”

泛吸收公众参与之努力”。[57] 此时的“内部行政程序”为“行政决定作出前行政系统内部处理决定、调查核实、请示汇报、讨论决定等可能对行政相对人的权利义务产生实际影响之程序,以及规范内部行政行为之程序”。[58]

前述三种对“内部行政程序”范畴的理解由窄到宽,依次拓展。它们均认可内部行政行为程序中的部分或全部为“内部行政程序”。扩展的内容在于外部行政行为的程序中,是以当事人参与与否,还是以行政决定作出前后作为界分的标准,决定了“内部空间”拓展的大小。就行政决定作出前后的界分标准而言,将行政决定作出前为了查清案件事实与当事人进行的必要交涉,如陈述、申辩、约谈等程序纳入“内部”的范畴,这样的安排看似视角开放,实际上容易导致内外部程序的界分进一步模糊化,弱化对于内部行政程序特征的抓取。而以当事人参与与否作为界分标准,除可以用来判断外部行政行为外,内部行政行为也遵循同样的规则。此时观察的“内部”限定在无当事人参与的行政活动空间中。内部、外部行政行为中均有不少不涉及当事人参与,仅约束行政机关的程序安排。甚至不限于行政机关,第三方(比如专家)以中立身份参与行政活动,作为确保实现结果科学与理性的一环。因此,该标准适用性更强,“内部行政程序”的“内部”范围也得到了适度的拓展。本文采纳“以是否有当事人参与”作为标准展开对“内部行政程序”的讨论。

(二)内部行政程序的类型

以当事人是否参与作为划分内外部行政程序的标准并不区分程序适用的行政行为的类型,即使是内部行政行为的程序也存在内外之别。因此在对内部行政程序进行类型化时不再专门强调程序适用的行政行为类型。参考域外国家行政程序法中对“内部行政程序”的规定,并结合我国既有立法中的理解,“内部行政程序”的内容涉及行政主体如何设立及其运作的问题,内部行政程序的类型化可以划分为行政主体的资格与行政主体运作两大类。

第一类为与行政主体行使职权有关的资格内容。行政机关无论是依职权或依当事人的申请启动行政行为程序,行政主体的存在才是行为的

---

[57] 罗许生:《内部行政程序研究》,法律出版社 2019 年版,第 62 页。
[58] 罗许生:《内部行政程序研究》,法律出版社 2019 年版,第 62 页。

前提,而行政主体的设立通常以内部程序的方式进行。[59] 域外国家的行政程序法中关于“内部行政程序”的内容也多与行政机关的设立、职权划分等相关,并将这部分程序规定放置在“行政程序的主体”一章之下,我国关于统一行政程序立法的讨论中基本上借鉴域外国家的这一做法。但这种做法使得行政组织法与程序法内容存在交叉,在特定的立法理想追求下,比如域外行政程序法典的编纂承载着实现行政法总则化与行政法法典化的目标,具有一定合理性。但在单独讨论内部行政程序的类型时,应当将之与组织法内容进行明确的区分,并重新思考其在行政程序统一立法或行政法法典化中的安排。

有学者已经意识到前述内容交叉的问题,从司法审查中对行政行为合法性审查的思路出发,指出行政程序是与行政职权等并列一道构成行政行为合法性的要素。[60] 行政程序事关行政机关行使管辖权力、作出具体决定的方式、步骤和期限;行政职权则涉及行政主体的资格及其管辖权限。因此,一个组织是否依法成立、是否具备行政主体资格、有无行政管辖权限并非行政程序问题,只有一个依法成立并具有行政主体资格和管辖权限的组织,在特定的场景下如何行使职权,才有可能涉及程序的问题。[61]

因此在讨论这一类与行政主体资格有关的内部行政程序分类时,应当将程序与职权内容相剥离。具体而言,与行政主体有关的程序内容不应涉及组织设置、组成、职权与职责、人员编制等组织法内容。而是在假定行政组织具备主体资格与管辖权的前提下,对行政机关如何行使职权、行使职权过程中如何确保公平公正理性的实现进行规范,这些内容则属于行政程序问题。内部行政程序的具体内容可包括职权转移(委托、协助)、职权冲突(管辖)及其争议处理、职权回避(行政机关及其工作人员的回避)等。

第二类为行政主体行使职权,作出决定(决策)整个过程中的无当事

---

[59] 参见马怀德主编:《行政程序立法研究——〈行政程序法〉草案建议稿及理由说明书》,法律出版社2005年版,“序言”第13页。

[60] 参见何海波:《行政行为的合法要件——兼议司法审查根据的重构》,载《中国法学》2009年第5期。

[61] 参见何海波:《内部行政程序的法律规制(上)》,载《交大法学》2012年第1期。

人参与的程序内容。无论外部还是内部行政行为的作出,一般需要经历立案(立项)—查明案件事实—作出决定这三大环节。在对案件的具体承办中,在同一行政机关内部,通常在立案审批、调查取证环节中采取特定调查手段或措施须得到行政机关负责人的批准;在作出最终的决定前,有的时候需要经过本机关法制部门的审核,涉及重大决策、决定时,还需经过风险评估;作出重大的决定前,行政机关负责人还得进行集体讨论;案件在执行与执行完毕后的结案阶段,还涉及负责人对有关事项的批准。[62]在行政系统内部,有的时候还涉及主办机关与其他行政机关协调与协同的问题。有些决定需要下级行政机关率先进行审核;有的决定须得到上级行政机关或其他行政部门的批准或同意;有些行政决定在作出之后,为了加强对其实施情况的监督,须报上级机关或其他国家机关进行备案。另外,行政系统内部还通过建立联席会议制度、成立专项工作小组等方式来加强系统内的合作。此外,在某些行政行为作出过程中,还需要引入行政系统外部的人员,让身份中立的人员参与到行政过程的程序中来,比如行政决策与行政规划中的专家论证、专家评议等。[63]

(三)内部行政程序的作用

行政程序在现代社会具有技术层面与权力制约层面的双重意义。[64] 结合内部行政程序的内容来看,它的作用绝非仅局限在技术层面,它在制约权力、确保实体决定的合法性等层面也发挥着不可替代的作用。以行政机关负责人批准这一程序为例,该程序在行政活动不同环节的适用上呈现出多种功能。具体来说,第一,负责人对于立案、结案情况的批准;对案件中止、终止等程序进程,管辖权移送等的审批。[65] 这一类程序表现为规

---

[62] 案件在执行阶段涉及行政机关负责人对延期或分期缴纳罚款、涉案财物的管理与处理、行政强制执行程序进程等事项的批准。

[63] 比如《公共文化体育设施条例》(2003 年)第 27 条第 1 款规定:"因城乡建设确需拆除公共文化体育设施或者改变其功能、用途的,有关地方人民政府在作出决定前,应当组织专家论证,并征得上一级人民政府文化行政主管部门、体育行政主管部门同意,报上一级人民政府批准。"《政府投资条例》(2019 年)第 11 条第 3 款规定:"对经济社会发展、社会公众利益有重大影响或者投资规模较大的政府投资项目,投资主管部门或者其他有关部门应当在中介服务机构评估、公众参与、专家评议、风险评估的基础上作出是否批准的决定。"

[64] 参见王万华:《行政程序法研究》,中国法制出版社 2000 年版,第 6 ~ 7 页。

[65] 比如《农业行政处罚程序规定》(2021 年)第 29 条,《市场监督管理行政处罚程序规定》(2022 年)第 46、47 条。

范行政管理流程的功能，在行政管理中起到了“承上启下”的作用，决定了行政管理活动进程与走向。第二，程序内容为负责人对行政管理流程中选用非常规行为方式确认，[66]此类程序表现为提升行政效率的功能。第三，负责人通过批准的程序对行政管理流程诸节点进行审慎把关，确保了行政决定合法性实现。一方面，在执法活动中调查取证环节的诸多手段与措施有可能限制甚至损害当事人的人身权、财产权等合法权益，[67]在行为前设置负责人批准的程序的目的在于通过负责人审慎地把关，尽可能地降低对当事人权益的影响。另一方面，行政机关负责人对案件办理各个环节的审批监督把关，[68]最终确保了作为结果产出——行政决定的合法。

可见，一方面，内部行政程序将外部行政程序有效地串联起来，并通过程序的合理的设置规范行政管理流程，促进行政效率的提升，此为技术层面的价值，且已被广泛认可接受。但这一层面的程序价值容易被忽视，有学者指出随着传统工业社会向现代信息社会转型升级，传统控权论下的行政程序迫切需要范式的转型，行政程序应着力于发挥行政权的功能，保障并提升行政的活力，促进行政效率的提升，而非单一以控权为核心。[69]

另一方面，内部行政程序在内容上涉及内部由谁来做决定、如何做决定的问题，像行政机关负责人集体讨论程序、行政机关内部机构的法制审核这类为了控制行政行为作出之后可能面临的法律风险，而事前进行的风险把控的程序安排，[70]对于确保行政最终决定的合法与正当发挥着基础

---

⑥⑥ 比如《行政处罚法》(2021 年)第 66 条，《市场监督管理行政处罚程序规定》(2022 年)第 18、64 条，《农业行政处罚程序规定》(2021 年)第 81 条。

⑥⑦ 比如《反恐怖主义法》第 53 条、《人民警察法》第 14 条、《公安机关办理行政案件程序规定》(2020 年)第 57 条、《邮政行政处罚程序规定》(2023 年)第 35 条。

⑥⑧ 比如《市场监督管理行政处罚程序规定》(2022 年)第 56 条规定：“审核机构完成审核并退回案件材料后，对于拟给予行政处罚的案件，办案机构应当将案件材料、行政处罚建议及审核意见报市场监督管理部门负责人批准，并依法履行告知等程序；对于建议给予其他行政处理的案件，办案机构应当将案件材料、审核意见报市场监督管理部门负责人审查决定。”

⑥⑨ 参见谭宗泽、付大峰：《从规范程序到程序规范：面向行政的行政程序及其展开》，载《行政法学研究》2021 年第 1 期。

⑦⓪ 参见林鸿潮：《行政行为审慎程序的司法审查》，载《政治与法律》2019 年第 8 期。

性作用。程序的此功能也在法院裁判中得到间接印证。在某公司诉当地市场监督管理局行政处罚一案中,涉及集体讨论程序适用的时间节点问题。被告在行政处罚程序中,只在告知程序前进行了集体讨论,未在举行听证后作出最终的行政处罚决定前再次组织集体讨论,被法院认定构成程序违法并撤销该处罚决定。法院认为告知之后当事人提出具有实质意义的陈述申辩意见、申请听证并由行政机关组织召开听证会等情况出现,将可能出现新的情况,改变事实的认定,继而影响最终决定的内容。因此,在告知期限内,当事人提出了有实质意义的陈述、申辩意见,或者行政机关依当事人申请组织召开了听证会,行政机关应当再次进行集体讨论决定。[71] 集体讨论程序虽为内部程序,但安排不同的流程可能影响实体结果的处理。这一点也是学界强调对内部行政程序进行规制的重要原因,即"内部程序作为行政系统内部的权力分配方式,深刻影响乃至直接决定当事人的权益"。[72] 区别于那些认为需将具有外部化效力的内部程序纳入法律规制的观点,[73]这一观点对内部行政程序的功能认识有所缺漏。内部行政程序本身亦可以通过"效果内化"来发挥担保行政机关对外作出行政行为的合法性,此时的"效果内化"是通过建立、维持行政系统内部的法秩序予以实现的。[74]

三、我国行政法法典化讨论中纳入并重视内部行政程序制度内容的理由

(一)内部行政程序制度的本土生成演进

有学者批评我国行政程序法的立法讨论中,虽然普遍同意坚持内外并举的模式规范行政程序,但对内部行政程序的理解狭隘,导致了内部行政程序安排被草草对付。[75] 通过前文的梳理可以发现,导致这一做法的原因在于立法中照搬域外国家立法的经验与做法,缺少对我国内部行政程序制度本土化生成演进的关注。

---

[71] 参见吕长城:《行政处罚听证程序前,负责人可以集体讨论吗?》,载微信公众号"江苏高院"2022年2月16日,https://mp.weixin.qq.com/s/W8zSOrnOWlPh7wWYRoN9DA。

[72] 何海波:《内部行政程序的法律规制》(上),载《交大法学》2012年第1期。

[73] 参见章志远:《行政法总则制定的基本遵循》,载《学习与探索》2020年第7期。

[74] 参见章剑生:《作为担保行政行为合法性的内部行政法》,载《法学家》2018年第6期。

[75] 参见何海波:《内部行政程序的法律规制》(上),载《交大法学》2012年第1期。

事实上,有研究者考察我国古代的经、史、子、集等史料文本后认为我国古代亦有行政程序,虽然它与现代法治语境下的行政程序存有本质区别。[76] 古代的行政程序属于传统行政程序的范畴,它的控制功能作用在内部行政管理之中,主要表现在治官与规范公文往来。为了保证官吏对王朝的尽忠职守、廉洁奉公,我国古代行政程序对官吏的选拔、奖惩任免、监察等规定较为详尽;为保证行政效率,我国古代对于文书的发布、执行和管理有一套严格的程序要求。这些不涉及行政相对人的程序内容占据了古代行政程序的绝大部分篇幅,行政机关对社会上的公民和组织管理规定总体来看比较薄弱。因此,古代行政程序主要为内部行政程序,外部行政程序稀疏粗陋。造成这样分布的原因在于古代国家对外部行政行为主要采用实体规范规定行政任务、职权职责、法律责任的形式加以内部控制,促使行政官员勤政廉洁,防止越权滥权,因而行政行为的方式、方法、步骤、顺序等内容多交由行政官员自由安排,以期实现高效行政的目标。[77] 整体而言,这一时期的内部行政程序安排主要为维护君主的统治服务,程序作为工具而存在。

现代行政程序则是在资产阶级民主制确立之后逐渐丰富与发展起来的,体现了民主主义的精神。从现代行政程序确立与发展来看,最初从英美德等国家的“自然正义”“法律的正当程序”“法治国”等原则和判例法等基础上发展而来,现代行政程序对行政权的控制与约束是其最为核心的功能。当然,现代行政程序也并非凭空产生,在继承传统行政程序的基础之上演进的。集合了制约行政权的民主参与和行政救济程序,服务于行政机关内部控制需要的管理程序,纯粹为保障行政效率业务性、技术性程序这三类程序于一体。[78] 后两类程序也在现代行政程序理念的熏陶下,进一步增添了民主与法治的色彩。[79] 第一类程序则是现代行政程序的核心,包括告知、说明理由、听证、陈述意见等内容,这些程序通过赋予相对人参与权,作为程序权利人对行政主体行使权力的活动进行反向控制。

---

[76] 参见柳正权:《中国古代行政程序研究》,人民出版社 2012 年版,第 2 ~ 3 页;柳正权:《中国传统行政概念的文化解析》,载《法学评论》2007 年第 1 期。

[77] 参见张庆福、冯军:《现代行政程序在法治行政中的作用》,载《法学研究》1996 年第 4 期。

[78] 参见张庆福、冯军:《现代行政程序在法治行政中的作用》,载《法学研究》1996 年第 4 期。

[79] 比如《行政机关公务员处分条例》(2007 年,已失效)第 39 条中规定公务员处分的程序,其中规定了任免机关对涉嫌违法违纪的行政机关公务员的调查、处理时,有关部门应将调查认定的事实及拟给予处分的依据告知被调查的公务员本人,听取其陈述和申辩。

因为这一类程序的突出作用,因此各国的行政程序法编纂均以这一类外部行政程序为核心展开。

我国在20世纪80年代开始恢复与重建行政法治,行政管理领域的立法得以快速增长,但行政法实施的过程中却面临着执法程序方面的问题,比如行政程序规定零散分布、缺少重要的行政程序制度规定、已有的规定可操作性不强、部分规定带有浓厚的管理色彩等。受到域外行政程序法法典化浪潮的影响,学界在20世纪初倡导制定我国统一行政程序法的立法讨论中,无论是在立法的形式选择、内容考量,还是具体的程序制度安排等方面均以域外国家的立法作为直接参照对象,将大量具有现代法治精神的外部行政程序内容纳入立法讨论中,提升了我国行政程序的现代性,与此同时与行政主体有关的内部行政程序规定也得以吸收进来,构成我国内部行政程序内容的重要一部分。

但在考察我国多个行政管理领域的立法可以发现,在规范执法程序内容中,除了学习借鉴域外现代行政程序法的做法,纳入以说明理由、陈述申辩、听证等相对人参与的程序用于制约行政权外,还有不少只有行政系统或行政机关内部来完成的程序要求也被明确下来。有学者从中国立法和司法实践中梳理出了这类内部行政程序的具体制度内容,包括行政机关内部的承办、审核、决定程序,上下级行政机关之间的审查、批准、备案程序,外部专家的评议、评审、评定程序这三部分。[80] 这类程序很好地串联起了整个外部行政行为作出的程序,明确了行政行为在行政系统内部由谁来启动程序、谁来调查取证、谁参与讨论、谁写决定、谁来审核、谁来拍板的问题。虽然学术界对于这类程序是否属于内部行政程序的范畴存有争议,但均认可这类程序对于行政行为的理性与正当性具有的重要意义。[81] 法院也在判决中肯认了违反这类程序可能引发行政行为被撤销的法律后果,[82]这也从一个侧面反映了违反这类程序可能影响实体处理的正

---

[80] 参见何海波:《行政诉讼法》,法律出版社2022年版,第403～418页。

[81] 参见姜明安:《行政处罚程序无内外之分》,载《人民法院报》2005年4月18日,B1版。

[82] 比如在方某良诉衢州市自然资源和规划局资源行政处罚案中,法院认为被告对重大违法行为给予较重的行政处罚时,把集体会审程序与负责人集体讨论相混淆,认定被告对重大违法行为给予较重的行政处罚决定前未经过负责人集体讨论属于程序违法。法院仅以此为由,撤销了一审判决。参见浙江省衢州市中级人民法院(2019)浙08行终43号行政判决书。

确性或损害当事人的合法权益。而这类程序要求并非对特定行政行为或特定行政管理领域的专门内部程序要求，而是广泛地分布在我国的法律、行政法规、部门规章、地方政府规章乃至规范性文件之中，法律文件的效力级别越低，通常对这类内部行政程序规定得也越为周详。

此外，除这些可能会对公民权利产生影响的内部行政程序内容外，承袭过去的行政惯例与传统，还有那些以提升行政管理效率作为其目标，纯粹为行政管理服务的内部程序要求，比如行政公文的传递、行政机关的印章管理等。

从内部行政程序制度内容从古至今的发展梳理来看，内部行政程序除保留了过去服务于行政系统内部管理的纯粹技术性的程序规定外，在现代行政程序理念的影响下，无论是内部还是外部行政行为作出的过程中，整个程序过程无论是否有相对人的参与，多个环节的程序设置目标均指向控制行政权与保障相对人的权益，此时内部行政程序亦承载着相似的功能。因此，对于前一类内部行政程序由行政机关内部自行设定即可，无需纳入法典化的讨论；对于后一类内部行政程序，考虑到它对于行为理性、公正性的作用，应当纳入行政法法典化的安排之中进行考量。内部行政程序绝非只有纯粹技术性与业务性的内容。

(二)凸显行政法法典化的中国特色

在我国民法典成功编纂的鼓舞下，行政法学界再次启动了行政法法典化研究。这些讨论可以总结为两个方面的问题：第一，行政法能否实现法典化；第二，行政法如何实现法典化。对于第一个问题，目前基本已无争议，均认为我国具备了实现行政法法典化的条件。[83] 对于第二个问题，学界从法典化实现的路径选择、体例框架等维度展开，讨论在“行政法总则”“行政程序法”“行政基本法”路径之下的法典定位、总体思路与框架内容。不同的路径选择之下，法典内容涵盖的事项多少、条文详略则有所差别。但无论采取哪一种路径实现法典化，编纂具有中国特色的行政法典这一标准一直贯穿在所有法典化路径的讨论中。

---

[83] 即使有学者反对行政法的统一法典，但并不反对“行政法法典化”。参见杨建顺：《为什么行政法不能有统一的法典?》，载《检察日报》2020 年 6 月 3 日，第 7 版；杨建顺：《行政法典化的容许性——基于行政法学体系的视角》，载《当代法学》2022 年第 3 期。

行政法法典化如何才能具有中国特色,从既有的讨论来看,表现在以下三个方面:第一,将民族性作为行政法法典化的精神气质,注意法典对中华法治文明、传统法律文化的传承和形塑。[84] 第二,将本土法治实践积累的经验融入行政法的法典化,充分汲取中国特色法治政府建设的实践探索成果,将行政执法实践、司法实践的创新内容吸收到法典之中。与此同时,法典要及时记载中国特色法治政府理论的最新研究成果。[85] 第三,强调国家公共行政的模式和法治诉求不同,是造成行政法典国别差异的重要原因之一。法典化的编纂应立基于我国整体型公共行政的基本特征,以我国的国家治理实践为基础,不能局限于西方的模式与经验。[86] 我国整体型行政的样貌要求行政法典在架构时须重点关注系统整体的组织与运作内容,而非沿袭西方个体化行政下偏重外部管理法律关系的构造。[87]

将内部行政程序纳入行政法法典化的考量将有助于凸显法典的中国特色。结合前述体现法典中国特色的内容来看,可从我国的历史、实践、理论等维度进行阐释。第一,从历史的维度看,我国内部行政程序的生成演进历程,融贯中西,是传统法律文化整合的结果。内部行政程序既保留了传统内容,又对传统有所创新突破。我国自古以来就有规范成典的传统,《唐六典》《明会典》《清会典》都是我国历史上重要的行政法典。从这些法典的内容来看,均以官制为核心,规范了中央或地方国家机关的机构、编制、职责、人员等问题。古代发达的行政法也使得古代行政程序获得了一定的功能性价值,即程序在国家权力传递中具有意义并对国家架构产生一定的影响。从前文的梳理可知,古代行政程序以内部行政程序为主,重视对内部行政管理的控制,通过对官吏的选拔任用、考核奖惩等程序安排确保官吏对政府的尽忠职守,通过对公文往来的程序管理确保政府的有效运转。从内部行政程序的本土生成演进来看,从传统到现代的转型中吸收了我国古代法制的成败得失,挖掘和传承中华法律文化精

---

[84] 参见周佑勇:《中国行政基本法典的精神气质》,载《政法论坛》2022 年第 3 期;钟瑞华、李洪雷:《论我国行政法法典化的意义与路径》,载《行政管理改革》2020 年第 12 期。

[85] 参见章志远:《中国特色行政法法典化的模式选择》,载《法学》2018 年第 9 期。

[86] 参见薛刚凌:《行政法法典化之基本问题研究——以行政法体系建构为视角》,载《现代法学》2020 年第 6 期。

[87] 参见薛刚凌:《中国特色行政法典的编纂研究——以公共行政整体型特征为视角》,载《现代法学》2022 年第 5 期。

华,汲取营养、择善而用。因此,我国当下的内部行政程序内容一方面在现代行政程序理念的影响下纳入了控权的制度设计,另一方面吸收了我国古代行政程序发挥内部行政管理控制的功能安排。内部行政程序制度内容丰富、类型多样、作用多元,在适用上拓展到了各类行政活动之中,并不仅限于内部行政的管理行为。

第二,从实践的维度看,一方面,各个效力层次的法律规范中均有涉及内部行政程序的规定。特别是针对一些在适用上容易引发争议、规定不明确的程序,行政机关通过自行制定专门的规范性文件予以明确。比如《汕尾市重大行政执法决定法制审核和集体讨论决定制度》(汕府函〔2016〕532号);2020年司法部草拟的《行政复议法(征求意见稿)》将行政复议委员会制度正式纳入,多地政府先后发布规范行政复议委员会工作规则、审理办公会规则、评议组工作规则,规范行政复议委员会的组成与内部运作。[88] 这些内部行政程序内容是我国法律实践中正在生发的制度。再如,我国的官员对于人员分工、请示汇报、讨论拍板、公文签发程序等的内部办事程序也较为认可,这也构成了我国行政程序建设的一种本土资源。[89] 另一方面,我国公共行政实践以整体性为其显著特征,区别于西方国家的个体化。我国公共行政追求国家政治稳定、经济高质量发展和实现共同富裕;同时兼顾保护个人利益,个人可以从整体发展中分享利益。在这样的公共行政样态下,我国大部分的组织和运行活动不具有外部性,着眼于整体目标而实施,并不针对具体的相对人。外部行政管理行为只是公共行政中一部分内容。政府履行发展职能,开展工业园区的建设、产业培育、招商引资、打造要素市场等行政活动亦是公共行政中重要的内容,但这些内容为我国行政法所忽视。整体的系统内部涉及决策、执行、系统调节与控制,这些环节均需要通过程序予以联结,系统内部的运作需要程序保障整体目标的实现。这一语境之下没有相对人参与的"内部行政程序"范畴还将相应拓展,这部分程序内容也将更独具中国特色。

第三,从理论的维度看,传统行政法强调通过外部主体(立法机关

---

[88] 如《南宁市人民政府行政复议委员会工作规则》、《南宁市人民政府行政复议案件审理办公会工作规则》、《南宁市人民政府行政复议案件审理评议组工作规则》(南府办〔2021〕1号)。

[89] 参见何海波:《内部行政程序的法律规制》(上),载《交大法学》2012年第1期。

与司法机关)来对行政权进行约束和控制,但在行政权快速扩张、行政管理专业性明显提升的背景下,外部制约发挥的作用显著降低,行政组织架构、内部行政法律规则等提供的内部制约的重要性日益凸显,行政自制理论应运而生。该理论主张从内部行政法视角为政府法治建设寻找新的制度支点。[90] 该理论在中国法治进程也具有独特的功能,推动了中国特色行政法治道路的新探索。[91] 其中与本处密切关联的一点,即强调对行政运转过程的权力控制。内部行政程序作为对行政运转过程权力控制的重要手段之一,也在行政自制理论推动下得以实现功能重塑、制度丰富与发展。

(三)以内部行政程序为突破提升法典化讨论中对内部行政要素的关注

在我国行政法法典化的讨论中,无论采用"行政程序法"模式、"行政法总则"模式,还是"行政基本法典"模式,法典的内容架构均围绕行政权的规范运行展开,以政府的外部管理职权为核心,具有"外部性"或能够产生"外化"效果的因素才是目前各行政法法典化方案中重点关注的对象。受到域外行政法的影响,行政机关在办公大楼内实施的行为等内容不受行政法的关注与重视。

与传统行政法强调通过外部主体对行政机关对外行使权力进行控制与约束有所不同,以美国杰里·L. 马萧(Jerry L. Mashaw)、克里斯托弗·J. 沃克(Christopher J. Walker)等为代表的学者在行政成为国家活动的中心的时代背景下,开始反思仍将法院设置为防止行政擅权僵化堡垒的司法中心主义观点,意识到内部行政的重要性,提出利用内部行政法,由行政机关创设内部程序、架构、实践惯例和指南等多种形式,探索实现行政机关的自我约束。[92] 美国行政法学研究中对内部行政内容的关注度也日

---

[90] 参见于立深:《现代行政法的行政自制理论——以内部行政法为视角》,载《当代法学》2009 年第 6 期。

[91] 参见崔卓兰、于立深:《行政自制与中国行政法治发展》,载《法学研究》2010 年第 1 期。

[92] 参见[美]杰里·L. 马萧:《官僚的正义——以社会保障中对残疾人权利主张的处理为例》,何伟文、毕竟悦译,北京大学出版社 2005 年版,第 105 ~ 169 页;[美]杰里·L. 马萧:《创设行政宪制——被遗忘的美国行政法百年史(1787 - 1887)》,宋华琳、张力译,中国政法大学出版社 2016 年版,第 2 ~ 26 页;克里斯托弗·J. 沃克:《司法审查之外对官僚的控制》,宋华琳、徐曦昊译,载《湖湘法学评论》2021 年第 2 期。

益成为一个新趋势。[93]

我国并未有如西方国家那般从以议会、法院为中心到行政全面介入社会的转变历程。在我国,政府在国家治理中发挥着至关重要的作用,政府也在不断进行尝试完善自身建设,更好地服务于国家的发展。实践中,2004 年至今由国务院为主导推动的“法治政府”建设,便以围绕行政体系的内部制约机制为核心展开。[94] 对于行政权控制与约束的关注如果仍聚焦于外部管理行政行为系列内容的规范,那只是注意到了行政活动中的一部分内容,大量行政系统的内部安排、运作等内容被忽视。我国学者受域外内部行政法研究的启发,提醒学界应当放宽视野,去研究行政科层内的控制技术,去关注行政在自我控制与自我拘束方面的技术。[95]

在行政程序统一立法的讨论中,学界虽然对内部行政程序的认识存有分歧,但就立法内容上采取内部与外部行政程序并存的模式已达成共识。在行政法法典化的讨论中,无论哪一种方案,行政程序均在法典的安排中占据了相当的篇幅。可以此作为契机,在考虑行政法法典化纳入哪些内部行政程序、如何安排布局篇幅的过程中,提升对包括行政组织与组织间内部协调机制、内部行政制度等内部行政要素的考量。

四、纳入行政法法典化讨论的内部行政程序制度内容

受域外行政程序法典的影响,我国行政程序统一立法的讨论已对将管辖、行政协助、行政委托等制度作为内部行政程序的内容写入程序法典达成共识。行政法法典化的讨论中无论是采取哪一种路径均应囊括这部分特殊情形下通过内部行政程序处理而取得行政主体资格的制度内容。另一部分内容与行政活动的内部运作密切相关,它串联起整个行政活动,

---

[93] See Gillian E. Metzger & Kevin M. Stack, *Internal Administrative Law*, 115 Michigan Law Review 1239,1243(2017). 中译本参见吉莉恩·E. 梅茨格、凯文·M. 斯塔克:《内部行政法》,宋华琳、吕正义译,载《公法研究》2020 年第 20 卷;Christopher J. Walker & Rebecca Turnbull, *Operationalizing Internal Administrative Law*, 71 Hastings Law Journal 1225, 1225 – 1247(2020)。

[94] 参见刘国乾:《法治政府建设:一种内部行政法的制度实践探索》,载《治理研究》2021 年第 3 期。

[95] 宋华琳:《国家建构与美国行政法的史前史》,载《华东政法大学学报》2015 年第 3 期。

并确保了行政行为的合法与理性的实现。它区别于外部行政程序保障的实现机制,在我国行政实践活动中也更容易得到各方的认可。此外,由实践中发展出来的协调行政系统内部府际之间、部际之间合作关系的非正式的组织机制或方式,以行为法机制得以呈现,并通过行政程序予以规范。在编纂具有中国特色的行政法典的过程中,不可忽视对这些内部运作的程序制度安排。

(一)与程序有关的行政主体资格制度

我国学界在对行政程序统一立法的早期研究中,对域外国家行政程序法典中涉及的"内部行政程序"内容解读并未严格区分程序内容与组织内容,一些涉及组织是否依法设立、有没有管辖权限的内容,比如西班牙行政程序法中对行政机关设置的要求、葡萄牙行政程序法中对合议制行政机关的组成规定、各国行政程序法中普遍涉及的管辖权划分规定等均置于"内部行政程序"之下予以讨论。在当时行政程序法典被寄予了实现行政法总则化与行政法法典化的特殊立法目的下,这种程序与组织法内容的杂糅处理具有一定的合理性。但在当下行政法法典化编纂的精细化讨论中,行政组织法作为法典的重要构成部分得到专门的关注,内容涉及行政组织、编制、机关运行保障和公务员等。[96] 组织法内容规定了主体的设立、权限、资格等实体内容,因此在讨论法典化中的内部行政程序制度内容时,应该将涉及行政主体内部的组织法内容剥离。

但一个依法设立、具有行政主体资格和管辖权限的组织,在特定情况下如何行使职权则涉及行政组织内部的程序安排。比如均有管辖权的多个行政主体对同一案子可能面临管辖冲突,需要明确管辖争议的处理程序。具有管辖权的行政机关及其工作人员不适合处理具体案子则面临回避,需要回避程序予以解决。具有管辖权的行政机关为了更有效地达成行政目的选择将事务或职权进行委托;具有管辖权的行政主体因法定原因不能亲自完成公务,或因事实原因缺少所需的人力和设备不能完成公务等情形还涉及行政协助,这些均需要通过程序来明确各自的适用问题。

这一类与行政主体资格有关的程序内容,虽然限定在行政组织内部,但意义非凡。以行政机关管辖争议程序为例,行政管辖明确了不同行政

[96] 参见马怀德:《行政基本法典模式、内容与框架》,载《政法论坛》2022 年第 3 期。

机关首次处置行政事务的权限分工,是行政权得以有效行使的前提。在我国常见的管辖类型以事务、地域、级别等为标准进行划分。但行政管辖制度只是形成了对行政机关权限的初次分配,在行政实践中,行政机关即使拥有对应权限,在面对真实案件的时候基于主客观方面的考量,还可能面临管辖争议。若管辖争议得不到妥善处理,相对人就无所适从,也会严重损害政府的公信力。明确管辖权冲突的解决程序也被视为我国机构改革之协同原则的重要实现机制之一。[97]

规定与行政主体资格有关的程序要求是已制定行政程序法的国家的普遍做法。我国一些行政立法中已将其纳入并不断优化程序安排,尽管如此既有规定仍留有空白。以管辖权冲突的解决程序为例,2021 年修改后的《行政处罚法》第 25 条优化了关于两个以上行政机关都有行政处罚管辖权发生争议时的处理程序;[98]我国地方行政程序立法中也写入了共同管辖权冲突的处理程序,[99]这些规定解决了管辖的积极冲突问题。对于管辖权的消极冲突,有的地方程序规定照搬了行政诉讼法中的移送管辖的内容;[100]对于无机关受理的消极管辖冲突,既有的各类规范中并未涉及。与之相关联,司法实践中还面临着在行政行为实施主体不明的情况下,如何确定行为人的问题。[101] 行政管辖的消极冲突处理程序安排并未得到重视。在行政法法典化的讨论中,我们需要注意对这类程序空白内容的填补。

---

[97] 参见高秦伟:《机构改革中的协同原则及其实现》,载《福建行政学院学报》2018 年第 4 期。

[98] 《行政处罚法》(2021 年)第 25 条规定:"两个以上行政机关都有管辖权的,由最先立案的行政机关管辖。对管辖发生争议的,应当协商解决,协商不成的,报请共同的上一级行政机关指定管辖;也可以直接由共同的上一级行政机关指定管辖。"1996 年《行政处罚法》确立了在此情形下直接适用由共同上一级行政机关指定管辖程序安排,并延续至 2021 年《行政处罚法》的修改。

[99] 比如《江苏省行政程序条例》(2022 年)第 24 ~ 25 条、《湖南省行政程序规定》(2022 年)第 14 条、《汕头市行政程序规定》(2021 年)第 13 ~ 14 条。

[100] 比如《江苏省行政程序条例》(2022 年)第 24 条、《山东省行政程序规定》(2011 年)第 19 条。

[101] 参见程某田诉历城区人民政府行政强制案,山东省济南市中级人民法院一审行政裁定书(2017)鲁 01 行初 103 号,山东省高级人民法院二审行政裁定书(2017)鲁行终 1463 号,最高人民法院再审裁定书(2018)最高法行申 1801 号。

（二）行政系统内部的决定程序制度

在我国行政法法典化的诸方案中，有关行政程序编的内容主要侧重于外部行政程序制度的规定，基本沿袭了行政程序统一立法中对行政程序的内容安排。强调对涉及相对人参与的程序保护，但对于行政活动过程中，间接关涉相对人权益却无相对人直接参与的内部行政程序的规定较为简单。这类程序制度包括在行政机关内部的有外部人士参与的行政机关的合议（论证）、行政机关内部机构的法制审核、行政机关负责人的批准、行政机关负责人的集体讨论，下级行政机关的审核、上级行政机关的批准、其他行政部门的同意或备案等内容。[102] 这些内容如何展开并嵌入行政活动过程，将直接影响行政活动的结果。该类程序对于行政权内部秩序的运转有着深刻的决定性影响并最终作用于行政决定本身。应将其置于与外部行政程序同等重要的地位，在法典化的讨论中将其纳入并分类作相对细化的统一安排。

以行政机关负责人集体讨论程序为例，这类程序设置的意义在于帮助行政机关负责人在做决定时集思广益，防止恣意武断。我国多部法律文件中明确了作出特定行政行为必经这一程序的要求。如 2015 年中共中央、国务院印发的《法治政府建设实施纲要（2015 - 2020 年）》中明确地要求在规范性文件制定、重大行政决策、行政执法程序中，落实、坚持与完善“集体讨论决定”。2019 年《重大行政决策程序暂行条例》把集体讨论的程序规定列为重大行政决策的必经程序；2021 年修订的《行政处罚法》保留了旧法“对情节复杂或者重大违法行为给予行政处罚，行政机关负责人应当集体讨论决定”的规定。2023 年修订的《行政复议法》中除了保留行政复议决定的作出需经复议机关负责人同意或集体讨论决定的规定外，还新增了简易程序转普通程序须经复议机关负责人批准的要求。[103]

为了规范具体集体讨论程序的开展，部门规章与一些地方通过发布规范性文件的形式扩大或细化了特定行政行为中集体讨论程序的适用。如《市场监督管理行政处罚程序规定》第 4 条第 1 款、第 60 条第 2 款等分

[102] 具体的程序制度内容介绍，参见何海波：《行政诉讼法》（第 3 版），法律出版社 2022 年版，第 404 ~ 409 页。

[103] 参见《重大行政决策程序暂行条例》第 29 ~ 30 条；《行政处罚法》（2021 年修订）第 57 条；《行政复议法》（2023 年修订）第 55 条、第 61 条。

别扩大和细化了对集体讨论程序的适用情形;《长沙市重大行政执法决定集体讨论办法(试行)》(长政法〔2015〕32 号)明确了集体讨论程序的适用情形、集体讨论的规则、决议方式等。这些细化的规则对具体程序的展开具有规范意义,但规范的属性限于特定的行政管理领域或地域,能够发挥的统一作用非常有限。

此外,既有的这些规定仍无法回应实践中遇到的一些问题。集体讨论应当在何时启动,实务中存在较大的分歧。"有的行政机关在处罚告知前便组织集体讨论,有的行政机关在听证结束后并不开展集体讨论,也有的在听证前集体讨论处罚内容,甚至在一案中多次开展集体讨论。"[104]有的法院通过判决的形式确认了集体讨论程序启动节点,补充了既有立法的不足。[105] 再者,行政机关负责人集体讨论的参与人员包括哪些行政职务才满足程序要求?行政实务中出现过只有副职级别负责人一人参与,或副职主持会议,部分科室副职干部和工作人员参会的集体讨论的情形,但均被法院认定为不满足集体讨论程序的人员构成要求。[106] 还有,集体讨论是否必须以会议的形式进行?行政实务中以文件会签、传阅、征求意见、投票等代替集体讨论会议的情形较为普遍。文件会签代替集体讨论的这一形式甚至还得到了法院的认可。[107] 前述这些问题反映了既有立法中仅提出内部行政程序的要求尚不足以为行政活动内部运转的规范提供充分指引。行政法典编纂中在将这类内部行政程序纳入行政程序编进行规范时,应在将之确立为某类行政活动的必经程序时,一并根据这类行政活动的特征适当细化对于程序具体适用的安排。

---

[104] 徐冬然、王伏刚:《行政机关负责人集体讨论程序的正当时机》,载《人民法院报》2021 年 9 月 30 日,第 6 版。

[105] 参见吕长城:《行政处罚听证程序前,负责人可以集体讨论吗?》,载微信公众号"江苏高院"2022 年 2 月 16 日,https://mp. weixin. qq. com/s/W8zSOrnOWlPh7wWYRoN9DA。

[106] 如大连市金州区兴亮修船厂诉大连金普区农业农村局行政处罚案,辽宁省高级人民法院(2019)辽行终 1320 号;龙某庆、罗某诉贵州省凯里市自然资源局行政处罚,贵州省黔东南苗族侗族自治州中级人民法院(2020)黔 26 行终 2 号行政判决书。

[107] 参见李某英诉平度市公安局行政处罚案,青岛市中级人民法院(2015)青行终字第 396 号行政判决书;周某莲诉莆田市公安局荔城分局行政处罚案,福建省莆田市中级人民法院(2015)荔行初字第 24 号行政判决书;厦门市鑫海源工贸有限公司诉厦门市自然资源和规划局行政处罚案,福建省高级人民法院(2020)闵行终 273 号行政判决书。

（三）行政系统内部的协调程序制度

行政协调是在现有行政体制格局下，在不改变行政机关自身功能和结构性因素的基础上，通过内部协商，追求公共行政一体化，构建整体政府的一种国家治理方式。[108] 它对于加强行政部门之间的沟通、消除内耗，完成行政总体目标起到了积极的促进作用。行政协调机制在我国的行政实践中已被广泛运用。比如行政执法的协调，多地政府将之作为解决行政权限冲突和分散化下部门间协作行为的主要做法。[109] 此外，随着区域经济一体化的发展、区域问题协同治理需求的增强，府际之间、部际之间的合作协调问题也日益突出，行政机关之间横向关系的处理则成为一个值得专门研究的问题。由于行政机关之间横向关系组织法规则的缺失是各国普遍存在的现象，解决的路径是创设承担相应组织法功能的行为法规范。我国亦是通过行为法机制来弥补组织法缺陷，承担起组织法功能的。[110] 为了克服行为法机制碎片化的局限，有学者提出必须通过行政行为的类型化及其程序的统一化，制定统一的行政程序法进行整合。[111] 因此对这一问题的研究可转化为对程序内容的关注。

我国地方行政程序立法中已将这部分协调机制的程序内容纳入，比如有的省市的行政程序规定中明确了将联席会议、行政协议作为各级人民政府为促进经济社会发展，有效实施行政管理而开展的跨行政区域合作的重要方式；[112]将建立联席会议制度、成立专项工作小组、建设信息共享平台、签订区域或者部门合作协议等作为行政协作的机制与方式。[113] 地方在立法过程中考虑到各地协调行政机关之间关系的做法存在较大差异，为了实现统一，在讨论行政程序立法时将之列为重要问题予以考量并统

---

[108] 参见李大勇、杜宏伟：《行政协调中的裁量规制》，载《行政法学研究》2016年第4期。

[109] 地方政府通过制定地方政府规章或规范性文件的形式对执法中的协调予以规范，如《广州市行政执法协调规定》（2019年修订）、《南通市行政执法协调办法》（通政发〔2022〕1号）等。

[110] 参见叶必丰：《行政组织法功能的行为法机制》，载《中国社会科学》2017年第7期。

[111] 参见叶必丰：《行政组织法功能的行为法机制》，载《中国社会科学》2017年第7期。

[112] 《湖南省行政程序规定》（2022年）第15条。

[113] 《浙江省行政程序办法》（2016年）第14条。

一规范明确其适用情形。[114] 在中央层面，在实践中国务院通常以办公厅复函形式同意针对特定行政目标或任务建立、调整部际联席会议制度，明确联席会议的主要职责、成员单位、工作规则及要求。如《国务院办公厅关于同意建立推动道路货运行业高质量发展部际联席会议制度的函》(国办函〔2021〕94 号)、《国务院办公厅关于同意调整完善非物质文化遗产保护工作部际联席会议制度的函》(国办函〔2022〕13 号)。这些尝试也被实践证明是一种行之有效的促进府际间沟通协调、部门间协同联动的机制或方式。因此，有必要在行政法法典化的讨论中纳入对以联席会议、区域合作协议等为代表的行政系统内部的协调程序制度的规范。

结　语

由于学术界对"内部行政程序"的理解存有分歧，直接影响了他们对该类程序重要性的判断。我国行政法法典化的讨论也围绕外部行政程序展开，忽视了对该类行政程序的关注。本文通过梳理我国行政程序统一立法的历史资料发现，内部、外部行政程序并存模式在我国行政程序统一立法讨论中已达成共识，但学界对"内部行政程序"的认识深受域外行政程序立法的影响，这也引发了学者对于立法对中国现实问题回应乏力的担忧。

本文在厘清我国学界对"内部行政程序"理解分歧的基础上，采纳了"以当事人是否参与行政活动中"作为界定内部、外部行政程序的标准，并结合域外立法经验与本国既有立法的安排，将内部行政程序进行类型化并对其多重功能进行剖析，尝试证明内部行政程序亦是我国行政程序制度中非常重要的一部分，构成了我国行政程序法治的重要本土资源。无论内部行政程序制度本土的生成演进路径，还是凸显行政法法典化的"中国特色"，抑或以内部行政程序为突破提升法典化讨论中对内部行政要素的关注，均成为在我国行政法法典化讨论中纳入并重视内部行政程序制度的理由。

行政法法典化的过程被视为"梳理构建该部门法理论基础、促进学科

---

[114] 参见贺安杰：《关于〈湖南省行政程序规定〉的几个问题》，载《湖南社会科学》2008 年第 5 期。

共识达成的过程”[115]。在行政法法典化背景下对内部行政程序制度进行系统讨论,一方面,强调内部行政程序与外部行政程序同等重要,它是我国行政程序法治建设中的重要内容,研究中不可忽视;另一方面,通过观察行政机关内部运作及其规制的过程,它提供给我们与传统行政法重视外部行政活动控制完全不同的视角来观察行政法及其体系的构建,有助于我们对既有行政法体系内容进行全面慎思。

[115] 罗智敏:《行政法法典化背景下我国行政行为理论研究的挑战与应对》,载《行政法学研究》2022年第5期。

●法国行政行为制度的法典化及其借鉴

陈天昊*

摘　要：法国《公众与行政机关关系法典》对行政行为制度进行了法典化，明确了行政行为的概念界定与类型划分，并梳理了行政行为的成立、生效、废止、撤销等制度。我国行政立法领域的法典化同样需要对行政行为制度进行统一规范，以填补既有行政法律规范体系的缺漏。借鉴法国行政行为制度法典化的经验，我国行政立法领域的法典化应当由以行政诉讼为导向转向以公共行政为导向，并应以形式性的“行政行为”为中心构建总则，还需在确立实体规则的同时兼顾程序规则。

关键词：行政行为；法国行政法；法典化；行政诉讼

引　言

在大陆法系国家，行政行为制度构成行政法的基础性制度。传统行政法以行政诉讼为导向，而行政诉讼审查的对象便为行政行为。要言之，行政法通过将纷繁复杂的行政活动“纯化”为一个又一个行政行为，并设置恰当的门槛，将行政行为导入法院进行合法性审查，进而实现使公权力服从法规范之约束的法治国目标。①

然而，我国行政法之行政行为制度尚缺乏统一的一般性规范。1989年《行政诉讼法》颁布，在该法中立法者列举了可诉“具体行政行为”之外延，相关司法解释亦尝试规定具体行政行为之内涵。然而作为诉讼法及司法解释，其无法对行政行为的实体制度进行系统设计。此后《行政处罚

* 清华大学公共管理学院。

① 参见赵宏：《法治国下的目的性创设——德国行政行为理论与制度实践研究》，法律出版社2012年版，第53～54页。

法》《行政许可法》《行政强制法》等单行立法相继发布，这些法律对于特定类型的行政行为进行了细致的规定；至2014年《行政诉讼法》修正，立法者又以"行政行为"取代"具体行政行为"，这进一步突出了行政行为制度的基础性地位。然而，我国行政法律规范体系始终缺乏对于行政行为之实体制度的一般性规范，包括行政行为的概念、类型、成立、生效及失效制度。上述基础性实体制度的规范缺漏，会使我国行政法律规范体系在进行自我指涉时难免遭遇失序与障碍。[2]

我国行政立法领域法典化的推进，恰为我们填补上述制度缺漏提供了契机。法国作为行政法的"母国"，同样以行政行为制度（acte administratif）为行政法的基础性制度，[3]然而在2015年《公众与行政机关关系法典》（Code des relations entre le public et l'administration，CRPA）颁布之前，法国行政法的基础性制度大多由最高行政法院的判例所确立。[4]法官造法的分散性特征导致法国行政法始终缺少关于行政行为制度的一般性规定，而正得益于CRPA的法典编纂，上述规范缺漏才得到填补。[5]本文将以法国CRPA对于行政行为的一般性规范为中心，结合法国行政法的基础理论及审判实践，介绍法国行政行为的概念、类型、成立生效要件及失效制度的相关内容，以期为我国行政立法领域法典化的推进提供经验借鉴。

一、行政行为的界定与分类

（一）行政行为的界定

19世纪中后期，法国最高行政法院副院长莱菲利埃尔（Laferrière）撰写了第一部系统介绍法国行政诉讼制度的专著，他将"行政行为"作为行政诉讼管辖范围的概称："1790年8月16～24日法律及共和三年雨月16

② 参见罗智敏：《行政法法典化背景下我国行政行为理论研究的挑战与应对》，载《行政法学研究》2022年第5期。

③ 参见 Pierre Laurent Frier & Jacque Petit, *Droit administratif*, 10e édition, LGDJ Lextenso éditions, p. 319－320。

④ 参见陈天昊：《法国行政法的法典化：起源、探索与借鉴》，载《比较法研究》2021年第5期。

⑤ 参见 Daniel Labetoulle, « Le code des relations entre le public et l'administration : Avant-propos », *RFDA* 2016, p. 1。

日法律的条款都指向下述意涵:其禁止司法法院对行政主体的活动进行任何的干预,去受理审查任何类型的行政行为。”⑥此处对行政行为的理解不是形式性的,而是实质性的。如 Laferrière 所言,“要否定一个案件的司法管辖权,仅仅主张其涉及公共利益或具有行政的外形是不够的(……)必须要该行为本身就其属性而言具有行政性(la nature même de l'acte),而不仅仅是行为主体或目的具有行政性”。⑦ 那么,哪些行为被纳入了行政诉讼的受案范围呢?Laferrière 对当时最高行政法院的受案范围进行了归纳和初步的类型化,区分出了高权行为(l'acte de l'autorité)和由立法确定的属于行政诉讼管辖的管理行为(l'acte de gestion),这也使得在 Laferrière 所处的时代,尚缺乏对于“行政行为”概念的抽象界定。

莫里斯·奥里乌(Maurice Hauriou)对行政行为进行了抽象提炼,认为“行政行为是一个决定(une décision),是意志的表达(une manifestation de volonté)”。⑧ 在高权行为中,行政主体的意志具有至上性(impérieuse);在管理行为中,行政主体的意志看似与相对人的意志相同,需要与相对人达成合意,但在大多数情况下,“行政主体的意志仍然具有至上的属性(un caractère impérieux)”,这体现于行政合同中行政主体的特权。而行政行为概念之所以重要,乃是因为“其发生效力所需符合的条件,其所需接受的监督,以及以其为对象的救济”。⑨ 简言之,Maurice Hauriou 将行政行为定位于行政主体通过自身意思表示发生法律效力的法律行为,也正是由于其意思表示所具有的至上性,使得行政法需要为其发生效力设置条件,并对其意志的实施设置监督、提供救济。由此,行政行为被等同于行政主体实施的法律行为,进而构成获得行政诉讼救济的充分条件。

上述关于行政行为的实质性界定为法国行政法学主流所接受。皮埃尔·洛朗·弗里埃(Pierre Laurent Frier)和雅克·皮耶(Jacques Petit)在

---

⑥ E. Laferrière, *Traité de la juridiction administrative et des recours contentieux*, 2e édition, Berger-Levrault 1896, p. 428.

⑦ E. Laferrière, *Traité de la juridiction administrative et des recours contentieux*, 2e édition, Berger-Levrault 1896, p. 429.

⑧ Maurice Hauriou, *Précis de droit administratif : contenant le droit public et le droit administratif*, 2e édition, 1893, p. 185.

⑨ Maurice Hauriou, *Précis de droit administratif : contenant le droit public et le droit administratif*, 2e édition, 1893, p. 194.

他们的经典教材中定义行政行为是“可以向行政法官起诉的高权行政行为”。[10] 换言之,行政主体的高权意志与可被行政诉讼管辖这二者构成理解行政行为的关键。行政主体通过行政合同履行职责,虽然其会“较少采用高权而较多采用对话”(moins avec la puissance et plus avec le dialogue),“但由于其旨在履行公共职责,而必然拥有一些特殊的权力”。[11] 总之,行政行为由高权意志与受行政诉讼管辖这两点所定义,这也就意味着行政行为必然是一个法律行为(norme juridique),具有规范属性,能够影响法律秩序(affecter l'ordonnancement juridique)而不仅仅是改变事实,[12]行政诉讼便旨在审查行政行为是否符合发生法律效力的条件,若不符合,便否定并消灭其效力。

然而,上述对行政行为概念的实质性界定至少会存在两方面的问题:第一,行政主体实施的非法律行为同样会对行政相对人造成影响,却不被此实质性定义涵盖,比如行政主体发布的指导文件等。第二,行政主体实施的法律行为也并非皆可通过行政诉讼来实施监督,这使得不可诉的行为也被认定不构成行政行为,比如行政主体实施的内部行为等。简言之,如果采纳对行政行为的上述实质性界定,会导致行政主体实施的非法律行为以及不可诉的法律行为都被排除在行政法的视野之外。不难理解,若以行政诉讼为导向去理解并发展行政法,那么以可诉的法律行为为行政法的研究核心便是理所应当的:不可诉的行为在行政诉讼视野下不具备分析的价值,而非法律行为并未改变相对人在法秩序中的位置,也就不存在引入国家权力进行纠正的必要。然而,若转换视角,选择以公共行政的实施为导向去理解并发展行政法,便需为行政主体可能采取的各种手段设置规范,无论其是否可诉,无论其是法律行为还是非法律行为,行为类型的差异仅应当影响规范的程度和形式。

2015 年 CRPA 便是摆脱了诉讼导向而转向公共行政实施的一次立

---

[10] Pierre Laurent Frier & Jacque Petit, *Droit administratif*, 10e édition, LGDJ Lextenso éditions, p. 323.

[11] Pierre Laurent Frier & Jacque Petit, *Droit administratif*, 10e édition, LGDJ Lextenso éditions, p. 319 – 320.

[12] 参见 Pierre Laurent Frier & Jacque Petit, *Droit administratif*, 10e édition, LGDJ Lextenso éditions, p. 323。

法活动。在法典编纂中，立法者提供了更具包容性的行政行为概念，以实现对公共行政活动的全面规范。法典第 L200－1 条规定，行政行为是“（行政主体）单方作出的决定性或非决定性的行政行为”（les actes administratifs unilatéraux décisoires et non décisoires），以此定义划定 CRPA 的适用范围。这一定义具体包含了下述两层含义：第一，行政行为概念在成文法上仅指向单方行政行为，而不再包含作为双方行政行为的行政合同。第二，行政行为概念在成文法上会包含部分由行政主体单方做出但未纳入行政诉讼受案范围的行为。皮埃尔·德尔沃夫（Pierre Delvolvé）对该法典进行评论时就指出，传统的行政法理论将行政行为概念作为单方行政行为和行政合同的上位概念，并且这三者都被限定于法律行为，而此种实质性的理解在该法典之后被打破而转向形式性的理解，行政行为被简单地限定为由行政主体单方作出的行为：“必须清楚地认识到，由此，行政行为概念成为了一个形式性的概念（l'aspect formel de la définition）”。[13]

需要补充的是，上述改变并不意味着将行政合同从法国行政法的研究中排除。如 Pierre Delvolvé 所言，未来要在更抽象的“行为”（acte）概念下将行政行为和行政合同二者囊括，CRPA 之所以未对行政合同进行规范，也主要是因为行政合同的规范内容已经自成体系且相当成熟，并在 2018 年由《公共采购法典》（Code de la commande publique）予以规范。

CRPA 选择采用形式性的行政行为概念，而不再从实质意义上去判断一个行为是否具有足够的“行政性”（administrativité），这就导致在过去不属于行政诉讼受案范围的行为可能成为行政行为，从而纳入该法典的规范领域。这集中体现在下述三个方面：第一，由工商性公共服务机构做出的管理行为。在 20 世纪初，法国政府以“公共服务”的名义广泛介入社会生活的各个领域，由此建立的公共服务机构便能够依据公法提供服务，引发的纠纷由行政诉讼管辖。此种政府职责的扩张不当地压制了市民社会的活力，为了应对这一挑战，最高行政法院于 1921 年 1 月 22 日做出经典判例，指出并非任何公共服务皆应当适用公法，对于就其本质属性而言属于市民社会经营的公共服务，即便是由国家在提供，也应该适用私法，

[13] Pierre Delvolvé, « La définition des actes administratifs », *RFDA* 2016, p. 35.

引发的纠纷纳入司法法院管辖。[14] 自此以后,虽然提供工商性公共服务的机构依然属于公法人,但其做出的行为在原则上适用私法、由司法法院管辖,不再属于行政行为。2015 年 CRPA 则改变了这一点,工商性公共服务机构所实施的行为也被纳入行政行为的范畴,需要接受该法典的约束。具体而言,法典第 L211 -1 条在规定行政主体做出行政行为时的说理义务(motivation)时,便特别明确在传统的行政主体之外,即在行政机关及行政性公共服务机构之外,还有工商性公共服务机构也需负担该项义务。相同的规定还有法典第 L221 -1 条和第 L240 -2 条,其所规定的行政行为生效要件和失效规则也适用于工商性公共服务机构做出的行为。需要再次说明的是,接受 CRPA 的规范并不意味着其纳入行政诉讼管辖,对行政行为的形式性定义便旨在实现行为规范与诉讼管辖的脱钩。

第二,由行政主体实施的私产管理行为。在法国行政法的框架之下,行政财产法区分公产(domaine publique)和私产(domaine privee),王名扬教授将对公产的管理行为定义为“为了使公产实现公共使用的目的而采取的一切行动”,[15]对公产的管理行为在原则上为公法调整,由此引发的诉讼由行政法院管辖,而私产则为上述公产之外的所有其他由行政主体所拥有的财产,对私产的管理行为“原则上如同私人对自己财产的管理一样”[16],由此引发的诉讼也属于司法法院管辖,因此私产管理行为一直被排除在行政行为之外。然而 CRPA 对行政行为的形式性定义则将行政主体对私产的管理行为也纳入行政行为的范畴,行政主体做出的私产管理行为也需要符合法典所规定的各类公法要件,比如说理义务、生效要件及失效规则等。

第三,由行政主体实施的内部行为(mesures d’ordre interieur)。此处所谓的内部行为区别于行政行为的各种准备性、过程性行为,而是带有实体决定的行为,只不过由于适用对象为特别权力关系下的主体且未对其权利造成根本性影响,所以一直被排除在行政诉讼受案范围之外。比如在教育系统内学校对于学生的着装的规定及执行,在军队系统内部队对

---

⑭ 参见 M. Long, P. Weil, G. Braibant, P. Delvolvé & B. Genevois, *Les grands arrêts de la jurisprudence administrative*, 19e édition, Dalloz 2013, p. 223。

⑮ 王名扬:《法国行政法》,中国政法大学出版社 1997 年版,第 318 页。

⑯ 王名扬:《法国行政法》,中国政法大学出版社 1997 年版,第 360 页。

军纪的规定和执行，在监狱系统内监狱机关对犯人关押类型的决定等。[17] 这些内部行为无疑具有至上性，且会对相对人的权利义务发生影响，但由于不属于行政诉讼管辖，一直被排除在行政行为的概念之外。而 CRPA 对行政行为的形式性定义则将内部行为纳入行政行为的范畴，从而要求其符合该法典所设置的各项公法规则。

简言之，CRPA 以公共行政的实施为导向对其进行规范，为此其放弃了传统行政法所采用的实质性行政行为定义，而仅从形式维度定义行政行为，即行政主体做出的单方行为皆属于行政行为，由此便实现了行为规范与诉讼管辖的脱钩，从而能够为行政主体在实施公共行政时所采取的各类措施普遍科以公法规则，即便这些措施并不在行政诉讼的受案范围内。

（二）行政行为的分类

选择基于形式性维度定义行政行为，使得 CRPA 也需对行政行为的外延进行新的类型化处理。前已述及，法典第 L200－1 条定义行政行为为"（行政主体）单方作出的决定性或非决定性的行政行为"，因此行政合同被排除在本法典之行政行为的定义之外，并且其所定义的行政行为还被进一步区分为决定性的行政行为（décisoire）和非决定性的行政行为（non-décisoire）。二者都是行政主体单方做出的行为，区别在于：行政主体在做出决定性行政行为时，其意志具有至上性（caractère impératif），对方必须接受和服从；而行政主体在做出非决定性行政行为时，其意志不具有至上性，而仅构成对相对人的指引或建议。

非决定性的行政行为主要包括行政主体做出的指令（ligne directrice）和通函（circulaire）。通函是各个部委向本部门下属机构发出的指引其如何管理和提供公共服务的文件，各个部委每年会发出大约 10,000 份通函，其虽不具有强制约束力，但对公共部门如何提供公共服务具有直接的影响。[18] 指令则是行政主体用来规范、统一下级机关行使其根据法律、条例而享有的自由裁量权的指向性行为。通过指令，行政主体在法律、条例

---

[17] 参见 Pierre Laurent Frier & Jacque Petit, *Droit administratif*, 10e édition, LGDJ Lextenso éditions, p. 330－332。

[18] 参见 Pierre Laurent Frier & Jacque Petit, *Droit administratif*, 10e édition, LGDJ Lextenso éditions, p. 326。

未明确规定某些规范的具体实施条件的情况下详细规定不同情况下的实施条件，以在提升行政效率的同时确保同类案件得到相同的处理，以符合平等原则的要求。[19] 这类似于我国的行政裁量基准。对于这样的非决定性行政行为，由于其并不应当具有任何强制约束力，因此在原则上排除出了行政诉讼的受案范围，并未成为行政法研究的中心问题。当然，指令与通函的管辖权问题也存在例外，比如最高行政法院在 1954 年作出的圣母克雷斯克尔学院（Institution Notre-Dame du Kreisker）案判例中就区分了解释性通函与条例性通函，并指出条例性通函具有可诉性。[20] 但该判例之所以肯定条例性通函的可诉性，究其本质也是因为行政主体在以通函之名行立法之实，换言之，条例性通函具有了意志上的至上性，因此才被纳入行政诉讼的受案范围。而得益于此次法典化，行政行为概念被完全地形式化，在实质内容上确实仅具有非决定性的行为也将被纳入该法典予以规范，这无疑提升了对公共行政活动的规范约束。

决定性的行政行为是指行政主体做出的其意志具有至上性的行政行为。其可以进一步划分为发生法律效力的决定（produire des effets de droit）和不发生法律效力的决定。二者都构成决定（décision），即行政主体在作出这两类行为时所表达的意志都具有至上性，但是对于后者，由于其并未根本性改变行政相对人的法律地位而不具有可诉性，最为典型的例子就是前述内部行为。法国行政法之所以将内部行为排除出行政诉讼的受案范围，主要是基于两方面的原因：第一，作为官僚体制内的管理行为，普遍认为应减少可能的诉讼风险，以确保官僚体制内部运作的效率；第二，上述内部行为对相对人权利义务的影响非常轻微，并不构成根本性的法律地位的改变，基于"裁判官不干涉琐事"（de minimis non curat praetor）的原则，行政诉讼的监督救济并不必要。

行政主体做出的发生法律效力的决定便构成可诉的行政行为，其可以进一步区分为三类行为：抽象行政行为、具体行政行为和情境行政行为（acte d'espece）。行政主体通过抽象行政行为确立普遍适用的规则，适用

---

[19] 参见 Pierre Laurent Frier & Jacque Petit, *Droit administratif*, 10e édition, LGDJ Lextenso éditions, p. 328。

[20] 参见 M. Long, P. Weil, G. Braibant, P. Delvolvé & B. Genevois, *Les grands arrêts de la jurisprudence administrative*, 19e édition, Dalloz 2013, p. 302。

对象为不特定的相对人;行政主体通过具体行政行为适用法律法规及抽象行政行为,适用对象为特定的相对人;行政主体通过情境行政行为适用法律法规及抽象行政行为,适用对象为特定的情境(à des cas donnés),受到影响的相对人则为不特定相对人。情境行政行为的典型代表为中央部委确认一项征收活动构成公共利益(utilité publique),从而满足公共征收标准可以实施公共征收的宣告(déclaration)。行政主体做出该宣告,乃是对法律法规及抽象行政行为的适用(将抽象规范设定的标准适用于具体情境),但其适用的结果会对不特定相对人造成影响。[21]

总之,CRPA对行政行为采取了形式性的定义以确立法典的适用范围,这拓宽了传统行政法以高权意志、法律行为和行政诉讼划定调整边界的模式,将行政主体做出的不可诉及不构成法律行为的行为皆纳入其规范调整的范围。以此形式性定位为基础,CRPA进一步对行政行为的外延进行了新的类型化处理,这为法国立法者通过成文法对不同类型的行政行为进行分类规范提供了可能。概言之,对行政行为的形式性定义使行政法具有更强的包容性,能够涵括公共行政实践所涌现的各种行为措施,对行政行为的类型化则为对不同属性的行政行为进行有针对性的规范提供了基础。

二、行政行为的成立及生效

行政主体以行政行为为手段实施公共行政活动。那么,行政行为在满足何种要件时才正式宣告成立?以及行政行为在满足何种要件时能够对外发生效力?这是行政行为制度的核心内容。CRPA对既有的分散在不同单行法及判例中的规则进行了梳理,提供了更为清晰的规范体系。

(一)行政行为的成立

如王名扬教授所言,行政行为"只能由有权限的行政机关,采取符合法律规定的程序和形式作出才能成立"。[22] 作为行政主体单方做出的行为,行政行为要为相对人所接受和认可,便需要具备合法的外形,这就对

㉑ 参见 Pierre Laurent Frier & Jacque Petit, *Droit administratif*, 10e édition, LGDJ Lextenso éditions, p. 105 – 106。

㉒ 王名扬:《法国行政法》,中国政法大学出版社1997年版,第155页。

行政行为的成立要件提出了要求,特别是行政行为中的法律行为:行政行为成立之后不一定合法,但满足成立要件的行为,在进一步满足生效要件之后,便能够产生公定力。关于行政行为成立的要件,最为重要的便是行政主体的权限,以及行政主体做出行政行为的程序及形式。关于行政主体权限,显然需要交给各个领域的专门法典或单行法去规定;而关于行政行为的程序和形式,则能够进行统一规范。CRPA 便对行政行为成立所需的一般性程序和形式进行了规定。

1. 程序。法典主要规定了两类程序:第一,对抗性程序。第二,公众参与程序。

就对抗性程序而言,法典化之前已经存在两支主要的规范资源:第一,2000 年 4 月 12 日法律第 24 条规定了行政主体做出行政决定前应当采用对抗性程序听取相对人的意见。第二,最高行政法院在 1944 年做出的特龙皮耶 – 格拉维埃(Trompier-Gravier)判例,该判例确立了公民在面对行政主体时的防卫权(droits de la defense)。[23] 此次法典化便旨在将这两支资源进行整合和简化。

首先,对抗性程序的适用范围。依据法典第 L120 – 1 条,对抗性程序不仅适用于传统行政主体,即行政机关与行政性公共服务机构,而且覆盖工商性公共服务机构。依据第 L121 – 1 条之规定,对抗性程序适用于对于特定相对人产生不利影响的决定性行政行为(décisions administratives individuelles défavorables),这往往涉及行政处罚、行政处分以及其他的不利行政行为,比如最高行政法院还曾发展出"涉及人事问题的决定"(La mesure prise en considération de la personne)[24]的概念,主要指公务员系统内部对于人事关系的任免调动,如基于一位公务员缺乏足够专业性的解聘决定,此类决定虽然并非处罚或处分,但会间接地伤害相对人的权益,因此判例认为该类决定的做出也应当履行对抗性程序。[25] 此次法典化亦吸纳了该判例的内容。概言之,公法人做出的会对相对人权益造成直接或间接不利影响的具体行政行为,在原则上都应当履行对抗性程序。当

---

[23] 参见 M. Long, P. Weil, G. Braibant, P. Delvolvé & B. Genevois, *Les grands arrêts de la jurisprudence administrative*, 19e édition, Dalloz 2013, p. 344。

[24] CE Sect. 24 juin 1949, Nègre, Rec., p. 404.

[25] 参见 CE 18 mars 1988, Commune de Pertuis, n° 71655。

然，对抗性程序的适用也有例外，依据法典第 L121－2 条，若存在突发应急情况，或者适用对抗性程序会伤害公共秩序或国际关系，或者其他专门法律条款已经设置了特定的对抗性程序时，可以排除本法典所规定的对抗性程序的适用。

其次，对抗性程序的适用内容。依据法典第 L122－1 条之规定，上述行政行为在做出之前，必须要使行政相对人能够发表书面意见（observations ecrites），如果有必要，在相对人提出申请后，还应听取相对人的口头意见（observations orals），但是如果行政相对人多次反复申请进行口头意见的表达，便可能构成对听证权利的滥用，此时该权利可以被剥夺。第 L122－2 条进一步吸收了最高行政法院判例的规定，对于行政处罚行为（à caractère de sanction），有权主体做出处罚决定前，行政相对人有权要求获取导致其处罚决定的相关案卷材料（demander la communication du dossier la concernant），这被视为行政相对人能够有效行使其防卫权的前提。[26] 但需注意的是，法典仅对现行法及判例进行编纂，因此此处的请求获得案卷材料的权利还被局限于行政处罚，而未扩展到所有对相对人不利的行政决定，这也为后续最高行政法院继续发展此项权利保留了空间。[27]

就公众参与程序而言，CRPA 规定了三类程序，分别是公共调查（enquête publique）、委员会咨询（commissions administratives à caractère consultatif）、公开征求意见（consultation ouverte）。

首先，公共调查程序。该程序旨在确保行政主体拟实施的一项公共项目的信息被公众知晓，并充分听取项目涉及公众的意见、考虑其利益，行政主体在公共调查过程中收集到的意见都应在其做出决定时纳入考虑。在该法典之前，《环境保护法典》与《公共征收法典》分别规定了环境保护和公共征收领域的公共调查程序，该法典在其基础上提供了能够普遍适用的公共调查程序。此种一般性公共调查程序由公共项目所涉及的省的省长负责组织，由省长任命一位调查专员或成立一个调查委员会并任命委员会主席，调查专员和调查委员会的成员都必须与能够从所涉项

---

[26] CE, 2e et 7e sous-sect. réunies, 30 janv. 2012, n° 349009, Ministre de l'intérieur, de l'outre-mer, des collectivités territoriales et de l'immigration, Lebon T., p. 554.

[27] Bruno Bachini, Pascal Trouilly, « Les procédures contradictoires dans le code des relations entre le public et l'administration : de la clarté dans la continuité », *RFDA* 2016, p. 24.

目中获利的组织或人员无关,以避免利益冲突。省长发布公告,告知公共调查实施的具体流程,包括调查目的、调查开始时间、调查持续期限(不得少于15日),并规定调查专员或调查委员会工作的地点,明确公众在哪个时间段及地点可以获取相关的文件和信息,并提交自己的意见。上述公告应该在当地的政府公报上发布,并且在公共调查开始之前至少公告8日,公共调查开始后前8日还应该发布提醒。若一个项目具有全国层面的重要性,那么上述公告还应该在中央政府的公报上发布。在公共调查的期限结束后,调查专员或调查委员会分析收到的全部意见,并有权召集相关人员进行听证,并在一个月内完成调查报告,调查报告应该给出支持或否定所涉项目的结论并进行说理,调查报告呈送给负责该项目的省长。与该项目存在利害关系的当事人有权向省长请求查阅该调查报告,但报告中涉及国家安全、国防秘密的信息不得披露。[28]

其次,委员会咨询程序。法国政府制定公共政策、做出行政行为之前往往被要求向特定的委员会寻求咨询意见,这也导致法国出现了大量咨询性的委员会,此种现象引发了公共部门的批评。比如最高行政法院就曾发布报告,认为过多地寻求委员会的咨询意见导致决策程序过于冗长(lourd),并且存在不确定的法律风险,因为委员会的组织及运作的合规性事后可能被诟病,进而威胁行政行为的合法性。[29] 因此法国政府也在采取各种措施希望减少相关的咨询委员会。CRPA将上述努力进行了整理,法典第R133-1条首先定义了何谓咨询委员会:"被要求对规范的文本或决定的草案提出意见的委员会,即便其可能还承担了其他职能,都属于本章节所规定的咨询委员会"。通过吸收2006年第2006-672号行政法规的内容,法典规定一个咨询委员会的成立时间最长为五年,期限届满后可以重新审核决定是否延续,在创建及审核是否延续一个咨询委员会时,皆需研究该委员会是否能够满足一项明确的需求,以及该项需求能否被其他的委员会所满足。随后,法典还对咨询委员会的组织及运作进行了规定,但此类规定皆为补充性的;换言之,若特别法有专门规定便应尊

---

[28] 参见Pierre Bon, « L'association du public aux décisions prises par l'administration », *RFDA* 2016, p. 29-30。

[29] 参见Rapport public 2011 du Conseil d'État, *Consulter autrement, participer effectivement*, p. 35。

重特别法，在特别法没有专门规定时，才适用法典对于咨询委员会如何组织及运作的规定。需要特别关注的问题是，如果委员会的组织及运作存在瑕疵，其在多大程度上会影响后续行政行为的效力？立法者在2011年颁布了2011－525号法律，该法律规定："若行政主体在发布行政行为之前咨询了委员会的意见，那么委员会在合规性上的瑕疵只有在对决定的内容(sur le sens de la décision)产生影响(incidence)时，该瑕疵才可以被主张对抗该行政行为"。该条显然旨在降低咨询委员会的合规性对行政行为合法性可能带来的不利影响。不久之后最高行政法院的丹东尼(Danthony)判例也确立了类似的原则，即行政主体做出行政行为的前置程序，不论其是必需的还是选择性的，该前置程序的合法性瑕疵只有在对行政行为的内容或对相对人的保障产生影响时，才可能伤害由此做出的行政行为的合法性。[30] 要言之，行政行为的前置咨询有利于提升行政行为的民主性与正当性，但亦需要避免过于繁重及严苛的要求影响行政行为的效率及安定性。[31]

最后，公开征求意见程序。为了平衡公开征求意见以提升民主性与正当性以及确保行政决策的效率及安定性这两方面的需求，2009年沃斯曼(Warsmann)议员发布报告建议以网络公开征求意见的程序取代委员会咨询的程序。[32] 这个意见在2011年被立法者在第2011－525号法律中采纳，此次法典化进行整理吸收。具体而言，行政主体可以决定以网络公开征求意见的程序取代委员会咨询程序，对于中央政府以及中央级别的公共服务机构，网络公开征求意见应当在中央政府的网站上发布信息，对于地方政府及地方级别的公共服务机构，应当在当地的官网上发布信息。其发布的信息应当包括公开征求意见的程序、期限、内容以及相关的解释性文件，公开征求意见的期限不得少于15日。公开征求意见结束后，行政主体应当将征集到的意见进行综合整理，将整理后的报告在官方网站

---

[30] 参见 M. Long, P. Weil, G. Braibant, P. Delvolvé & B. Genevois, *Les grands arrêts de la jurisprudence administrative*, 19e édition, Dalloz 2013, p. 965。

[31] 参见 Pierre Bon, « L'association du public aux décisions prises par l'administration », *RFDA* 2016, p. 32－33。

[32] 参见 Jean-Luc Warsmann, *Simplifions nos lois pour guérir un mal français-Rapport sur la qualité et la simplification du droit*, La documentation française 2009。

上发布。依法本应接受咨询的委员会,也可以通过公开咨询的程序提出自己的意见。不难发现,以网络方式公开征求意见,能够以更低的成本提升社会公众的参与,进而提升行政行为的合理性及正当性。[33]

在一个日益强调公众参与的时代,法国立法者希望通过上述三类程序提升行政主体在推动改革、起草规范、拟定决定时公众参与的程度。总结而言,当行政主体希望提升公众参与时,其需要提前公布公众参与的程序,为公众提供有效参与所需的信息,确保公众思考及辩论所需的合理期限,并且在恰当的时间以适当的方式将公众所表达的意见和其所带来的结果向社会公布。CRPA 在第 L131 - 1 条确立了上述原则,以此指引法国公共行政提升公众参与的各种实践。

2. 形式。行政行为以何种形式呈现才能被视为成立？CRPA 对行政主体科以进行说理的义务、具体负责人签名的义务,并对是否应当以书面为原则进行了规定。

首先,说理义务。早在 1979 年 7 月 11 日法律中,法国立法者就规定了行政主体做出行政行为时的说理义务,但仅局限于法律明确列举的少数行为。此次法典编纂仍然没有确立行政主体做出行政行为时必须进行说理的一般性原则,但相比于 1979 年法律的规定扩展了应当说理之行为的范围。第一,对于抽象行政行为和情境行政行为,虽然法典没有明确行政主体亦需说理,但前述的公共调查程序、公开征求意见程序都包含了将调查及征求意见的结果以恰当形式公开的要求,这与说理义务已非常接近。第二,对于具体行政行为,法典第 L211 - 2 条列举了 8 项对相对人不利的行政行为,行政主体做出这些行政行为时皆需立即说明理由。这些行为包括警察行为、处罚行为、提升许可标准的行为、撤回或撤销赋权性行为、反对时效取得或逾期失权(forclusion)的行为、拒绝给予依法应获得的福利的行为、拒绝行政许可的行为、拒绝强制前置的行政复议请求的行为。需要注意的是,一方面,法典亦授权中央政府可以通过行政法规进一步规定负担说理义务的行政行为类型;另一方面,即便当前立法者将说理义务局限于前述 8 类行政行为,但对申请人给予行政许可的行为,在很多

---

[33] Pierre Bon,« L'association du public aux décisions prises par l'administration »,*RFDA* 2016,p. 34 - 35.

情况下也意味着对其他主体的利益减损,因此也可能构成不利行政行为,这使得前述列举的不利行政行为的规定在审判实践中存在进一步扩展的空间。对于说理的具体内容,应该包括做出行政行为所依据的事实和法律,说理内容必须完整、真实,并且不能以刻板形式(non stéréotypée)呈现。若存在紧急情况无法进行说理,说理义务的缺失不必然导致行政行为的违法,但在相对人于起诉期限内提出请求时,行政主体应当在一个月内完成说理义务。[34]

其次,签名义务。法典第 L212 - 1 条要求行政主体在做出行政行为时,其负责人必须在行政行为上签署自己的姓名和职务,以电子方式传输的行政行为可以免除签署的义务,但仍然需要标明负责人的姓名和职务。仅在应对恐怖主义的活动中,相关行政行为可以免除标明负责人姓名及职务的义务,将隐去姓名及职务的行政行为副本发送给行政相对人,但标明上述信息的原件仍然应该由行政主体存档。法国立法者科以行政负责人签名的义务,一方面旨在强调行政主体的职权意识,提升公共行政活动的透明性;另一方面也旨在让行政主体在行政相对人面前更加人格化(humanisation et personnalisation),减弱机关所隐含的官僚属性。[35]

最后,不以书面为原则。法典并未要求行政行为必须采用书面形式,这意味着以口头方式表达意志并不必然是不成立的行政行为,以及行政行为亦可以通过默示的方式做出。要求所有的行政行为都必须采用书面形式,这对行政相对人的权利保障及行政活动的安定性都会带来益处,然而这也会给公共行政实践带来压力,因为这意味着在实践中所有非书面形式的行政行为都会由于形式要件而被认为违法。平衡二者,法国立法者仍然倾向于尊重公共行政的实践需求,尚未确立行政行为的书面义务。需要特别规范的是行政主体以默示方式做出的行政行为,即当相对人提出请求,行政主体在 2 个月的期限内不作答复的,在原则上应认为其做出了接受相对人请求的行政行为。该原则为 2000 年 4 月 12 日法律和 2013 年 11 月 12 日法律所确立,自确立以来,便对公共行政机关造成了巨大的

---

[34] Gweltaz Eveillard, « L'adoption des actes administratifs unilatéraux-Forme, délais, signature », *RFDA* 2016, p. 45.

[35] Gweltaz Eveillard, « L'adoption des actes administratifs unilatéraux-Forme, délais, signature », *RFDA* 2016, p. 46 – 47.

压力，因为这意味着行政怠惰会引发更为繁重的积极义务。法典编纂者梳理了此原则的例外：第一，相对人请求做出的并非一项具体行政行为。不难理解，若其请求政府制定一项行政法规或规章，政府在2个月内不答复显然不能被视为接受其请求。第二，相对人请求做出的行政行为并未被任何法律法规规章规定，对于行政主体本就无职权做出的行为，即便其在期限内未答复，也不能视为其做出该行为；或者相对人提出的请求带有获得行政救济的内容，此时相对人请求做出的并非一般性的行政行为，而需要遵循行政复议的程序进行处理。第三，相对人请求做出的行政行为涉及政府的财政责任，这是为了避免公共财政的负担不可预期，但涉及社保领域的请求为例外。第四，依据行政法规之规定，相对人请求做出的行政行为会与国际义务、欧盟义务相冲突，或威胁国家安全、公共秩序，或对宪法保障的自由及原则构成威胁。第五，涉及行政机关与公务员之间的关系。此外，中央政府还可以基于特定行政目的及良好行政要求的考虑，通过行政法规列举新的例外。与此同时，对于前述2个月的期限，中央政府亦可以基于特定公共行政程序之复杂性的考虑，通过行政法规规定更长或更短的期限。为了便于公民行使这项"默示等于接受"的权利，法典还要求中央政府在专门的网站"service-public. fr"上明确列举被该项权利所覆盖的行政机关以及其法定答复的期限。[36]

（二）行政行为的生效

行政行为的成立仅意味着其完成了制作的过程，具有了合法的外形，而要对相对人发生约束力，还需要满足生效要件。CRPA 对相关生效规则进行了梳理。

首先，行政行为的生效要件包括以恰当的形式公开（publicité）。谈及行政行为的生效，自然局限于作为法律行为的行政行为，也就是决定性行政行为。对于抽象行政行为和情境行政行为，法典第 L221－2 条与第 L221－7 条规定二者都必须完成公告（publication）才能对不特定相对人发生效力，具体生效之日为完成公告的次日。对于具体行政行为，需要区分明示和默示两种形态。对于明示的具体行政行为，若其内容为受益性

㊱ 参见 Gweltaz Eveillard, « L'adoption des actes administratifs unilatéraux-Forme, délais, signature », *RFDA* 2016, p. 42－43。

的(crée des droits au profit du destinataire),其以负责人签署之日为生效之日;若其内容为损益性的(négatif pour l'interessé),其以行政行为之内容告知相对人之日为生效之日。对于默示的具体行政行为,便不存在对于具体行政行为进行告知之可能,前已述及,原则上,相对人提出申请后,有权主体于2个月内未答复的,应视为接受,那么默示的具体行政行为生效之日便为此2个月期限届满之日。需要注意的是,默示的具体行政行为需要解决如何对抗第三人的问题。由于并不存在一个明示的行为,第三人可能向相对人主张并不存在该默示期满的接受决定,因此法典第L232－3条规定,在默示接受条件满足后,相对人可以向行政主体提出申请,行政主体应当对其发出一个默示接受的凭证,该默示接受的凭证并非行政行为本身,而仅具有对抗第三人的效力。

其次,行政行为的生效还需要在特定的平台进行公开。对于中央政府做出的行政行为,在《法兰西公报》上公开,并且要求都采用电子版形式公开,政府应当持续且免费地提供上述信息。这里的公开不仅限于抽象行政行为和情境行政行为,具体行政行为也可以通过此渠道公开,比如对特定职位的任命决定,只不过仅公开还不足以生效,还必须如前所述对相对人进行告知。对于地方政府做出的行政行为,在当地政府的公报上的公开,并且应当以电子版形式公开,需要注意的是,对于部分重要的地方行政行为,其生效还需将行政行为发送给中央在当地的派出机构,如中央委派到地方的省长,由其备案。在完成这两个手续后,该地方行政行为才生效。

最后,由行政行为的生效到行政行为的执行。在原则上,行政行为发生效力与行政行为获得执行力是同时发生的(la coïncidence):当行政行为发生效力,不特定相对人所处的法律秩序便发生了改变,特定相对人的权利义务亦发生了调整。然而,公共行政的复杂性使得二者也会出现相互分离的情形,CRPA对此也进行了规定:(1)法典第L221－4条规定,抽象行政行为不得适用于在其生效以前"已经最终形成的法律关系"(situations juridiques définitivement constituées)以及"已经缔结的合同"(contrats formés)。换言之,即便抽象行政行为已经生效,但已经最终形成的法律关系以及已经缔结的合同仍应排除此抽象行政行为的适用。这源于法不溯及既往的基本原则,在行政法领域亦为最高行政法院在2006年3月24日的KPMG公司、安永公司及其他公司(Societe KPMG et

Societe Ernst Young et Autres)判例以及2006年12月13日的拉克鲁瓦夫人(Madame Lacroix)判例所确认,[37]此次法典化将法的基本原则及判例所确立的具体规则进行了吸收。(2)行政行为获得执行力也可能晚于行政行为的生效。第一,行政行为可以自己规定自己获得执行力的具体时间,抽象行政行为在原则上以公布之日的次日为生效时间,但其也可以规定更晚获得执行力。具体行政行为与情境行政行为亦可以如此。第二,法典第L221-2条规定,如果抽象行政行为的执行必须配套相关的措施,则其具体执行应当自配套措施完备之日起进行,这意味着执行措施(mesures d'application)构成此抽象行政行为的中止条件(condition suspensive)。第三,法典第L221-5条规定,如果一项抽象行政行为的立即执行存在不可能性,或者其立即执行会对公共利益造成严重伤害,那么有权的行政主体应当发布过渡性的措施(mesures transitoires),这些过渡性措施决定了此抽象行政行为获得执行力的具体条件。(3)行政行为获得执行力也可能早于其生效的时间。依据前述的生效规则,抽象行政行为于其公布之日的次日生效,而依据第L221-3条,在紧急情况下可以存在例外,其可以自行规定自发布当日的0时生效或立即生效,这都意味着其比原则上的生效时间更早获得了执行力。此种实践会对公民的稳定预期构成冲击,因此行政法官会对其必要性进行审查。[38]

总之,CRPA对行政行为的成立及生效要件进行了统一的规范。行政行为的成立,即应当具备合法的外形使其能够获得相对人的承认与接受:对于具体行政行为,若其会对相对人造成不利影响,原则上就应当履行对抗性程序,听取相对人的意见;对于抽象行政行为、情境行政行为以及重要的具体行政行为,行政主体亦需要引入公众参与,以综合考虑多方的权益。在行政行为之内容确定后,行政主体在原则上还需对为何如此做出行政行为进行说理,并由负责人签署自己的姓名和职务。最后,获得合法外形的行政行为,还需在法定的平台上进行公开或向相对人进行告知后才能生效。

---

[37] 参见M. Long, P. Weil, G. Braibant, P. Delvolvé & B. Genevois, *Les grands arrêts de la jurisprudence administrative*, 19e édition, Dalloz 2013, p. 875。

[38] 参见Pierre Delvolvé, « L'entrée en vigueur des actes administratifs », *RFDA* 2016, p. 55-56。

三、行政行为的废止与撤销

行政行为生效后,在何种条件下,可以由行政主体主动废止或撤销?相对人或利益相关的第三人,在何种条件下有权请求行政主体废止或撤销?此问题的关键在于如何平衡行政行为的合法性与安定性之间的矛盾。

在此次法典化之前,法国行政法主要通过最高行政法院的判例来调解二者之间的矛盾,其主要关注的问题在于何种条件下可以撤销一个不合法的授益性的行政行为。要知道,授益性行政行为的生效,意味着对相对人而言存在值得保护的信赖利益,撤销该行政行为意味着溯及既往地消灭该行为,这便与行政行为的安定性发生冲突。最高行政法院平衡二者的努力首先体现在卡谢特女士(Dame Cachet)判例中,该判例确立了一项基本原则,那就是在行政行为生效之日起 2 个月内,行政主体可以撤销该行政行为。该种解决方案背后的逻辑在于,2 个月的期限等同于相对人向行政法院起诉请求撤销该行为的期限,既然法院可以在 2 个月的期限内接受对该行为的撤销请求,那么行政主体自然也应当可以。2001 年,最高行政法院做出了特尔农(Ternon)判例,对上述原则进行了修改,关键的变化在于将起诉期限与行政主体可以撤销违法的授益性行政行为的期限相互分离,后者扩展到了 4 个月。[39] 然而,上述判例法方面的努力仍然遗留了很多制度缺漏,究其原因,在于最高行政法院作为救济机关,只能被动、分散地介入进行局部调整,而无法主动、系统地进行制度设计,以恰当平衡合法性与安定性之间的矛盾。在 Ternon 案中,最高行政法院其实已经表示其提供的解决方案要以尊重立法者的意见为前提;换言之,其随时欢迎立法者的介入,以提供系统而清晰的平衡方案。这正是立法者在启动 CRPA 编纂时所确立的主要任务之一。

立法者首先对行政行为的撤销及废止的概念与适用范围进行了界定。依据第 L240 - 1 条,行政行为的废止意味着其对未来失去法律效力;行政行为的撤销意味着其溯及既往地消灭效力,换言之,不仅对未来不再

---

[39] M. Long, P. Weil, G. Braibant, P. Delvolvé & B. Genevois, *Les grands arrêts de la jurisprudence administrative*, 19e édition, Dalloz 2013, p. 807.

发生效力，过去发生的效力亦被消灭。随之第 L240－2 条进一步明确，本法典对这两项制度的规范不仅适用于传统行政主体，即行政机关及行政性公共服务机构，而且适用于工商性公共服务机构。考虑到工商性公共服务机构的行为在原则上不属于行政诉讼的受案范围，这显然扩展了前述最高行政法院判例所确立规则的适用范围。

立法者随后采纳了一项根本性的分类，即授益性行政行为（créatrices de droits）与非授益性行政行为（non créateur de droits），法典编纂采用了"décision"的用语，因此其乃指向决定性的行政行为。对于授益性的行政行为，消灭其效力自然会引发对相对人信赖利益的威胁，进而冲击法安定性。因此，对于授益性行政行为的废止及撤销都需要设置更严格的条件。如果是行政主体自发消灭授益性行政行为，或者利益相关第三人请求消灭，则应受到两方面的限制：第一，该行政行为必须存在违法性，这使得消灭其效力具有正当性；第二，无论是行政主体自主决定还是第三人请求消灭该行为，都必须在行政行为生效之日起 4 个月内提出，以限制其对安定性的伤害。此处，立法者显然延续了 Ternon 判例的规定，但同时细化了该原则性方案的例外：首先，如果一项授益性行政行为的授益内容之持续提供需要相对人满足特定的条件，那么当相对人不再满足该条件时，则该项授益性行政行为可以在任意时间废止；其次，一项授益性行政行为，比如给予一项福利补贴，若发放该补贴的条件在最初就不满足，那么该项授益行政行为可以在任意时间撤销。如果不是行政主体主动要求或利益相关第三人提出请求，而是授益性行政行为的相对人提出请求消灭该行为，在满足行为违法性和 4 个月期限的条件下，行政主体有义务消灭（撤销或废止）该行政行为。该规则的例外在于，如果消灭该行为不会对第三人造成伤害，并且消灭该行为后行政主体会做出一个更有利于相对人的替代性行为，在此两种情况下，行政主体便既不受前述 4 个月的期限约束，也不受行为违法性的约束，在任意时间都可以消灭该行政行为，即便该行为并不违法。之所以规定该例外，本质上仍是因为此种情况下消灭行政行为不会伤害社会对行政行为安定性的信赖；而之所以要求行政主体必须做出一个更有利的替代性行为，乃是为了防止相对人主张消灭该行政行为之后行政主体怠于履职，不积极做出更有利的替代性行为，使得相对人自身利益受损。

对于非授益性行政行为，消灭其效力对相对人信赖利益的威胁相对较小，对法安定性的冲击便有限。因此，对于此类行政行为的废止及撤销的限制会相对较少。首先，对于此类行政行为的废止，由于仅使得其对未来不再发生效力，对法安定性的冲击更加轻微，因此法典第 L243 - 1 条规定，此类行政行为可以在任何时间点以任何理由决定废止，唯一的条件是应当采取必要的过渡性措施。而如果涉案行政行为存在违法性，或者不再必要，或者由于法律环境的变化而转变为违法行为，那么无论是抽象行政行为还是非抽象行政行为，行政主体都有义务废止该行为。需要注意的是，行政主体不再享有裁量权，而是有义务消灭上述行政行为，这是源于最高行政法院的意大利航空公司（Compagnie Alitalia）判例的要求。[40]其次，对于此类行政行为的撤销，即便其并没有为相对人创造任何的权利，但仍然需要溯及既往地消灭其效力，对法安定性仍然构成冲击，因此立法者仍然选择了严格规范。法典第 L243 - 3 条规定，只有在该行政行为存在违法性且在行为生效之日起 4 个月内时，行政主体才可以撤销该行政行为。此处立法者乃将 Ternon 判例的解决方案扩展到了非授益性行政行为的撤销。作为该条的唯一例外，是对相对人实施的行政处罚，对于违法的行政处罚，行政主体可以在任意时间点进行撤销。最后，无论是授益性行政行为还是非授益性行政行为，立法者规定只要行政主体做出该行政行为是由于受到了欺诈（fraude），该行为可以在任何时间点被撤销或废止。这一规则构成前述全部规则的例外。

总之，立法者利用编纂法典的契机，对行政行为的废止与撤销制度进行了结构化，其采纳的根本性分类是行政行为是否呈现授益性，这一点是判断安定性对于特定的行政行为所占权重的关键。在此分类的基础上，立法者还区分了撤销和废止，前者对安定性的冲击更大，因此受到更为严格的约束，具体包括 4 个月的期限限制以及行政行为本身存在违法性。与此同时，立法者进一步对提出消灭行政行为之主张的主体进行了分类，由行政主体或利益相关第三人主张消灭一个授益性行政行为，相比于由相对人自己主张消灭该授益性行政行为，前者对信赖利益的冲击更大，因此应当被施加更为严格的约束；而后者只要不对第三人利益造成伤害，消

---

[40] 参见 CE，3 février 1989，Compagnie Alitalia，N° 74052。

灭该行为就不应该受到任何限制。显然,在行政法之下如何平衡合法性与安定性是一个永恒的难题,该难题最为集中的体现便在行政行为的废止与撤销制度,此次法典编纂很大程度上提升了上述制度的系统性,这也推动了法国行政法行政行为制度本身的发展。

四、对我国行政立法领域法典化的借鉴

早在20世纪80年代,我国行政法学界就曾经希望制定一部统一的行政法典,可惜当时由于种种原因并未成为现实。[41] 此后,我国行政法律规范体系的发展,就走上了一条行政诉讼与不同类型的行政行为分别"小法典化"的发展道路。[42] 2020年我国《民法典》的出台为行政立法领域的法典化提供了契机,《全国人大常委会2021年度立法工作计划》便提出研究启动行政基本法典等条件成熟的行政立法领域的法典编纂工作。以过去"小法典化"所积累的经验为基础,当前学界已发展出"制定行政法总则""制定行政程序法典""编纂行政基本法典""编纂统一的行政法典"这四种不同的模式。[43] 现在急需的,应当是凝聚共识,在各种不同的法典化模式中寻找能够被普遍接受的行政立法领域法典化的"公约数"。对此,法国行政行为制度的法典化历程可以提供下述三方面的经验借鉴。

第一,行政立法领域的法典化应当由以行政诉讼为导向转向以公共行政为导向。1989年《行政诉讼法》的颁布是我国行政法发展历史上的里程碑,其既构成了行政诉讼领域的"小法典",亦划定了可诉行政行为的范围,进而为后续不同类型行政行为的"小法典化"提供了指引。申言之,《行政处罚法》、《行政许可法》及《行政强制法》在一定程度上乃是为人民法院审理行政处罚、行政许可及行政强制相关的行政诉讼案件提供实体及程序方面的规范依据。可见,我国既有的行政法律规范体系本质上是在行政诉讼的牵引下逐步发展而成的。然而,随着我国公共行政实践日趋丰富,以及人民法院行政审判能力"瓶颈"的迫近,以行政诉讼为导向的

---

[41] 参见陶希晋:《在改革中尽快完善行政立法》,载《现代法学》1987年第1期;江必新:《迈向统一的行政基本法》,载《清华法学》2012年第5期。

[42] 参见应松年:《中国行政法发展的创新之路》,载《行政法学研究》2017年第3期。

[43] 参见马怀德:《行政基本法典模式、内容与框架》,载《政法论坛》2022年第3期。

行政法发展路径正在遭遇越来越多的反思与挑战。[44] 法国 CRPA 的法典化历程也表明，法国行政法的发展同样在摆脱以行政诉讼为导向的传统，这集中表现于 CRPA 在定义行政行为时抛弃了传统的实质定义模式，而选择了形式定义模式，以将公共行政实践中不断膨胀且日益重要的非法律行为、不可诉行为纳入 CRPA 法典的调整范围。我国行政立法领域的法典化也宜明确这一转向，无论采用前述何种法典化模式，都应更多地从公共行政的前沿发展与实践需求出发进行篇章布局与制度设计，而不宜以行政行为的可诉性为边界划定行政立法领域法典化的调整范围，也不宜仅考虑对相对人的权益救济进行制度设计。

第二，行政立法领域的法典化应当以形式性的"行政行为"为中心构建总则。前述四种法典化模式皆包含了对于公共行政一般性规则的构建，而要提供此种一般性规则，就不仅需要在既有的不同类型行政行为"小法典化"的基础上进一步"提取公因式"，还需要将不可诉的、非法律性的行为皆纳入考虑，以抽象出不同类型之行为所共通的一般性规则。法国 CRPA 选择了以形式性定义行政行为，随之对行政行为的成立、生效、废止、撤销进行了规定。借鉴此种经验，我国也宜采取形式性的路径定义法典总则的适用范围，将各类公共行政手段皆纳入法典予以规范，无论其是否可诉、无论其是否构成法律行为。为此，法典总则应当采取形式性的路径定义"行政行为"，即行政主体做出的所有行为，包括法律行为与非法律行为、可诉的行为与不可诉的行为、内部行为与外部行为等。在此种形式性的行政行为之下，进一步基于作出行为的主体标准区分单方行政行为与双方行政行为(行政协议)。虽然法国 CRPA 没有对行政合同进行规范，但这主要是由于法国行政合同法律制度已经自成体系且非常完善，一部法典的体量不足以同时规范单方行政行为与行政协议。我国的情况恰好相反，行政协议法律制度尚缺乏实体规范，亟须立法者予以顶层设计，因此宜纳入行政行为概念之下统一规范。在单方行政行为之下，可以基于行为后果是否改变法秩序而进一步区分单方做出的法律行为与单

---

[44] 参见朱芒：《中国行政法学的体系化困境及其突破方向》，载《清华法学》2015 年第 1 期；赵宏：《法律关系取代行政行为的可能与困局》，载《法学家》2015 年第 3 期；罗智敏：《行政法法典化背景下我国行政行为理论研究的挑战与应对》，载《行政法学研究》2022 年第 5 期；章志远：《行政诉讼类型理论的中国图景》，载《社会科学辑刊》2022 年第 9 期。

方做出的非法律行为，并分别对行为的产生（成立）、适用（生效）、消灭等全生命周期的基础性制度进行规定。需要注意的是，一项行政行为是否可诉，并不由总则进行规定，而由诉讼法基于各方面的考虑划定可诉的行政行为，行政法总则仅提供关于公共行政的一般性规则。

第三，行政立法领域的法典化应当在确立实体规则的同时兼顾程序规则。行政行为的成立、生效、废止、撤销等规则无疑属于实体规则，作为行政法典的总则自然应当进行规定，而这些实体规则的具体化往往需要与程序规则相结合。[45] 比如法国 CRPA 对行政行为成立规则的规定，便以对抗性程序和公众参与程序为核心，对行政行为生效规则的规定，也以行政行为的公开为核心。因此，总则部分在规定实体规则的同时，亦需兼顾程序规则。其对程序规则的规定，在参考 CRPA 的前述程序规则的基础上，还可以考虑设置电子技术的可替代性原则，比如若行政主体能够以电子技术实施行政行为的公开，在能够保证公民平等进入的基础上，便应当鼓励行政主体采用电子技术履行前述程序要求，此举无疑能够以更低的成本实现更广的信息传播。此外，还需要考虑设置相对人滥用程序性权利时的失权规则。行政主体做出行政行为时的各类程序性规则乃旨在提升行政决策的民主性和正当性，少数相对人滥用程序性权利导致行政成本高企，这最终会阻碍社会公众有效行使自身的程序性权利，法国 CRPA 在多处确立了相对人滥用程序性权利时的失权规则，我国法典总则亦可借鉴。

[45] 参见王万华：《我国行政法法典编纂的程序主义进路选择》，载《中国法学》2021 年第 4 期。

专　论

●粤港澳大湾区违法建设治理地方立法的比较研究*

朱最新　钟楚怡**

摘　要：违法建设治理是大湾区打造宜居宜业宜游的优质生活圈必须解决的现实难题。大湾区三地违法建设治理立法各存差异、各具特色。其中，珠三角违法建设概念有待周延，三地违法建设治理组织体制存在制度差异；港澳违法建设治理普法宣传到位，港澳违法建设治理制度设计守法成本低、违法成本高，港澳投诉举报设置便利有效；港澳、清远扩大了在建违法建设的范围，三地同期及时处置措施内容存在差异；港澳违法建设后期处罚规范全面，澳门违法建设改正注重利益衡平，珠三角违法建设拆毁移除程序人性化不足，三地违法建设没收接管制度均待完善。法制差异会带来规则冲突，但也意味着协同合作的无限可能。良法才有善治，制度衔接才能形成合力。大湾区三地应当从本地实际出发，从大湾区打造宜居宜业宜游的优质生活圈实际需求出发，利用法制差异，互相借鉴学习，创新发展，形成各具特色、相互衔接的违法建设治理规范体系，从而实现违法建设治理的良法善治。

关键词：粤港澳大湾区；违法建设；立法比较

---

* 基金项目：本文系教育部哲学社会科学研究重大课题攻关项目“粤港澳大湾区法律建设研究”（20JZD019）的阶段性成果。

** 朱最新，广东外语外贸大学法学院教授，广东省地方立法研究评估与咨询服务基地主任，法学博士，研究方向：行政法学、区域法治与地方立法；钟楚怡，肇庆学院政法学院讲师，肇庆市地方立法研究评估与咨询服务基地成员，法学博士。

一、问题的提出

违法建设一直是各地经济社会发展中面临的一个重要挑战。虽然“在我国社会主义现代化建设过程中,违法建筑对社会的发展也做出了一定贡献”,[①]但屡禁不止的违法建设犹如疯狂生长的“毒瘤”,侵蚀着原本有限的土地和空间资源,[②]严重影响城市环境品质,压缩城市发展空间,影响城市肌体的健康和活力。同时,处理违法建设往往还涉及生活、生产经营、就业等民生问题。因而,违法建设治理是新时代切实提高民众获得感和幸福感,推动城乡融合发展、经济社会高质量发展必须面对的实践课题。

粤港澳大湾区建设的重要目标之一是推进大湾区融合发展,打造宜居宜业宜游的优质生活圈。宜居宜业宜游的优质生活圈的实现离不开一定的建筑空间。违法建设侵蚀着原本有限的土地和空间资源,严重影响大湾区宜居宜业宜游的优质生活圈的打造。2015 年,巡视组曾通报深圳有 4 亿多平方米的违建。[③] 截至 2017 年 12 月 8 日,惠州市存在无合法建设手续的建筑物 61.9642 万栋,面积共 15,947.99 万平方米,无合法建设手续的建筑物面积占全市建筑物总量面积的 29.77%。[④] 香港也曾爆发轰动一时的“违建风波”。[⑤] 违法建设严重影响城市的形象,甚至给群众的生命财产安全造成威胁,是大湾区打造宜居宜业宜游的优质生活圈必须解决的难题。在全面依法治国的今天,违法建设治理是一种法律治理。在土地公有[⑥]的

① 蒋拯:《违法建筑处理制度研究》,法律出版社 2014 年版,第 2 页。

② 参见王青斌、赖普微:《违法建设强制拆除机制的困境与出路——兼论〈行政强制法〉第 44 条的修改》,载《江苏行政学院学报》2018 年第 2 期。

③ 参见杨振:《广东两会谈及深圳滑坡事件　违章建筑是城市毒瘤》,载手机央广网,http://m.cnr.cn/news/20160126/t20160126_521236290.html。

④ 广东宝晟律师事务所:《〈惠州市查处违法建设规定〉立法调研报告》2019 年,第 17 页。

⑤ 《查处“僭建”香港无法外之地》,载人民网,http://finance.people.com.cn/n/2013/0818/c70846-22604424.html。

⑥ 《宪法》第 10 条第 1、2 款规定:“城市的土地属于国家所有。农村和城市郊区的土地,除由法律规定属于国家所有的以外,属于集体所有;宅基地和自留地、自留山,也属于集体所有。”《澳门特别行政区基本法》第 7 条规定:“澳门特别行政区境内的土地和自然资源,除在澳门特别行政区成立前已依法确认的私有土地外,属于国家所有,由澳门特别行政区政府负责管理、使用、开发、出租或批给个人、法人使用或开发,其收入全部归澳门特别行政区政府支配。”《香港特别行政区基本法》第 7 条规定:“香港特别行政区境内的土地和自然资源属于国家所有,由香港特别行政区政府负责管理、使用、开发、出租或批给个人、法人或团体使用或开发,其收入全归香港特别行政区政府支配。”

基础上,香港制定了以《城市规划条例》《建筑物条例》为主的违例建筑治理法规体系;澳门制定了以《都市建筑总章程》为核心的违法建筑治理法规体系;珠三角地区在缺乏上位的违法建设治理统一立法的情况下,广州、深圳、佛山、惠州、肇庆等地先后制定了单行的违法建设查处法规规章。目前粤港澳大湾区人口与经济均呈现爆发性增长态势⑦,人口流动增速,涉房屋问题多发,若不注重三地法律的衔接,将导致民众在解决违法建设法律问题的过程中,出现面对法律无所适从的情况。本文通过大湾区违法建设治理地方立法的比较研究,对比粤港澳三地违法建设治理规范的异同,并加以解析和借鉴,不仅可以为珠三角九市违法建设治理立法提供借鉴和指导,也有助于粤港澳三地违法建设治理的规则衔接、机制对接,对打造宜居宜业宜游的优质生活圈大湾区具有非常重要的实践意义。

二、大湾区违法建设范畴之比较

由于"两制"差异,大湾区各地违法建设范畴有所不同。科学比较大湾区违法建设范畴中违法建设外延、违法建设治理组织体制等核心要素,是大湾区违法建设治理地方立法比较的前提和基础,将既有助于本研究的有序展开,也有助于大湾区违法建设治理地方立法有选择地相互吸收与转化,从而促进良法善治。

(一)珠三角违法建设概念有待周延

"概念的清晰、正确和同一,是任何思想和理论形成于制度的前提和基础"。⑧ 违法建设内涵与外延的清晰、明确,是违法建设治理相关制度建构的前提和基础,也是我们比较研究的逻辑起点。在香港特区,所有建筑工程均受《建筑物条例》及其附属法例的规范,但违例建筑工程、违法建设等词语在法例中并无直接体现。《建筑物条例》规定,"建筑工程包括任何种类的建筑物建造工程、地盘平整工程、附表所列地区内的土地勘测、基础工程、修葺、拆卸、改动、加建,以及各类建筑作业,此外,亦包括排水工程"。可见,建筑工程的含义非常广泛,⑨也十分清楚明确。违反前述法例的建筑工程通常被视为"未经授权的建筑工程"(unauthorized

---

⑦ 参见白雪、关逸民:《粤港澳大湾区人口与经济空间格局演变》,载《地理信息世界》2020 年第 2 期。

⑧ 任尔昕等:《地方立法质量跟踪评估制度研究》,北京大学出版社 2011 年版,第 3 页。

⑨ See Davison, Illegal Structures in S Nield, Sihombing (eds) *Multi-storey Building Management*, Hong Kong Law Journal, p. 43 –58(1990).

building works),即违例建筑工程,[10]亦称为非法建筑、僭建物等。根据《建筑物条例》第2条"释义"中关于"违反本条例的条文"的解释[11]以及第14条关于"展开建筑工程等所需的批准及同意"[12]等条文(其中第14条是主要条文)[13],可概括为:除非另有规定(如有独立程序的小型工程),需要获得建筑事务监督的批准而未获得批准进行的建筑工程即为违例建筑工程。这就意味着是否获得建筑事务监督的同意是判断违例建筑工程的基本标准。在澳门特区,《都市建筑总章程》等法律法规亦未对非法工程进行直接界定。但是,根据《都市建筑总章程》第52条关于"工程的暂停、禁止及拆卸"的规定[14]可知,凡须领有准照而无准照进行的工程、不遵守《都市建筑总章程》第3条的规定而进行第52条所指的工程、不符合获核准的工程计划或违反适用的规定而进行的工程均被禁止,这些不符合要求的工程

[10] See Yiu, C. Y., Kitipornchai, S., Sing, C. P., *Review of the Status of Unauthorized Building Works in Hong Kong*, Journal of Building Surveying, Vol. 4:1, p. 28–34(2004).

[11] 《建筑物条例》第2条　释义:(1)在本条例中,除文意另有所指外……违反本条例的条文(contraventions of the provisions of this Ordinance)——(a)包括不遵从建筑事务监督根据本条例作出的命令、送达的通知或施加的条件;(b)就建筑工程(根据简化规定展开的小型工程除外)而言,包括严重偏离建筑事务监督根据本条例批准的图则,或与之严重相歧;(c)就根据简化规定展开的小型工程而言,包括严重偏离根据简化规定须呈交予建筑事务监督的图则,或与之严重相歧;及(d)就根据简化规定展开的小型工程而言,包括没有向建筑事务监督呈交根据简化规定须呈交的证明书。

[12] 《建筑物条例》第14条展开建筑工程等所需的批准及同意:(1)除非另有规定,否则任何人未事先获得建筑事务监督下述的批准及同意,不得展开或进行任何建筑工程或街道工程——(a)对按规例向他呈交的文件的书面批准;及(b)对经批准的图则所显示的建筑工程或街道工程的展开的书面同意。(2)除第28B(4)条另有规定外,批准任何图则或同意任何建筑工程或街道工程的展开,均不得当作——(a)赋予任何土地业权;(b)免除任何租契或特许的任何条款;或(c)豁免受本条例或任何其他成文法则的任何条文的规限,或准许违反任何该等条文。

[13] See Malcolm Merry, *Lessons of the Illegal Structures Controversy*, Law Lectures for Practitioners, p. 3(2011).

[14] 《都市建筑总章程》第52条(工程的暂停、禁止及拆卸)　一、凡须领有准照而无准照进行的工程、不遵守第三条的规定而进行该条所指的工程、不符合获核准的工程计划或违反适用的规定而进行的工程,均予禁止,且不影响本法令或其他现行法例规定的处罚的适用。二、当土地工务运输局稽查人员发现工程系在上条所指的条件下进行时,将着令工程的所有人或其代表人暂停工程四十八小时,倘该等人士不在场时,则命令有关负责人或负责工程的技术员。三、倘工程系无领取准照而进行,则稽查人员将立即编制起诉书,或倘工程系在一款所指情况下进行时,则将此事记录在稽查表。四、稽查人员还编制所须要的报告书亦将须作出指控,详细说明实况。五、土地工务运输局局长得透过批示对由稽查人员着令之工程暂停予以确实,批示将适当地说明根据并通知违犯者,又倘认为有需要时,决定工程的禁止及有关的拆卸。六、未经领取准照而已完成的工程,有关的拆卸将由总督着令进行,倘认为系合理者。七、对上款所指的决定,可依照一般规定提出有暂停效力的上诉。

可视为非法工程。在珠三角，大多数城市使用内涵外延式界定，如《广州市违法建设查处条例》(2024)[15]、《深圳市人民代表大会常务委员会关于坚决查处违法建筑的决定》(2019)[16]、《肇庆市控制和查处违法建设办法》(2024)[17]、《佛山市违法建设查处办法》(2019)[18]、《惠州市查处违法建设规定(草案)》(2020)[19]。从理论上讲，内涵外延式界定既具有内涵式界定

---

⑮ 《广州市违法建设查处条例》(2024)第3条　本条例所称违法建设，是指违反城乡规划管理有关法律、法规规定的下列情形：(一)未依法取得建设工程规划许可证或者未按照建设工程规划许可证的规定进行建设的。(二)未依法取得乡村建设规划许可证或者未按照乡村建设规划许可证的规定进行建设的。(三)未经批准进行临时建设或者未按照批准内容进行临时建设的。(四)临时建筑物、构筑物超过批准期限不拆除的。违法建筑物、构筑物违反城乡规划的事实持续存在的，属于违法建设的继续状态。

⑯ 《深圳市人民代表大会常务委员会关于坚决查处违法建筑的决定》(2019)　一、违法建筑，是指未经规划和自然资源部门批准，未领取建设工程规划许可证或者临时建设工程许可证，擅自建筑的建筑物和构筑物。违法建筑包括：(一)占用已规划为公共场所、公共设施用地或者公共绿化用地的建筑；(二)不按照批准的设计图纸施工的建筑；(三)擅自改建、加建的建筑；(四)原农村经济组织的非农业用地或者原村民自用宅基地非法转让兴建的建筑；特区内城市化的居民委员会或者股份合作公司的非农业用地非法转让兴建的建筑；(五)原农村经济组织的非农业用地或者原村民自用宅基地违反城市规划或者超过市人民政府规定标准的建筑；(六)擅自改变工业厂房、住宅和其他建筑物使用功能的建筑；(七)逾期未拆除的临时建筑；(八)违反法律、法规有关规定的其他建筑。

⑰ 《肇庆市控制和查处违法建设办法》(2024)第3条　本办法所称的违法建设，是指违反城乡规划管理法律、法规规定的下列情形：(一)未取得建设工程规划许可证或者未按照建设工程规划许可证的规定进行建设的；(二)未经批准进行临时建设或者未按照批准内容进行临时建设的；(三)临时建筑物、构筑物超过批准期限不拆除的；(四)法律、法规、规章规定的其他情形。违法建筑物、构筑物不符合城乡规划的事实持续存在的，属于违法建设行为的继续状态。本办法施行前已建成的建筑物、构筑物，是否属于违法建设，依照建设当时施行的相关法律、法规的规定予以认定。

⑱ 《佛山市违法建设查处办法》(2019)第3条　本办法所称违法建设，是指违反城乡规划管理有关法律、法规规定的下列情形：(一)未取得建设工程规划许可证或者未按照建设工程规划许可证的规定进行建设的；(二)未取得乡村建设规划许可证或者未按照乡村建设规划许可证的规定进行建设的；(三)已取得建设工程规划许可证或者乡村建设规划许可证，在开工前未经验线或者验线不合格擅自开工建设的；(四)未经批准进行临时建设或者未按照批准内容进行临时建设的；(五)临时建筑物、构筑物超过批准期限不拆除的。水利、交通运输、土地管理、文物保护、园林绿化等有关法律法规另有规定的，从其规定。

⑲ 《惠州市查处违法建设规定(草案)》(2020)第3条【违法建设的界定】　本办法所称违法建设，是指违反城乡规划管理方面的法律法规规定的下列情形：(一)未依法取得建设工程规划许可证、乡村建设规划许可证进行建设的；(二)建设工程规划许可证、乡村建设规划许可证失效后进行建设的；(三)未按照建设工程规划许可证、乡村建设规划许可证规定进行建设的；(四)未经批准进行临时建设，或者未按照批准内容进行临时建设的；(五)临时建筑物、构筑物超过批准期限不拆除的。《中华人民共和国城乡规划法》施行前已建成的建筑物、构筑物，是否属于违法建设，依照建设当时的有关规定予以认定。违法建设涉及违法用地的，由自然资源主管部门负责违法用地查处。属于农村村民非法占地建设住宅的违法用地，由农业农村主管部门负责查处。

为实践提供抽象标准,又具有外延式界定界线明确、操作性很强的优点,同时可以避免单纯内涵式界定或外延式界定的不足,并互相弥补。而港澳则没有对违法建设予以直接界定,似乎珠三角违法建设范畴比港澳更为明确。但是实际上港澳违法建设的外延远较珠三角周延。其主要原因在于港澳分别制定了特区统一的违法建筑治理法规体系,而相关法规范又明确了违法建设的标准。因而,在统一的法规体系中违法建设的外延比较周延。而在珠三角,上位法没有建立统一的违法建设治理法律体系,而是分散在《城乡规划法》《土地管理法》《建筑法》等单行法律之中。违法建设"是指不符合法律法规以及规章的规定进行建设的,危害社会公共利益或者城乡规划的建设"。[20] 而珠三角城市的立法,基于部门视角的立法模式,其定义范围受到限制,都仅限于违反《城乡规划法》的范畴,从而导致从实践看其外延明显不周延。

(二)三地违法建设治理组织体制存在制度差异

违法建设治理组织体制,是指国家政权机关内部各层级、各机构之间在违法建设治理中的权责配置关系及其运行方式的总和,构成了违法建设治理的权力基础。在香港特区,当发现僭建物时,屋宇署可采取以下执法行动:发出清拆令,要求所发现的僭建物的拥有人在指定期限内清拆僭建物,并会把清拆令在土地注册处注册(《建筑物条例》第24条及第24AA条);楼宇业主如未能在清拆令订明的指定期限内进行纠正工程,屋宇署可进行或安排进行清拆工程,或向有关业主提出检控[《建筑物条例》第24(3)条、第24AA(7)条及第40条];发出警告通知,告知有关拥有人在指定期限内清拆僭建物,拥有人如未能在指定期限内遵照通知进行清拆僭建物,屋宇署会把警告通知在土地注册处注册(《建筑物条例》第24C条);僭建物如构成对公众的妨扰,或对生命或财产构成迫切危险,屋宇署会向法庭申请命令,即时拆卸或纠正僭建物(《建筑物条例》第24B条)。[21] 可见,屋宇署不能直接对违法当事人进行处罚,要经过法院的检控程序才能对当事人进行罚款和监禁,除非当事人不遵从强制验窗的法

---

⑳ 吴峰:《违法建设预防控制研究》,载《江苏警官学院学报》2018年第6期。

㉑ 参见香港审计署:《屋宇署对违例建筑物采取的行动》,载《审计署署长第六十四号报告书(第1章)》2015年4月1日,第1页。

定通知。[22] 另外,《建筑物条例》亦订明,接获清拆令的业主可在该清拆令发出日期起计 21 天内,向上诉审裁小组提出上诉,在此情况下,屋宇署会暂停有关该清拆令的行动,以等候上诉审裁小组的裁决。[23] 上诉审裁小组主席须为根据《区域法院条例》第 5 条有资格获委任为区域法院法官的人。由此,无论是罚款还是拆除,屋宇署的执法行动均会受到法院行为的影响。因此,在香港,违法建设治理组织体制是单一行政机关加司法的模式。在澳门特区,尽管调查、认定与执行主要由行政机关来完成,但受到法院严格规制。澳门的执法步骤大致是:土地工务运输局在接到非法工程投诉后,会安排稽查员前往现场核实情况,倘证实非法工程正在进行中,会根据现行法律法规对非法工程予以禁止;土地工务运输局可以根据实际情况向市民发出禁制工程令;如相关人士不配合土地工务运输局之禁令停止施工,该局会要求治安警察局派员对现场作出封锁,以及协助登记在场人士资料,以进一步制止工程继续进行及向有关人士展开程序;一般而言,该局完成有关预审后,会要求工程所有人于期限内清拆非法工程,并按原核准图则还原;倘相关人士没有按要求处理非法工程,局方会因应个案的轻重缓急展开外判清拆程序,而工程所有人须承担清拆费用以及相关罚款,款项由局方追收。[24] 在前述过程中,根据《都市建筑法律制度》第 37 条,对于住宅,如果业主不同意当局进入取证,当局必须取得司法命令状,才可进入取证,除非住宅在楼宇共同部分建造的非法住宅,或有即时倒塌的危险,或严重危害公共卫生或人身安全。可见,法院颁布司法命令状的范围较广。根据《都市建筑法律制度》第 38 条,司法命令状是通过土地工务运输局局长具说明理由的声请书向行政法院提出声请,

---

㉒ 屋宇署已为强制验窗计划推出定额罚款制度,向不遵从法定验窗通知的业主发出罚款通知书。业主/业主立案法团如无合理辩解而不遵从强制验窗的法定通知,当局可送达定额罚款 1500 港元的罚款通知书。屡犯者可被检控,一经定罪,可被判处罚款 25,000 港元及监禁 3 个月。参见《若没有遵行法定通知,会有什么后果?》,载香港大学社区法网,https://www.clic.org.hk/cn/topics/Maintenance_and_safety_of_property/Mandatory_Building_Inspection_Scheme_and_Mandatory_Window_Inspection_Scheme/Q5,最后访问日期:2021 年 10 月 12 日。

㉓ 参见香港审计署:《屋宇署对违例建筑物采取的行动》,载《审计署署长第六十四号报告书(第 1 章)》2015 年 4 月 1 日,第 48 页。

㉔ 参见《土地工务运输局处理非法工程资料》,载澳门特别行政区土地工务运输局官网,https://www.dssopt.gov.mo/zh_HANT/home/publicInfo/id/255,最后访问日期:2021 年 10 月 12 日。

并按澳门特区《民事诉讼法典》规定的普通保全程序的步骤进行。同时,《都市建筑法律制度》亦有“入屋”搜证的规定,原则是逗留时间不应太长,不应进入没有违法嫌疑的范围,也不应拍摄与涉嫌违法无关的内容。可见,相关规定意在“收窄”行政机关的权力。㉕ 由此,澳门违法建设治理组织体制采取的是司法严格控制下的单一行政机关负责制。在珠三角,《城乡规划法》《土地管理法》《建筑法》等单行法律将违法建设查处权力赋予了相应的行政机关。如,根据《城乡规划法》第40条和第68条,在城市、镇规划区内,若需要采取查封施工现场、强制拆除等措施,则由县级以上地方人民政府责成有关部门进行。这就意味着在城市、镇规划区内进行违法建设执法,查封施工现场、强制拆除需分两步走:先由县级以上地方人民政府责成,再由有关部门具体执行。而根据《国务院关于进一步推进相对集中行政处罚权工作的决定》(国发〔2002〕17号),在城市、镇规划范围内,由城管部门统一行使处罚权和强制执行权。㉖ 根据《城乡规划法》第65条,在乡、村庄规划区内,若需要强制拆除,可由乡、镇人民政府进行。根据《土地管理法》第74条和第77条,非法转让土地、非法占用土地、在违法土地上建建筑物等行为,由县级以上自然资源主管部门负责查处;根据《土地管理法》第78条,农村村民非法占用土地建住宅,由县级以上农业农村主管部门负责查处。虽然不同法律将执法权授予了不同行政机关,但在珠三角,无论是违法建设的认定,还是违法建设的拆除,基本上均由行政机关负责,没有设立司法干预的必经程序。司法机关在违法建设治理中是一个中立的裁判者,除非双方当事人、行政机关提起,否则司法不会主动干预。地方立法虽然对相关法律作了细化,而且大部分将对违反《城乡规划法》行为的查处从规划部门转移到了综合执法部门,但地方立法只是细节性地变动,并没有从根本上改变国家法律确立的违法建设治理组织体制,即多元行政机关为主、司法机关为辅的治理体制。从违法建设治理组织体制来看,港澳特区实行单一行政机关负责制,有效地避免了行政机关之间的相互掣肘和推诿,但由于以公正为优先的司法机关

㉕ 参见《都市建筑法案下月可签意见书 三种情况毋须司法状可“入屋”》,http://www.chengpou.com.mo/dailynews/202121.html,最后访问日期:2021年10月12日。

㉖ 参见北京吴少博律师事务所、北京栩锐律师事务所:《违法建设理论与实务》,中国政法大学出版社2019年版,第84页。

的严格控制,其整体效率堪忧。例如,2001 年 4 月,香港发展局告知立法会,屋宇署将于 2007 年之前全面清拆 4500 幢单梯楼宇的 1.2 万个非法天台搭建物,但审计署却注意到,截至 2015 年 1 月,超期 8 年,尚有 33 幢单梯楼宇的非法天台搭建物仍未清拆。[27] 又如,澳门非法僭建问题一直严重,当局每年开立逾千卷宗,但完成最终决定程序的不足一成,每年自愿清拆僭建个案更只有 100 宗左右,清拆进度追不上僭建速度。[28] 珠三角在确保司法对行政机关监督,保障公民合法权益的基础上,由行政机关全面主导违法建设治理,实践中其效率较高。例如,2019 年 1 ~ 10 月,肇庆市全市(新增 + 存量)违建治理量为 58.08 万平方米,治理进度为 171.84%,已提前完成年度目标任务;[29]截至 2020 年 8 月 15 日,广州市共拆除违法建设 4133.56 万平方米,完成 2020 年度考核任务的 103.34%,超过上一年同期 577.48 万平方米。[30]

三、大湾区违法建设预防制度研究

预防是违法建设治理的最好方法。预防违法建设,将违法建设消灭在"萌芽状态",不让其"落地生根",不仅可以从源头治理违法建设,也减少了违法建设治理的社会成本。因而,违法建设预防制度是大湾区违法建设治理的重要制度设计,是大湾区违法建设治理地方立法比较研究不可或缺的内容。

(一)港澳违法建设治理普法宣传到位

普法是违法建设治理最基本的一步。"只有人们知法懂法,他们才会用法守法,法律制定的目的才会实现。这是再自然不过的逻辑了。"[31]相较而言,港澳违法建设法规的配套宣传做得比较到位。早在 2010 年 10

---

[27] 参见香港审计署:《屋宇署对违例建筑物采取的行动》,载《审计署署长第六十四号报告书(第 1 章)》2015 年 4 月 1 日,第ⅵ页。

[28] 参见夏耘:《(新闻小语)为民撑腰　打击僭建要高效》,载《澳门日报》2020 年 8 月 27 日,B07 版。

[29] 参见严炯明:《我市前 10 月整治违建 58 万平方米　提前完成本年度目标任务》,载《西江日报》2019 年 11 月 27 日,A05 版。

[30] 参见全杰:《无人机巡查,拆违不手软,广州全力拉满违法建设治理"进度条"》,载《广州日报》2020 年 9 月 17 日,A5 版。

[31] 凌斌:《法治的两条道路》,载《中外法学》2007 年第 1 期。

月，香港特区政府就公布了一套多管齐下的新方法来加强楼宇安全，[32]在处理僭建物问题上，就包括进行关于僭建物的宣传和公众教育的措施。屋宇署亦会通过不同渠道宣传僭建物，包括网站、政府宣传短片和声带、新闻稿、小册子和指引，以及为业界和公众举行简介会等。[33] 如香港屋宇署官网清楚列明违例建筑物的情形、违法建设的危害、业主的责任、相关法律事项以及建筑科普知识。此外，该网站还提供了其他关于建筑物及建筑工程主题网站和网上学习中心，有丰富的文章、视频等学习资料。在澳门，当局也是双管齐下，以“宣传教育”及“清拆行动”相结合，以期逐步减少澳门僭建问题。[34] 相较港澳特区，目前珠三角城市地方立法中仅规定了宣传教育的主体，并无规定可行做法，可操作性不强。如《肇庆市控制和查处违法建设办法》(2024)第10条规定：“市、县(市、区)人民政府应当统筹自然资源、城市管理和综合执法等相关行政管理部门组织开展城乡规划和查处违法建设的法律、法规、规章的宣传教育工作，增强社会公众遵守城乡规划管理的法律意识。”虽然内地普遍实行了“谁执法谁普法”，但由于缺乏相应具体制度保障，实践中珠三角各地暂无专门宣传违法建设查处的网站或微信公众号，其政府相关网站中亦无违法建设宣传专栏，普法宣传效果有待优化。

(二)港澳违法建设治理制度设计守法成本低、违法成本高

马克思认为，“人们为之奋斗的一切，都同他们的利益有关”。[35] “正确理解的利益是全部道德的原则”。[36] 低守法成本、高违法成本是违法建设预防制度充分发挥效用的利益保障。

在港澳，两地均建立了规范简便、标准统一且可操作性强的建设许可制度。例如，香港《建筑物条例》较为详细地规定了建筑工程所必须遵守的设计、规划和施工标准，如从第27C条、第28条到第28A条涵盖了“在斜坡等敷设的水管、排水渠或污水渠”“排水”“附表所列地区内的地下水

㉜ 参见《发展局局长介绍发展局〈施政报告〉措施》，载新闻公报，https://www.info.gov.hk/gia/general/201010/15/P201010150266.htm，最后访问日期：2021年10月20日。

㉝ 参见香港审计署：《屋宇署对违例建筑物采取的行动》，载《审计署署长第六十四号报告书(第1章)》2015年4月1日，第16页。

㉞ 参见《集体清拆令取缔新厦僭建》，载《澳门日报》2011年6月7日，A01版。

㉟ 《马克思恩格斯文集》(第1卷)，人民出版社2009年版，第187页。

㊱ 《马克思恩格斯文集》(第3卷)，人民出版社2009年版，第320页。

排水工程"等一系列关于排水的内容,十分细致,基本上没有可变更的余地。同时,港澳建立了方便楼宇业主及占用人的简化制度,如香港的"小型工程监管制度"和澳门的"豁免发给准照和预先通知"制度,旨在改善楼宇安全,以及为市民提供另一条简化的合法渠道,守法成本较低,有效防止了因制度设计与实践脱节带来的制度性违法建设。在珠三角,建设许可包括用地许可、规划许可、施工许可等诸多环节和审批流程,近年来,相关流程大为简便,但相对港澳两地的制度设计,仍有进一步优化的空间。同时,珠三角根据国家法律规定,有些建设可以不需要施工许可。例如《建筑法》第7条规定,国务院建设行政主管部门确定的限额以下的小型工程不需要领取施工许可证,按照国务院规定的权限和程序批准开工报告的建筑工程,不再领取施工许可证。但这样的规定并未直接明晰不需要施工许可的具体范围,而且不需要施工许可,并不意味着不需要用地许可、规划许可。因此,珠三角建筑许可便利化相对不足,守法成本较高。

"制裁"不是行政处罚的根本目的,随着社会环境的变迁,行政处罚威慑目的已生成为:从危险消除到风险预防,即通过制裁的威慑,阻吓违法并促使行为人遵从法律,以提前防控风险。[37] 在港澳,建筑违法成本很高,如香港《建筑物条例》第40条(1BA)的规定[38],甚至以"天"为单位计算累计罚款,持续违法时间越长,罚款数额越高。又如,澳门《都市建筑法律制度》第42条规定,工程所有人不按已核准的计划或发给准照或预先通知的条件进行任何工程,对自然人科罚款上限达100万澳门元,下限也定为较高的5万澳门元。根据香港学者研究表明,对不符合规定的业主实施更严厉的惩罚是最优先的选择。[39] 而且在港澳,针对不同违法主体设置了严厉的刑事惩戒措施,且行政制裁与刑事制裁界限清晰,以期发挥震慑力,有效遏制违法建设。在珠三角,对于违法主体的行政处罚一般是一个确定数额,而且处罚程度较低,不能起到较好的震慑作用。例如,

---

[37] 参见谭冰霖:《行政罚款设定的威慑逻辑及其体系化》,载《环球法律评论》2021年第2期。

[38] 《建筑物条例》第40条 罪行 (1BA)任何人无合理辩解而没有遵从根据第24(1)条送达予他的命令,即属犯罪,一经定罪——(a)可处罚款$200,000及监禁1年;及(b)可就经证明并令法庭信纳该罪行持续的每一天,另处罚款$20,000。

[39] See Yung Yau, Shuk Man Chiu, *Combating Building Illegality in Hong Kong: A Policy Delphi Study*, Habitat International 49, p. 349－356(2015).

《佛山市违法建设查处办法》(2019)第34条第1款规定:"相关单位和企业违反本办法第十七条规定的,由城市管理和综合执法部门按照下列规定予以处罚:(一)建设工程设计单位违反本办法第十七条第一款第(一)项规定出具正式的设计施工图纸的,责令改正;逾期不改正的,处1万元以上5万元以下罚款;(二)建筑施工单位、工程监理单位违反本办法第十七条第一款第(二)项规定承建或者监理建设项目的,责令改正;逾期不改正的,处1万元以上5万元以下罚款;(三)预拌混凝土生产企业违反本办法第十七条第一款第(三)项规定出售预拌混凝土的,责令改正;逾期不改正的,处1万元以上5万元以下罚款。"以及第36条第2款规定:"建设工程未经验线或者经验线不合格擅自开工的,由城市管理和综合执法部门或者省人民政府指定的镇人民政府责令停止建设,限期改正。逾期不改正的,由城市管理和综合执法部门或者省人民政府指定的镇人民政府对建设单位处1万元罚款,对个人处2000元罚款。"此外,国家层面刑法对违法建设行为没有专项刑法规制,没有适合的罪名处罚该行为,使得刑事制裁在实践中难以发挥其应有的作用。珠三角较低的违法成本与较高的守法成本一起在无形中影响了违法建设的预防成本和实效。

(三)港澳投诉举报设置便利有效

投诉举报是主管部门发现违法建设的重要方式之一,是公众积极参与违法建设治理的体现。违法建设公众参与治理的效果如何,关键在于政府的回应。政府及时高效回应会促进公众参与,提高治理实效;若政府回应较慢,或没有回应,不仅会使公众对违法建设投诉举报失去兴趣,而且会打击公众参与治理的积极性。因而,科学设置投诉举报制度是违法建设预防制度的重要一环。

在港澳,建立了以电话为主导的投诉举报机制,辅之以专题网站、电邮、现场等方式的多样化、便利化的投诉举报制度。例如,香港屋宇署网站提供统一的查询、投诉及举报方式,除了有屋宇署电话热线、电邮、传真和办公地址,还提供表格进行在线填写。[40] 同时,投诉举报电话还区分了

---

[40] 参见香港特别行政区屋宇署官网,https://www.bd.gov.hk/tc/about-us/contact-us/index.html,最后访问日期:2021年10月8日。

一般情况和紧急情况,以防僭建物引发紧急安全问题。值得一提的是,香港屋宇署官网的一般投诉举报渠道,包括电话热线和在线举报,均是24小时运作,没有时间限制。数据显示,在2000年至2018年,屋宇署接获有关楼宇安全问题的举报数字逐步上升,至2012年,有关数字见顶。[41] 这反映出市民日益重视楼宇安全,也乐于利用行政机关提供的渠道进行投诉举报,投诉举报机制见成效。而澳门土地工务运输局网站则区分了一般部门和工务局服务中心,分别提供不同的办公地点、电话、传真和电邮,以便市民按需联系服务部门。[42] 在珠三角,各地立法虽然也设立了投诉举报制度,如《肇庆市控制和查处违法建设办法》(2024)第11条规定:"市、县(市、区)人民政府应当建立违法建设投诉、举报制度。任何单位和个人有权对违法建设行为进行投诉和举报。违法建设查处部门应当对投诉、举报的问题及时进行调查处理,将处理结果告知投诉人、举报人,并为其保密。"《佛山市违法建设查处办法》(2019)第11条规定:"任何单位、个人有权投诉、举报违法建设行为。城市管理和综合执法部门、镇人民政府应当向社会公布信箱、电子邮箱和全市统一的电话,受理违法建设的投诉、举报。城市管理和综合执法部门、镇人民政府接到投诉、举报后,应当及时进行调查处理,符合受理条件的,应当予以受理。有明确投诉、举报人的,受理机关应当将受理情况告知投诉、举报人,处理结果应当在处理结束后的7个工作日内通过书面、手机短信等方式告知投诉、举报人。"然而,由于缺乏强而有力的宣传渠道,投诉举报机制面临落实不到位的问题,加上各个城市接受违法建设投诉举报的主体各有不同,缺乏统一性,并且受工作时间限制,便利程度较低,难以发挥应有作用。例如,根据地方立法规定,深圳的查处主体是规划和自然资源部门,广州的是城市管理综合执法机关,肇庆和惠州分别是范围不同的查处部门和查处机关。

四、大湾区在建违法建设治理制度之比较

"即时"就是最好的拆除时机,一旦错过,不能及时拆除,将增加后续

---

[41] 参见香港立法会秘书处资料研究组:《香港市区的违例建筑工程 ISSH18/19 - 20》,2020年2月20日,第1页。

[42] 参见澳门特别行政区土地工务运输局官网,https://www.dssopt.gov.mo/zh_HANT/home/contactus,最后访问日期:2021年10月8日。

拆违工作的难度。[43] 因此,大湾区三地立法中都重视在建违法建设治理制度的设计,其中,《清远市在建违法建设查处办法》(2020)是对在建违法建设的专门规定。从相关规定内容来看,大湾区各城市的规定繁简不同,存在较大差异。

(一)港澳、清远扩大了在建违法建设的打击范围

严厉打击在建违法建设有利于减少违法建筑建成的可能性,降低违法建筑的治理成本。在建违法建设治理的前提在于科学界定在建违法建设的范围。在建违法建设,"是指正在建设、尚未完工,还不具备居住、使用功能的建筑物、构筑物"。[44] "正在建设、尚未完工"是界定在建违法建设的基本标准。广州、深圳、佛山、肇庆、惠州相关立法并没有给予相应的界定。实践中这些地区基本上遵循"正在建设、尚未完工"的基本标准。然而,如果拘泥于违法建设"正在进行"的这种一般标准,实践中则可能导致对违法建设行为的纵容,因为实践中有的建筑物、构筑物成本较低、面积较小、结构简单,数日甚至数小时即可完成,此类建设行为隐蔽性强,周期短,往往未被发现即已竣工;[45]还有由于节假日公务员放假的影响,违法建设的监管力度相对减弱,违法建设当事人有可能利用这一时机进行违法建设。因此,在遵循"正在建设、尚未完工"的基本标准的同时,应当根据实际适当扩大在建违法建设的界定范围。例如《清远市在建违法建设查处办法》(2020)第3条第2款规定,违法情形在法定节假日期间发生,节后抢建成为事实的,视为在建违法建设。这将有助于遏制利用节假日抢建的违法建设行为。在香港,根据《建筑物条例》第40条(1AA)的规定[46]可知,进行刑事处罚的条件之一是当事人"明知"而违反法例,无论是当事人拒不配合,还是违法建筑在合理时间内已迅速建成,均属于科处刑罚的范围。澳门《都市建筑法律制度》第27条也有类似规

[43] 参见广西住房和城乡建设厅法制处课题研究组:《对在建的违法建设实施快速处置之探讨》,载《广西城镇建设》2017年第6期。

[44] 张祺炜、顾建兵:《在建违法建筑的强制拆除程序》,载《人民司法》2019年第2期。

[45] 参见张祺炜、顾建兵:《在建违法建筑的强制拆除程序》,载《人民司法》2019年第2期。

[46] 《建筑物条例》第40条 罪行 (1AA)任何人明知而违反第14(1)条,即属犯罪,而如属建筑工程(小型工程除外)或街道工程的情况,一经定罪——(a)可处罚款$400,000及监禁2年;及(b)可就经证明并获法庭信纳该罪行持续的每一天,另处罚款$20,000。

定。这种制度设计强调了违法行为人的主观恶意,扩大了在建违法建设打击范围,同时也把不知情、非故意违法的市民排除在外,体现了法例的权威性、科学性。

(二)三地同期及时处置措施内容存在差异

同期及时处置措施,"是指在建筑建造过程出现不合法或不合规的现象,监管机构和人员及时发现并采取一定措施停止对公共安全和他人权利的侵害的过程",[47]是对在建违法建设进行治理的具体举措。大湾区三地在同期及时处置措施内容方面存在差异。

在港澳,同期及时处置措施主要是勒令停止施工、中止水电供应和进行刑事处罚。可能是出于人力、财力等成本考虑,强制拆除不是港澳同期及时处置的重心,其重心放在勒令停止施工以及其他辅助措施。例如,在香港,《建筑物条例》第 14 条对在建违法建设明令禁止:除非另有规定,否则任何人未事先获得建筑事务监督下述的批准及同意,不得展开或进行任何建筑工程或街道工程。对于实际发现的在建违法建设,《建筑物条例》第 23 条规定,凡建筑事务监督认为任何建筑工程或街道工程正在于违反本条例任何条文的情况下进行,建筑事务监督可送达书面命令规定停止该工程;《建筑物条例》第 24 条规定,任何建筑工程或街道工程正在于违反本条例任何条文的情况下进行,建筑事务监督可借书面命令规定拆卸该建筑物、建筑工程或街道工程,或者对该建筑物、建筑工程或街道工程作出所需的改动,使其符合本条例条文。如在建违法建设行为涉及犯罪,由屋宇署对当事人提出检控,后由法院进行判定。在澳门,《都市建筑总章程》第 52 条规定,当土地工务运输局稽查人员发现工程是违法建设时,将着令工程的所有人或其代表人暂停工程 48 小时,倘该等人士不在场时,则命令有关负责人或负责工程的技术员执行。值得一提的是,《都市建筑法律制度》第 27 条明确对不遵守禁制令,或不按命令进行为纠正安全或卫生的恶劣状况所需的工程,将中止相关楼宇或单位的水电供应。在珠三角,同期及时处置措施是以责令停止施工、查封、扣押、强制拆除等措施为主,其中多地强调了强制拆除。强制拆除可谓最严厉但最有

---

[47] 郃艳丽、李伟:《国内外违法建设治理法律制度借鉴》,载《国际城市规划》2017 年第 1 期。

效的措施。根据进行强制拆除的先后顺序,珠三角地方立法可分为两类:一是当事人先产生拒不停止建设或者拒不拆除的行为后,行政机关继而可以依法及时强制拆除,属于“快速处置机制”[48]。如《惠州市查处违法建设规定(草案)》(2020)第23条[49]。二是地方立法中并未明确必须采取强制拆除措施,如《广州市违法建设查处条例》(2024)第11条规定“对在建违法建设,查处机关应当责令立即停止建设并限期改正或者自行拆除。当事人不停止建设或者逾期不改正、不拆除的,查处机关可以依法采取查封施工现场、依法拆除等措施予以制止”,其中“可以依法”意味着行政机关享有强制拆除的裁量权,强制拆除不是其明文规定必须进行的同期及时处置措施。另外在珠三角,目前仅《惠州市查处违法建设规定(草案)》(2020)第23条对在建违法建设进行中止水电措施有明确规定。

大湾区三地同期及时处置措施内容存在差异,是三地基本区情差异性所致。大湾区三地同期及时处置措施内容的差异性,必然导致其相关程序的不同。以香港为例,香港屋宇署主要通过主动进行大规模僭建物处理行动和被动接受市民举报这两个途径来找出僭建物。针对僭建物的举报,从接获举报投诉到最后的拆卸行动,快则仅经历拆卸通知,违法行为人便马上进行拆除;慢则至少经历从甄别到检控的五个过程(详见图1),而且每个过程都有可能面临“需时很久”的问题,[50]进而导致整个处理过程进度更加缓慢。而珠三角则一般不辨别违法建设的“优先处理”类别,只要违法建设无法改正且不是无法拆除的情形,经查处机关立案调查确认违法并责令停止建设或限期拆除后,若违法当事人逾期仍不配合,查

---

[48] 广西住房和城乡建设厅法制处课题研究组:《对在建的违法建设实施快速处置之探讨》,载《广西城镇建设》2017年第6期。

[49] 《惠州市查处违法建设规定(草案)》(2020)第23条【在建违法建设及时处置机制】对正在建设的建筑,查处机关有权要求当事人出示建设的相关许可证明。当事人不能出示相关许可证明的,查处机关应当责令当事人立即停止建设,并及时查证核实。经查证核实属于在建违法建设的,查处机关应当立即责令当事人自行拆除,并依法采取查封施工现场、扣押施工工具等合法措施予以制止,并书面通知供水、供电单位依法或者依照合同对违法建设停止提供施工用水、用电。当事人拒不停止建设或者拒不拆除的,违法建设所在地镇人民政府(街道办事处)依法及时采取强制措施予以拆除,其他相关部门应当依据各自职责及时予以协助。

[50] 参见香港审计署:《屋宇署对违例建筑物采取的行动》,载《审计署署长第六十四号报告书(第1章)》2015年4月1日,第36~43页。

处机关便可马上采取查封现场等措施。大湾区三地同期及时处置措施内容及其程序的不同,意味着三地在同期及时处置措施的制度设计方面存在相互借鉴的可能。

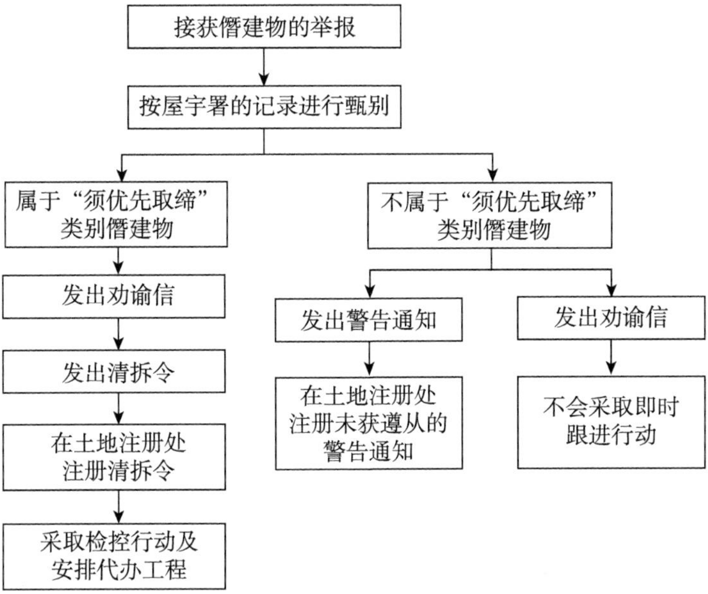

图 1　香港屋宇署处理僭建物举报的行动

资料来源:香港审计署:《屋宇署对违例建筑物采取的行动》,载《审计署署长第六十四号报告书(第 1 章)》2015 年 4 月 1 日,第 22 页。

五、大湾区违法建设后期处罚与治理制度之比较

违法建设是违反法律之产物,是城市发展的顽疾,不仅破坏生态环境、存在安全隐患,还破坏社会公平正义,是对法治的公然践踏。如果置之不理,无疑有损国家的公信力和法律的权威。违法建设后期处罚与治理是违法建设治理的最后一环,是大湾区违法建设治理的有效利器。因此,要重视违法建设后期处罚与治理制度的建构。

(一)港澳违法建设后期处罚规范全面

违法建设是人的行为,打击违法建设,首先就要对违法主体进行惩戒。港澳对违法建设进行处罚,涉及多种主体、多种处罚类型,覆盖面广,对导致违法建设产生的多个环节进行多维打击。广州、佛山、惠州违法建

设处罚对象规范全面，但处罚类型有限，其他城市针对承担违法建设法律责任的主体的规定存在职责不清的问题。

1. 港澳、广州、佛山、惠州违法建设处罚对象规范全面。在港澳，违法建设处罚对象可分为建设主体和专业人员。香港《建筑物条例》第7条就专门规定了“就认可人士、注册结构工程师、注册岩土工程师或注册检验人员进行的纪律处分程序”。而《建筑物条例》第40条关于“罪行”的规定则涵盖了所有违法主体，包括建设主体和任何认可人士、注册结构工程师或注册岩土工程师、任何注册检验人员、合资格人士、注册一般建筑承建商或注册小型工程承建商等专业人员。澳门《都市建筑总章程》第61条关于“暂停及除名”的规定以及第64条关于“罚款额”的规定就是专门针对技术员、公司或建筑商等专业人员的处罚。而《都市建筑法律制度》有针对一般违法建设主体的法律责任，还具体区分了自然人和法人，如第42条关于“行政违法行为”的规定。此外，《都市建筑总章程》第74条专门规定了“行政当局人员的责任”。在珠三角，《广州市违法建设查处条例》(2024)不仅在第27条[51]对违法建设者根据上位法规定了相应法律责任，而且在第18条[52]对供水、供电、供气、电信、

---

[51] 《广州市违法建设查处条例》(2024)第27条第1款　已建成违法建设未取得建设工程规划许可证或者未按照建设工程规划许可证的规定进行建设的，由查处机关按照下列规定予以处罚：(一)尚可采取改正措施消除对规划实施的影响的，限期改正，处以建设工程造价百分之五以上百分之十以下的罚款。(二)无法采取改正措施消除对规划实施的影响的，除按照本条例第二十条、第二十一条的规定进行处理外，可以并处建设工程造价百分之十以下的罚款。

[52] 《广州市违法建设查处条例》(2024)第18条　相关单位和个人违反本条例第十三条规定的，由查处机关按照下列规定予以处罚：(一)自来水、电力、燃气、电信、有线电视、电梯等生产经营企业违反本条例第十三条第一款第二项规定提供相关服务的，责令改正，没收违法所得，处以一万元以上五万元以下罚款。(二)建设工程设计单位违反本条例第十三条第一款第三项规定出具正式的设计施工图纸的，责令改正，没收违法所得，处以一万元以上五万元以下罚款。(三)建筑施工单位或者个人违反本条例第十三条第一款第四项规定从事建筑施工活动的，责令改正，没收违法所得，处以五万元以上十万元以下罚款。(四)工程监理单位违反本条例第十三条第一款第四项规定从事监理活动的，责令改正，没收违法所得，处以一万元以上五万元以下罚款。(五)出售预拌混凝土的单位或者个人违反本条例第十三条第一款第五项规定出售预拌混凝土的，责令改正，没收违法所得，处以五万元以上十万元以下罚款。建设行政管理部门违反第十三条第一款第一项规定核发施工许可证或者进行建设工程竣工验收备案的，由有权机关责令改正，对负有责任的领导人员和直接责任人员依法给予处理。违法建设的建设单位、施工单位和监理单位的直接责任人和主管人员，属于监察对象的，查处机关应当及时向有权机关通报，并移交相关线索材料。

有线电视、电梯等生产经营企业，建设工程设计单位，建筑施工单位或者个人，工程监理单位以及出售预拌混凝土的单位或者个人等的相关违法行为设定了相应的法律责任。《佛山市违法建设查处办法》(2019)不仅在第36条[53]、第37条[54]、第38条[55]对违法建设者根据上位法规定了相应法律责任，而且在第34条[56]、第35条[57]对建设工程设计单位、建筑施工单位、工程监理单位、预拌混凝土生产企业、商品房开发企业等的相关违法行为设定了相应的法律责任。《惠州市查处违法建设规定(草案)》(2020)对上位法已规定的违法建设者的法律责任没有再作规定，但在第

---

[53] 《佛山市违法建设查处办法》(2019)第36条　属于本办法第二十一条第(一)项、第(二)项规定的尚可采取改正措施消除对规划实施影响的违法建设，由城市管理和综合执法部门责令当事人限期改正，对按期改正违法建设部分的，处以建设工程造价5%的罚款；对逾期不改正的，依法采取强制拆除等措施，并处建设工程造价10%的罚款。建设工程未经验线或者经验线不合格擅自开工的，由城市管理和综合执法部门或者省人民政府指定的镇人民政府责令停止建设，限期改正。逾期不改正的，由城市管理和综合执法部门或者省人民政府指定的镇人民政府对建设单位处1万元罚款，对个人处2000元罚款。违法建设行为轻微并及时自行纠正，没有造成危害后果的，不予行政处罚。

[54] 《佛山市违法建设查处办法》(2019)第37条　属于本办法第二十二条规定的无法采取改正措施消除对规划实施影响的违法建设，除本办法第二十三条规定的不能拆除情形外，相关部门应当按照各自职能，分别依据《中华人民共和国城乡规划法》第六十四条、第六十五条、第六十六条的规定处理。

[55] 《佛山市违法建设查处办法》(2019)第38条　属于本办法第二十三条规定的不能拆除情形的，由城市管理和综合执法部门依法对当事人没收实物或者违法收入，可以并处建设工程造价10%以下的罚款。

[56] 《佛山市违法建设查处办法》(2019)第34条　相关单位和企业违反本办法第十七条规定的，由城市管理和综合执法部门按照下列规定予以处罚：(一)建设工程设计单位违反本办法第十七条第一款第(一)项规定出具正式的设计施工图纸的，责令改正；逾期不改正的，处1万元以上5万元以下罚款；(二)建筑施工单位、工程监理单位违反本办法第十七条第一款第(二)项规定承建或者监理建设项目的，责令改正；逾期不改正的，处1万元以上5万元以下罚款；(三)预拌混凝土生产企业违反本办法第十七条第一款第(三)项规定出售预拌混凝土的，责令改正；逾期不改正的，处1万元以上5万元以下罚款。违反上述规定的，由作出处罚的城市管理和综合执法部门将相关处罚结果通报同级住房和城乡建设部门，由同级住房和城乡建设部门将其违法信息录入建筑业行业诚信管理平台，对其违法行为进行披露，并对其诚信记录进行扣分。

[57] 《佛山市违法建设查处办法》(2019)第35条　商品房开发企业违反本办法第十八条规定，诱导业主违法建设的，由住房和城乡建设部门责令改正，对商品房开发企业处1万元以上5万元以下罚款，将违法信息录入房地产行业诚信档案管理系统，对其违法行为进行披露，并对其诚信记录进行扣分。

43条[58]对供水、供电、供气、电信、有线电视、电梯等公共服务单位和生产经营企业，物业服务企业，房地产开发（销售）企业、房地产中介服务机构，建设工程设计、建筑施工、工程监理单位，出售预拌混凝土的单位或者个人以及其他单位和个人等的相关违法行为设定了相应的法律责任。然而，珠三角其他城市有的没有对公共服务单位、生产经营企业或个人、专业人员设定法律责任，而只是规定公共服务单位、生产经营企业或个人不得为违法建设提供服务，如《肇庆市控制和查处违法建设办法》（2024）；有的只是对其中个别对象进行了规定，如《深圳市人民代表大会常务委员会关于坚决查处违法建筑的决定》（2019）[59]对租用违法建筑从事经营活动的生产经营者设定处罚等。

---

[58] 《惠州市查处违法建设规定（草案）》（2020）第43条　公共服务单位和生产经营企业违反本办法规定的，按照下列规定分别予以处理：（一）供水、供电、供气、电信、有线电视、电梯等公共服务单位和生产经营企业违反本规定对违法建设项目提供服务或者商品的，由查处机关责令停止提供服务或者商品，没收违法所得；拒不停止提供服务或者商品的，处违法所得三倍以下罚款，最高不超过十五万元；没有违法所得的，处五万元以下罚款。（二）物业服务企业不履行巡查义务，发现违法建设未予劝阻、制止或者未按规定报告的，由违法建设查处部门责令改正；逾期不改正的，有关部门可以依法将物业服务企业的违法信息录入物业管理活动信用档案信息平台，对其违法行为进行披露，并对其诚信记录进行扣分。（三）房地产开发（销售）企业、房地产中介服务机构在房地产广告发布中作出可以改变房屋结构、使用面积等虚假或引人误解的宣传的，依照《中华人民共和国广告法》的规定予以处罚。（四）建设工程设计、建筑施工、工程监理单位违反本规定对违法建设项目提供服务或者施工的，由查处机关责令停止服务或者施工，没收违法所得；拒不停止服务或者施工的，处违法所得三倍以下罚款，最高不超过十五万元；没有违法所得的，处五万元以下罚款。（五）出售预拌混凝土的单位或者个人违反本规定出售预拌混凝土的，由查处机关责令停止提供服务或者商品，没收违法所得；拒不停止提供服务或者商品的，处违法所得三倍以下罚款，最高不超过二十万元；没有违法所得的，处十万元以下罚款。（六）其他单位和个人向违法建设提供水、电、气接驳的，由查处机关责令停止提供服务或者商品，没收违法所得；拒不停止提供服务或者商品的，可以处二千元以上一万元以下罚款。

[59] 《深圳市人民代表大会常务委员会关于坚决查处违法建筑的决定》（2019）　二、市人民政府应当坚决实施《中华人民共和国土地管理法》《中华人民共和国城乡规划法》《深圳市城市规划条例》《深圳经济特区规划土地监察条例》；坚决依法清理、拆除违法建筑，惩罚违法行为，保证城市规划和城市建设的有序进行。（一）规划和自然资源部门对违法建筑的行为人应当严肃查处。在处罚未执行完毕以前，应当停止办理与违法行为人有关项目或者事项的所有手续。除《深圳市人大常委会关于农村城市化历史遗留违法建筑的处理决定》第十一条规定的情形外，房屋租赁的主管部门不得给违法建筑的租赁合同办理登记备案，坚决查处违法租赁行为。（二）禁止租用违法建筑的房屋从事生产经营。市场监管部门不得给无合法有效不动产权属证书的生产经营者办理营业执照；有临时建筑证明文件的，经营期和临时房地产使用权证明文件有效期应当一致；发现生产经营者租用违法建筑从事经营活动的，应当责令立即停业，暂扣其营业执照，并按照有关规定进行处罚……（四）禁止租用违法建筑的房屋从事文化、娱乐、饮食等经营的行为。违反本决定的，文化广电旅游体育、卫生健康部门应当收回其文化、卫生等有关的许可证，责令其立即停业，并按照有关规定进行处罚……

2. 港澳违法建设处罚种类规范齐全。明确了对哪些人进行处罚后，要理清惩戒措施。港澳对违法主体的处罚手段主要是声誉罚、财产罚与人身罚，包括纪律处分、罚款与监禁。在香港，针对专业人员的处罚主要是纪律处分，包括除名、受谴责、限制工作等等，如《建筑物条例》第7(2)条[60]。同时亦辅之以罚款与监禁等措施，如前述《建筑物条例》第40条。针对建设主体的处罚，主要也是体现在《建筑物条例》第40条，以罚款与监禁为主，如前述第40条(1AA)。在澳门，针对专业人员的行政处罚措施主要是暂停注册、除名和罚款，即《都市建筑总章程》第61条关于"暂停及除名"的规定以及第64条关于"罚款额"的规定。而针对建设主体的行政责任则以高额罚款为主，如《都市建筑法律制度》第42条关于"行政违法行为"的规定[61]。针对行政机关工作人员的责任，则为"受

---

[60] 《建筑物条例》第7条　就认可人士、注册结构工程师、注册岩土工程师或注册检验人员进行的纪律处分程序……(2)如经适当研讯后，纪律委员会信纳有关认可人士、注册结构工程师、注册岩土工程师或注册检验人员已如第(1A)(a)款所描述般被定罪，或曾作出第(1A)(b)、(c)、(d)、(e)、(f)、(g)、(h)或(i)款所描述的行为，或没有就根据简化规定展开的小型工程执行第(1A)(j)款所述的职责，或没有履行或遵守第(1A)(k)或(l)款所述的职责或要求，则纪律委员会可 ——(a)命令将该人的姓名永久地或在一段委员会认为适合的期间内 ——(i)从认可人士名册、结构工程师名册或岩土工程师名册(视属何情况而定)中删除；或(ii)(如该人的姓名出现在多于一份该等名册内)从该等名册中删除；(aa)命令将该人的姓名永久地或在一段委员会认为合适的期间内，从检验人员名册中删除；(b)命令谴责该人；(ba)命令对该人处以 ——(i)如属订明检验(对建筑物窗户的订明检验除外)或建筑工程(小型工程除外)，不超逾$250,000的罚款；或(ii)如属对建筑物窗户的订明检验或小型工程，不超逾$150,000的罚款；(bb)命令该人永久地或在一段纪律委员会认为合适的期间内，被禁止核证任何根据简化规定展开的小型工程；或(c)(由2004年第15号第8条废除)(d)命令该人永久地或在一段委员会认为合适的期间内，被禁止核证对建筑物窗户的任何订明检验，或核证或监督对建筑物窗户的任何订明修葺。

[61] 《都市建筑法律制度》第42条(行政违法行为)　一、下列行为构成行政违法行为，并科处下列罚款，且不影响承担倘有的其他责任：(一)工程所有人及负责施工的实体在无有关工程准照的情况下进行任何须预先发给准照的工程，对自然人科澳门元五千元至一百万元罚款，对法人科澳门元五万元至二百万元罚款；(二)工程所有人不按已核准的计划或发给准照或预先通知的条件进行任何工程，对自然人科澳门元五万元至一百万元罚款，对法人科澳门元十万元至二百万元罚款；(三)负责施工的实体不按已核准的计划或发给准照或预先通知的条件施工，对自然人科澳门元一万五千元至七十万元罚款，对法人科澳门元三万元至一百四十万元罚款。二、实施下列行政违法行为，对自然人科澳门元二千五百元至五万元罚款，对法人科澳门元五千元至十万元罚款：(一)不提交第十五条第二款规定的报告；(二)由工程开始至完成，负责施工的实体不张贴或在非当眼处张贴公开工程准照或预先通知的工程指示牌；(三)工程所有人不提交工程报表；(四)工程所有人及负责施工的实体在工程

纪律追究”[62]。而刑事责任则是针对所有违法主体而言的，只要符合法律规定的需要承担刑事责任的情形，没有任一主体可以豁免刑事处罚。可见，港澳违法建设处罚对象规范全面，针对不同主体有不同的处罚措施，轻重不一，针对性强。在珠三角，由于受立法权限所限，缺乏对违法建设的刑法规制，法律责任以承担行政责任为主。对于违法建设个人或单位、违法建设管理人，处罚类型主要有责令改正、没收违法所得、罚款以及信用惩戒等，如前述《佛山市违法建设查处办法》(2019)第34条。对于公共服务单位和生产经营企业，一般是责令改正、罚款、没收违法所得等处罚，如前述《广州市违法建设查处条例》(2024)第18条。

3. 港澳违法建设的违法与犯罪界限清晰明确。行政治理和司法治理是违法建设治理的两种基本方式。在制度设计上，违法建设违法与犯罪的清晰界分以及有效衔接是违法建设治理中行政治理与司法治理各自发挥作用并形成合力的制度保障。在香港，《城市规划条例》和《建筑物条

准照或预先通知的有效期届满后不中止有关工程；(五)工程现场欠缺准照、工程纪录簿、已核准计划的最新版本的副本及保险单副本，或负责施工的实体在依法被要求时不提交该等资料，又或该等资料处于保存不善的状况；(六)根据第五十七条第三款的规定代替被通知人接收通知的人，在无正当理由的情况下不将通知交予被通知人；(七)工程所有人未向土地工务运输局申请作出更换计划编制者或负责指导及监察工程的技术员、工程准照持有人或预先通知提交人，以及负责施工的实体的附注；(八)违反第三十七条第四款的规定，不向土地工务运输局的监察人员提供所要求的协助；(九)负责施工的实体不移走在地盘范围由工程产生的建筑废料及其他废料。三、实施下列行政违法行为，对自然人科澳门元五千元至二十万元罚款，对法人科澳门元一万五千元至五十万元罚款：(一)工程所有人及负责施工的实体在无作出预先通知或预先通知未被接纳的情况下进行须作预先通知的工程；(二)违反第十二条第一款及第二款的规定，在无使用准照或与该准照所订定的用途不符的情况下占用楼宇、楼宇的部分或独立单位；(三)不在规定的期间内进行或完成第十五条第三款及第四款所指的工程；(四)严重违反保养及维修义务，引致出现严重危害公共卫生或人身安全的情况；(五)不在规定的期间内进行第二十三条第一款所指的更正或修改工程的工作；(六)不遵守第二十四条第一款及第二十五条第七款规定的拆卸令；(七)不遵守第二十八条规定的勒迁令；(八)不遵守土地工务运输局的监察人员依法发出的关于工程指导、监察或施工的任何命令或指示，但中止工程的命令及禁制令除外。四、实施下列行政违法行为，科澳门元三万元至七十万元罚款：(一)因技术、法律或纪律方面的原因被禁止编制计划的人签署计划；(二)负责施工的实体使用劣质材料或有瑕疵的建筑方法；(三)负责指导及监察工程的技术员未有发现负责施工的实体使用劣质材料或有瑕疵的建筑方法。五、如违反本法律的规定，且无规定特别处罚时，对自然人科澳门元二千五百元至五万元罚款，对法人科澳门元五千元至十万元罚款。

[62] 《都市建筑总章程》第74条(行政当局人员的责任)　不推行准照的发给或建筑物之使用有关案卷的意见及决定，而在本法例规定期限内不予提出或作出时，将成为严重的可受纪律追究的过失。

例》对违法建设行为进行了刑罚规制，对违反城市规划上诉委员会的“传票”要求而拒绝履行义务的，违反发展审批地区图以及分区计划大纲图的规定而建设的，违反建筑管制而进行房屋建设的，违反建筑事务监督要求而占用建筑物的，都作为犯罪行为科以罚款及监禁。在澳门，澳门特区《城市规划法》第 44 条明确“属违反城市规划规定而进行工程、使用建筑物或利用土地的情况”、“属违反预防措施所定的禁止或限制的情况”和“属违反预防措施所定的须遵守具约束力意见书的指示的情况”均属行政违法行为，罚款上限高至自然人 75 万澳门元，法人 150 万澳门元。根据澳门特区《城市规划法》第 51 条，若继续进行法定予以禁制的工程，将构成犯罪。可见，港澳对“违法”和“犯罪”有较为明确的范围区分，对犯罪情形进行类型化，并明确了相关制度衔接，从而减少了法律中的模糊地带，也使得行政治理与司法治理更有针对性，有利于在整体上形成治理合力。同时也有利于保障公民的合法权益。在珠三角基于国家法律保留原则，对于违法建设行为严重程度达到犯罪时，一般是在法律责任中规定责任转致适用的内容，表述为“构成犯罪的，依法追究刑事责任”，并未清晰界定违法与犯罪的区别。如《城乡规划法》第 69 条规定：“违反本法规定，构成犯罪的，依法追究刑事责任。”而国家层面的《刑法》并没有直接规定违法建设罪，与违法建设相关的罪名主要有《刑法》第 134 条规定的重大责任事故罪和强令、组织他人违章冒险作业罪、危险作业罪，第 135 条规定的重大劳动安全事故罪，第 137 条规定的工程重大安全事故罪，第 228 条规定的非法转让、倒卖土地使用权罪，第 338 条规定的污染环境罪，第 342 条规定的非法占用农用地罪、破坏自然保护地罪，第 410 条规定的非法批准征收、征用、占用土地罪，第 343 条规定的非法采矿罪、破坏性采矿罪，第 344 条规定的危害国家重点保护植物罪，第 345 条规定的盗伐林木罪、滥伐林木罪和非法收购、运输盗伐、滥伐的林木罪以及第 346 条规定的单位犯破坏环境资源保护罪等。也就是说，在内地，违法建设并不直接构成犯罪。只有在违法建设侵害了《刑法》保护的其他法益时，才可能构成犯罪。这种情形使得实践中判断一违法建设行为是否构成犯罪需要较高的法律素养，从而给执法人员带来较大的挑战。其结果可能有两种：一是一些构成犯罪的违法建设行为只实施了行政制裁，从而使违法建设司法治理被虚置，难以发挥应有作用，更不能形成合力。二是一些明显不构成犯罪的案件，虽然最终被宣告无罪，但却进入了刑事诉讼程序，[63]从而可能对公民权利造成不

---

[63] 参见张明楷：《避免将行政违法认定为刑事犯罪：理念、方法与路径》，载《中国法学》2017 年第 4 期。

必要的损害。可见,明晰违法建设违法与犯罪的界限,是珠三角推进违法建设治理现代化的必然要求,是保障公民权利的现实需要。

(二)澳门违法建设改正注重利益衡平

违法建设治理不仅要重视预防违法建设、治理在建违法建设,以实现"控增量"之目的,更需要妥善解决已有存量违法建设以实现"去存量"之目的。违法建设改正是妥善解决已有存量违法建设最为经济的方法。根据《城乡规划法》(2019)第64条,可否采取改正措施消除对规划实施的影响是违法建设改正的基本标准。珠三角部分城市立法虽然对是否可以改正的标准进行了细化,如《佛山市违法建设查处办法》(2019)第21条[64]、第22条[65],《惠州市查处违法建设规定(草案)》(2020)第25条[66]的

---

[64] 《佛山市违法建设查处办法》(2019)第21条 有下列情形之一的,应当认定为尚可采取改正措施消除对规划实施影响的情形:(一)取得建设工程规划许可证,但未按建设工程规划许可证的规定进行建设,在限期内采取局部拆除等整改措施,能够使建设工程符合建设工程规划许可证要求的;(二)未取得建设工程规划许可证即开工建设,但已取得自然资源部门的建设工程设计方案审查文件,且建设内容符合或者采取局部拆除等整改措施后能够符合审查文件要求的;(三)取得建设工程规划许可证或者乡村建设规划许可证,在开工前未经验线或者验线不合格擅自开工建设,在规定期限内经验线合格,且建设工程符合建设工程规划许可证或者乡村建设规划许可证要求的。

[65] 《佛山市违法建设查处办法》(2019)第22条第1款 有下列情形之一的,应当认定为无法采取改正措施消除对规划实施影响的违法建设:(一)未取得建设工程规划许可证或者未按照建设工程规划许可证的规定进行建设,且属于《广东省城乡规划条例》第八十条第二款规定情形的建筑部分;(二)未经批准进行临时建设,或者临时建筑物、构筑物超过批准期限不拆除的;(三)已批准进行临时建设,但不按照经审定的建设工程设计方案施工,违反规划条件或者城乡规划技术标准,超过合理误差的建筑部分;(四)未取得乡村建设规划许可证或者未按照乡村建设规划许可证进行建设,违反村庄规划强制性内容、城乡规划技术标准,超过合理误差的建筑部分。

[66] 《惠州市查处违法建设规定(草案)》(2020)第25条【可改正的情形】 违法建设项目有下列情形之一的,可以采取改正措施消除对规划实施影响。此类情形由当事人向城乡规划主管部门提出并经认定和批准后,由查处机关责令当事人采取限期改正措施,并依法处以建设工程造价百分之五以上百分之十以下的罚款:(一)取得建设工程规划许可证,但未按照许可证的要求进行建设,在限期内采取局部拆除等整改措施后能够符合规划许可证要求的;(二)未取得建设工程规划许可证即开工建设,但建设工程设计方案已经通过规划部门依法审定,建设内容符合或采取局部拆除等措施整改后符合审定的建设工程设计方案要求的;(三)取得建设工程规划许可证,在开工前未经验线或者验线不合格擅自开工建设,在规定期限内经验线合格,且建设工程符合建设工程规划许可证要求的;(四)未取得建设工程规划许可证,且建设工程设计方案未经规划部门依法审定,但建设内容符合控制性详细规划、修建性详细规划要求且不影响公共利益和他人合法利益的。在乡、村庄规划区内未依法取得乡村建设规划许可证或者未按照乡村建设规划许可证的规定进行建设的,由乡、镇人民政府责令停止建设、限期改正;逾期不改正的,可以拆除。采取改正措施后,保留的建筑物应当符合建筑质量安全、消防安全等标准。《广东省城乡规划条例》等法律法规明确规定无法采取改正措施消除影响的,应当责令限期拆除;不能拆除的,没收实物或者违法收入,可以并处建设工程造价百分之十以下的罚款。

规定，但这些规定并没有，也不能改变《城乡规划法》(2019)第64条中“处建设工程造价百分之五以上百分之十以下的罚款”的法律责任承担。这不仅有着较大的裁量权，而且罚款一般纳入地方财政。这在一定程度上体现了利益衡平，但国家利益、社会整体利益相对而言并没有得到应有的重视。在香港，“缴纳物业税或差饷不会使非法构筑物合法”⑥⑦。相比香港、珠三角，澳门立法注重违法建设改正的利益衡平。如澳门《都市建筑总章程》第70条对使工程合法化的税收做出明确规定：“对于无准照进行的工程，或因扩大建筑面积而与经核准计划不符合所进行的工程，为使工程合法化，所征税项为平常税款之三倍。”可见，纳税人可以通过税收来平衡由于其非法工程而带来的负面社会影响，使得大至国家社会、小至公民，均能得到利益调整。又如，澳门《都市建筑法律制度》第18条专门规定了“恢复都市建筑物合法性”的情形⑥⑧。澳门作为寸土寸金的地方，僭建物数量多有其客观的合理性，可考虑有条件合法化，无需全面取缔。⑥⑨ 实质上，根据公共经济学的“帕累托效率”原则，若有一做法可提高社会上一个或以上的人的福祉，而又不会损害任何其他人的福祉，公众利益就算有所进步；当一切可以如此提升公众利益的机会已用尽，社会就达到帕累托最优或帕累托最高效。⑦⓪

(三)珠三角违法建设拆毁移除程序人性化不足

违法建设拆毁移除措施是违法建设治理最强而有力的手段。霹雳手

⑥⑦ 《违例建筑物》，载香港特别行政区屋宇署官网，https://www.bd.gov.hk/tc/resources/faq/index_unauthorised_building_works.html，最后访问日期：2021年10月19日。

⑥⑧ 《都市建筑法律制度》第18条(恢复都市建筑物合法性) 一、当进行下列工程时，主管实体应采取适当的监督和恢复都市建筑物合法性的措施：(一)须预先发给准照但欠缺所需准照或凭证已失效的工程；(二)与已核准的工程计划或发给准照的条件不符的工程；(三)根据被废止或宣告无效的发给准照的行政行为进行的工程；(四)与豁免发给准照的条件不符的工程；(五)与适用的法律或规章的规定不符的工程。二、上款所指的措施可包括：(一)禁制工程或禁制土地重整的工作；(二)行政中止发给准照行为的效力；(三)命令进行尚可能的更正或修改工作；(四)工程合法化；(五)命令局部或全部拆卸工程；(六)将土地恢复至开展工程或工作前所处的状况；(七)命令终止使用楼宇或其独立单位。三、无论是否属第一款规定的情况，土地工务运输局局长可命令：(一)进行为纠正安全或卫生的恶劣状况所需的保养工程；(二)对残破或危害公共卫生及人身安全的建筑物进行局部或全部拆卸。

⑥⑨ 参见《何泺生：僭建有条件合法化 助提升公众利益》，载明报财经网，https://www.mpfinance.com/php/daily2.php? node=1515956087794&issue=20180115，最后访问日期：2021年8月27日。

⑦⓪ 参见《何泺生：僭建有条件合法化 助提升公众利益》，载明报财经网，https://www.mpfinance.com/php/daily2.php? node=1515956087794&issue=20180115，最后访问日期：2021年8月27日。

段加以人文关怀才能取得最佳的社会效果。比较而言，港澳违法建设立法相对注重违法建设拆毁移除程序的人文关怀，珠三角各城市立法的违法建设拆毁移除程序显得人性化不足。

1. 港澳立法鼓励当事人自行拆除违法建筑。例如，为鼓励当事人自愿拆卸违法建筑，澳门《都市建筑法律制度》引入了鼓励措施，体现为第54条[71]，违法者自愿拆除违法工程，可获豁免或减半罚款。除此之外，港澳还有配套政策积极扶持、资助有经济困难的违法建设当事人，鼓励他们拆除违法建设，以保障建筑物安全。例如，香港明确无论有关工程是自愿还是根据法定命令而进行，个别业主都可申请贷款，以便进行包括清拆违例建筑物工程在内的维修及修缮工程，修复或改善建筑的安全。[72] 澳门也早在2013年3月便推出“僭建物自愿拆卸资助计划”，住户自愿拆卸僭建物，可向房屋局申请资助，每个单位资助上限1万澳门元。[73] 同时亦专门制定了《僭建物自愿拆卸资助计划规章》，以此规范可资助情形及资助程序。珠三角虽然也设置了自行拆除的措施，但缺乏相应的激励措施和积极的配套措施。

2. 港澳立法关注违法建设利害关系人的权利。澳门《都市建筑法律制度》第24条[74]明确规定了利害关系人的听证权利，考虑到拆卸令可能会

---

[71] 《都市建筑法律制度》第54条(自愿遵守)　一、属第四十二条第一款(一)项所指的无准照工程，如违法者在下列期间自愿拆卸非法工程：(一)在回复预先听证前，不科罚款且将处罚程序归档；(二)在拆卸令所定的期间，缴付一半罚款。二、为证实已遵守上款的规定，违法者须以书面方式通知土地工务运输局已完成有关拆卸工作。三、第一款的规定仅适用一次。

[72] 参见《楼宇安全贷款计划》，载香港特别行政区屋宇署官网，https://www.bd.gov.hk/tc/safety-inspection/financial-assistance/index_bsi_loanscheme.html，最后访问日期：2021年4月3日。

[73] 参见搜狐新闻，http://news.sohu.com/20130320/n369592860.shtml，最后访问日期：2021年4月3日。

[74] 《都市建筑法律制度》第24条(工程的拆卸)　一、被禁制或已完成的非法工程，如不具备条件进行合法化或不能确保进行更正或修改工程的工作后可使其符合适用的法律及规章的规定，土地工务运输局局长可命令局部或全部拆卸被禁制的工程或已完成的工程，以及按已核准的计划恢复原状，并为此订定一期间。二、执行上款所指的拆卸令前应对利害关系人进行听证，以便其自接获通知之日起十日内就拆卸令的内容发表意见。三、如未能识别工程所有人，拆卸责任由工程所在的不动产所有人承担。四、第一款所指的期间届满后仍未执行拆卸工程，土地工务运输局可立即执行有关工程，并由违法者或不动产所有人承担相关费用。

对利害关系人的权利产生负面影响，因此执行拆卸令前应对利害关系人进行听证。此听证属“应然”层面，是必须做的行为。珠三角大部分城市没有针对违法建设明确规定“应该”进行听证；即使有规定，也只是原则性规定，而且仅针对当事人，并没有考虑到利害关系人，如《广州市违法建设查处条例》(2024)[75]、《肇庆市控制和查处违法建设办法》(2024)[76]仅明确案件处理过程中听证时间不计入案件办理期限

(四)大湾区三地违法建设没收接管制度待完善

没收接管，是指对违法建设未实现处罚的接续性处罚。[77] 其中，没收是前置，重心在接管。大湾区三地违法建设没收接管制度各有千秋，都存在较大的完善空间。

1. 香港违法建设没收接管制度相对比较具体，但个别内容有待完善。香港违法建设没收接管制度主要体现在《城市规划条例》第23条规定和《土地(杂项条文)条例》第6条，涵盖违例发展和非法占用政府土地的情形。根据《城市规划条例》第23条的规定，倘在指定日期或之前未有遵从强制执行通知书、停止发展通知书或恢复原状通知书的规定，监督可根据条例第23(7)条的规定进入有关土地，并采取任何所需的步骤以确保违例发展得以中止、防止违例发展导致不良影响或将土地恢复原状，这些步骤可能涉及接管、移走、扣留及处置土地上的任何动产。根据《土地(杂项条文)条例》第6条的规定，对于非法占用政府土地，地政总署可张贴法定通知，饬令占用人在指定期限前停止占用政府土地。若占用人没有遵照法定通知的要求，该署可清理及接管该土地上的财产或构筑物。根据该条第3款，被接管的构筑物、财产和物件会成为政府财物，当局不会归还予任何人，并会以适当的方法处理，但该条例并未明确解释“适当的方式”包括哪些。

2. 澳门缺乏违法建设没收接管制度。澳门比较特殊，其暂未对违法

---

[75] 《广州市违法建设查处条例》(2024)第26条第3款　查处机关、相关行政管理部门需要公告、听证、认定、测量、评估、鉴定的，该时间不计入前款规定的办案期限。

[76] 《肇庆市控制和查处违法建设办法》(2024)第38条第2款　案件处理过程中规划定性、检测、检验、鉴定、听证和公告等时间不计入案件办理期限。

[77] 参见郤艳丽、李伟：《国内外违法建设治理法律制度借鉴》，载《国际城市规划》2017年第1期。

建筑的没收或接管进行规定,基本上对此措施不予以考虑,减少了治理违法建设的渠道。只有在《文化遗产保护法》有临时接管制度安排,即“如文化遗产受严重威胁或其社会功能受损害,导致其正常运作受影响且危害公共利益,文化局可介入并临时接管有关文化遗产,直至情况恢复正常为止”。

3. 珠三角没收的认定标准与认定机制较为完善,但缺乏接管制度。没收的前提是无法改正又不能拆除。珠三角各城市立法中对此作了明确规定。如《广州市违法建设查处条例》(2024)第20条对无法改正、不能拆除的情形作了明确规定。[78] 没收违法建设本质上属于《行政处罚法》(2021)第9条规定的“没收非法财物”。“按照一般法理,已经被没收的没收非法财物应当收归国库,而不能被执法者个人或单位截留”[79]。而且没收的违法建设类型各异,有部分违建和全部违建,有国有土地上的违建和集体土地上的违建。不同类型的违建接管方式等应有不同。但没收的违法建设如何接管,珠三角各城市相关立法鲜有相应的制度安排,从而使实践中处理没收的违法建设成为一个极其棘手的问题。

六、结语

大湾区三地违法建设治理立法各有特色,但又不是完美无缺的。“我们应当有差异化的思维,把这个差异视为宝贵的、稀缺的制度资源”[80],利用法制差异,互相借鉴学习,创新发展。同时,法制差异亦意味着协同合

---

[78] 《广州市违法建设查处条例》(2024)第20条　无法采取改正措施消除对规划实施影响的已建成违法建设,依照《广东省城乡规划条例》的相关规定进行认定。城市规划区内的已建成违法建设属于无法采取改正措施消除对规划实施影响且有下列情形之一的,可以认定为不能拆除的违法建设,由查处机关依法没收实物或者违法收入:(一)部分拆除影响建筑物、构筑物主体结构安全或者整体拆除影响相邻建筑物、构筑物主体结构安全的。(二)现有拆除技术条件和地理环境限制而无法实施拆除的。(三)拆除将对公共利益造成重大损害或者其他严重后果的。查处机关认定已建成违法建设不能拆除时,应当会同住房城乡建设等部门组织专家进行论证;案情重大、复杂的,还应当征求该违法建设所在地的区人民政府意见。

[79] 王洪平:《公私法交融视域下的违法建筑问题研究》,中国人民大学出版社2020年版,第209页。

[80] 《实现粤港澳大湾区协同立法之探讨》,载澎湃新闻网2020年12月9日,https://www.thepaper.cn/newsDetail_forward_10331081。

作的无限可能。“只有在必要的规范强制下，才会形成某种可欲的秩序形态；失范只会带来失序，因而建筑秩序的形成是某种必要的规范强制的结果。”[81]只有完善并相融的规范体系，才能在粤港澳大湾区形成良好的建筑秩序，才能促进宜居宜业宜游的优质生活圈的实现。因此，三地应当从本地实际出发，从大湾区宜居宜业宜游的优质生活圈实现的需求出发，在实践中孜孜不倦地探索，相互吸收和转化，久久为功，方能日臻完善，形成各具特色、相互衔接的完善的违法建设治理规范体系。

---

[81] 王洪平：《公私法交融视域下的违法建筑问题研究》，中国人民大学出版社2020年版，第1页。

●单方变更、解除行政协议中“公共利益损害”的类型化认定

王若灵[*]

摘　要:《最高人民法院关于审理行政协议案件若干问题的规定》第16条赋予行政机关在公共利益受损时以单方变更、解除权。但公共利益属不确定概念,法条亦未明确其定义,因此对其损害的认定有待法院在实践中加以具体化。通过对判例梳理分析并比对民法相关内容,在认定行政机关行使单方变更、解除权的事由时,需将以下内容纳入协议履行过程中“公共利益损害”的类型:一是行政相对人违反实现协议主要订立目的的义务;二是行政机关因其职责不可继续履行;三是不属于对价障碍的重大变化等。除此之外,司法实践中常扩张解释第16条的适用范围,以纳入意思表示瑕疵、协议内容违反规范性文件等协议订立过程中的“公共利益损害”,此具有必要性。但相关概念仍需比对民法,结合行政机关职权、裁量范围、协议订立目的等进行调适。

关键词:单方变更、解除权;行政优益权;行政协议;公共利益

一、问题的提出

《最高人民法院关于审理行政协议案件若干问题的规定》(以下简称《行政协议司法解释》)第16条第1款规定:“在履行行政协议过程中,可能出现严重损害国家利益、社会公共利益的情形,被告作出变更、解除协议的行政行为后,原告请求撤销该行为,人民法院经审理认为该行为合法的,判决驳回原告诉讼请求;给原告造成损失的,判决被告予以补偿。”据

---

* 上海铁路运输法院法官助理、华东政法大学法学硕士。

此,行政机关可根据“履行协议过程中”出现的公共利益损害而单方变更、解除行政协议①。但“公共利益”系不确定法律概念,要“随情况、所指的事件、言说的关联脉络、术语在句中的位置以及强调重点等等的不同而变化”②,仅通过文义解释很难确定其内涵与外延。

同时,《行政协议司法解释》并未对“公共利益”作更加细致的列举式规定。而各省的行政程序规章也与《行政协议司法解释》的规定大体一致,没有对“公共利益”作具体化使用情境的规定;③各部门领域法则通过赋予行政机关具体职权,以间接确认单方变更、解除权的最广外延,但仍没有对“公共利益”进行具体规定。④ 可见,通过法律规范亦难以在个案中判断“公共利益”存在与否。

而在实践中,如果放任行政机关以“公共利益损害”为由恣意单方变更、解除行政协议,就势必会架空意思自治对双方的拘束,进而影响法的安定性和可预测性。因此,对“公共利益损害”进行具体的类型化认定有着现实的必要性。而“公共利益损害”的类型化阐述,因法律条文未细化规定其具体适用情况,所以只得由法院在审判实践中加以展开。

最高人民法院于2022年4月20日发布第二批行政协议诉讼典型案例,明确将“根本违约致使协议目的不能实现”⑤、“重大情势变

---

① 本文将行政法中的合同统称为行政协议,民法中的合同统称为合同或民事合同。后文除“合同严守原则”已成为特定概念,不便更改为“协议严守原则”外,其余已将相关涉及行政协议的“合同”文字替换为“协议”,例如,“合同目的不达”更改为“协议目的不达”。

② [德]卡尔·拉伦茨:《法学方法论》(全本·第6版),黄家镇译,商务印书馆2020年版,第393页。

③ 例如,《山东省行政程序规定》第105条第2款规定:行政合同在履行过程中,出现严重损害国家利益或者公共利益的重大情形,行政机关有权变更或者解除合同;由此给对方当事人造成损失的,应当予以补偿。

④ 《国有土地上房屋征收与补偿条例》第4条第1款、第2款 市、县级人民政府负责本行政区域的房屋征收与补偿工作。市、县级人民政府确定的房屋征收部门(以下称房屋征收部门)组织实施本行政区域的房屋征收与补偿工作。《公共租赁住房管理办法》第4条 国务院住房和城乡建设主管部门负责全国公共租赁住房的指导和监督工作。县级以上地方人民政府住房城乡建设(住房保障)主管部门负责本行政区域内的公共租赁住房管理工作。

⑤ 参见最高人民法院第二批行政协议诉讼典型案例之五:某国际有限公司、湖北某高速公路有限公司诉湖北省荆州市人民政府、湖北省人民政府解除特许权协议及行政复议一案。

更”[⑥]纳入造成“公共利益损害”的事由，进而适用《行政协议司法解释》第16条。但遗憾的是，最高人民法院典型案例没有对上述事由作更为细致的类型化讨论。除此之外，在实践中还有大量裁判将《行政协议司法解释》第16条扩张适用，以适应现实的需要。[⑦] 所以，典型案例的发布还不能确定“公共利益损害”的具体类型，且因实践中大量案例的出现，“公共利益损害”的类型化亟待细致研究。

而现今学界对《行政协议司法解释》第16条的研究，主要集中于以下几方面：其一，厘清第16条与《民法典》一般法定解除权、情势变更的区别；[⑧]其二，建构“公共利益”的法律适用与司法审查体系；[⑨]其三，以行政协议的功能为标准，[⑩]通过建构行政协议类型来确定“公共利益”的范围；[⑪]其四，通过行政法相关原则，限定《行政协议司法解释》第16条在实践中的运用。[⑫] 虽然学界对《行政协议司法解释》第16条中的“公共利益”的法律解释与适用做了许多研究，但仍难以解决实践中产生的法官对“公共利益损害”判断困难、说理困难的根本问题。而在行政协议整体体系仍不完善的情况下，以案例为材料，以归纳论证的方式充实“公共利益损害”类型，更能回应司法实践中的法解释、法适用困境。

⑥ 参见最高人民法院第二批行政协议诉讼典型案例之六：某停车管理有限责任公司诉北京市门头沟区城市管理委员会行政协议解除通知案。

⑦ 《行政协议司法解释》第16条将“公共利益损害”限定在行政机关履行协议的过程中。但是在司法裁判中，却大量出现行政机关因意思表示瑕疵而单方变更、解除行政协议的情形。这既不符合《行政协议司法解释》第16条的文义解释，更不符合行政优益权的性质特征。但是基于我国行政协议仍处于起步阶段的特点，是否应对第16条做扩张解释，有待后文考量。

⑧ 参见陈天昊：《行政协议变更、解除制度的整合与完善》，载《中国法学》2022年第1期；参见章程：《论行政协议变更、解除权的性质与类型》，载《中外法学》2021年第2期；参见王春蕾：《行政协议诉讼中的〈民法典〉准用》，载《现代法学》2021年第3期。

⑨ 参见沈广明：《行政协议单方变更或解除权行使条件的司法认定》，载《行政法学研究》2018年第3期。

⑩ 参见徐键：《功能主义视域下的行政协议》，载《法学研究》2020年第6期。

⑪ 参见翟冬：《行政协议单方变更解除行为的司法审查》，载《行政法学研究》2022年第3期。

⑫ 参见熊勇先：《论行政机关变更、解除权的行使规则——基于司法裁判立场的考察》，载《政治与法律》2020年第12期；张清波：《行政机关变更解除行政协议的司法审查》，载《财经法学》2021年第6期。

综上，本文拟从相关判决例入手，梳理归纳裁判中出现的“公共利益损害”事由，对其进行类型化整理。并通过对《行政协议司法解释》第16条中基于“公共利益损害”的单方变更、解除权与民法中法定解除权、撤销权的对比，⑬展开体系性反思与整合，最终厘定在实践中可用于解决纠纷的合法“公共利益损害”类型。

二、裁判中“公共利益损害”的类型

从行政协议成立、生效到履行，作为协议订立目的的“公共利益”贯穿行政协议全过程。虽然对行政协议的定义，《行政协议司法解释》没有沿用2015年适用解释的表述，⑭舍弃了“公共利益”这一概念，转而采用“实现行政管理或者公共服务目标”的表述，⑮但是绝大多数行政协议仍以保

⑬ 为何将第16条与民法解除权，而非与行政行为的撤销、废止进行对比，主要有以下几点考量：第一，虽然学界通说认为，行政机关单方变更、解除权“属高权行为，具有公权力属性”，但我们仍不可否认行政机关单方变更、解除权被行政协议中“协议性”限制，使得高权行为受到约束。详情参见陈天昊：《行政协议变更、解除制度的整合与完善》，载《中国法学》2022年第1期。第二，在我国，行政协议产生的原因为“行政管理方式的多样化和行政管理理念的变革”，其相比于行政行为的优势，在于更好保障行政相对人的合法权益，替代高权性行为、增强柔性执法，所以在解释第16条的要件时，更要考虑其中“柔性”的部分，将其与私法相对应的概念对比，更能挖掘出相同的特质，辅之以行政法原则，能更好实现行政协议的功能。关于行政协议的优势，请参见梁凤云：《行政协议司法解释讲义》，人民法院出版社2020年版，第3页。第三，将行政协议拆分为单个行政行为进行审查，属行政协议没有法律规定的情况下，不得已而为之的判决方法。所以，行政机关单方变更解除的内容，并非属于行政行为，此与撤销、废止的内容为行政行为具有较大差异。关于行政协议属于协议或是行政行为的叠加，并非本文主要探讨内容，具体内容可参见刘飞：《行政协议诉讼的制度构建》，载《法学研究》2019年第3期；陈天昊：《行政协议诉讼制度的构造与完善——从“行为说”和“关系说”的争论切入》，载《行政法学研究》2020年第5期。第四，通过下文对实践中司法裁判的分析，可发现第16条在司法实践中的运用，更多体现出与民法法定解除权、撤销权的相似性。

⑭ 《最高人民法院关于适用〈中华人民共和国行政诉讼法〉若干问题的解释》（2015）第11条第1款　行政机关为实现公共利益或者行政管理目标，在法定职责范围内，与公民、法人或者其他组织协商订立的具有行政法上权利义务内容的协议，属于行政诉讼法第十二条第一款第十一项规定的行政协议。

⑮ 在《行政协议司法解释》起草过程中，建议删除公共利益的主要原因是防止行政机关为了规避作出行政行为的风险而大量采用协议方式解决问题。参见梁凤云：《行政协议司法解释讲义》，人民法院出版社2020年版，第8～12页。

护公共利益为目的而订立。[16]

作为高权性、处分性行政行为的缓和形式，行政协议属单方行政行为与民事合同的中间形态，故可适用部分民法条款来处理行政协议纠纷。同时，行政机关拥有的主导型权利，是为实现其行政职责，达成一定的行政目的而存在的。[17] 与民事合同单方变更、解除权的事由产生于协议内部不同，[18]在行政协议履行过程中，如若存在与协议订立目的不同的重要的新生公共利益，考虑到行政机关的职权，其仍可在利益衡量后摆脱协议的履行，[19]以保护新生的上位公共利益，达到最佳的社会经济效果。所以，《行政协议司法解释》第16条中的公共利益损害既可能产生于协议订立目的之中，又可能产生于外部因素。

本文分析相关判决文书119份，[20]发现实践中主要以"协议目的不达""相关新生政策、规划""国有资产流失"等作为公共利益损害的直接致损事由。其中，"协议履行过程中'公共利益损害'"的源头主要集中于一方违约、情势变更等。除此之外，大量案例将"协议订立过程中的'公共利益损害'"纳入《行政协议司法解释》第16条的适用范围，有扩张解释

---

⑯ 根据《行政协议司法解释》第2条的规定，法定的有名行政协议都具有保护公共利益性质。实践中的行政协议类型大致有：(1)国有资产承包经营、出售、租赁合同；(2)委托培养等教育行政协议；(3)特定范围内的政府采购活动公共建设工程协议；(4)行政强制执行和解协议；(5)以公共财政资金为支撑的教学科研等协议；(6)计划生育协议等。有且仅有和解协议作为司法救济的补充形式，具有一定特殊性——此类单纯为替代行政行为而存在。其余协议都具有保护公共利益的性质。具体参见梁凤云：《行政协议司法解释讲义》，人民法院出版社2020年版，第40~46页。

⑰ 参见余凌云：《行政契约论》(第2版)，中国人民大学出版社2006年版，第88~91页。

⑱ 参见林明锵：《行政契约法研究》(第2版)，台北，新学林出版股份有限公司2020年版，第22~25页。

⑲ [德]迪尔克·罗歇尔德斯：《德国债法总论》，沈小军、张金海译，中国人民大学出版社2014年版，第251页；参见韩世远：《合同法总论》(第4版)，法律出版社2018年版，第648页。参见最高人民法院第二批行政协议诉讼典型案例之六：某停车管理有限责任公司诉北京市门头沟区城市管理委员会行政协议解除通知案。

⑳ 笔者在威科先行上，将范围限定在中级人民法院以上的判例，以"行政协议""《最高人民法院关于审理行政协议案件若干问题的规定》第16条"为全文关键词检索，共找到190份裁判文书；再以"行政协议""单方解除"为全文关键词检索，共得到936份判决书；最后以"行政协议""单方变更—单方解除"为全文关键词检索，共得到1759份判决书。排除无关案件、被告重复且诉讼请求相同、全文无"公共利益"描述等案件，共发现有研究价值的裁判文书119份。最后检索时间为2022年3月23日。

第16条之嫌,而与此相关的直接致损事由,通常为“国有资产流失”。此是否合理,有待后文探讨。

(一)协议履行过程中“公共利益损害”㉑

最高人民法院公布的第二批行政协议诉讼典型案例(以下简称第二批典型案例)之五、之六已表明:协议履行过程中,公共利益可能因协议本身而从订立阶段一直存续;也可因外界因素,在协议订立后产生。基于此,可根据“公共利益”的产生时点,将“协议履行过程中的‘公共利益损害’”粗分为“与原协议订立目的相关的‘公共利益损害’”与“新生‘公共利益损害’”。司法裁判虽笼统地将协议履行过程中的“公共利益损害”表述为“因违约致使协议订立目的不达”与“情势变更”,但却与上述分类相呼应——“与原协议订立目的相关的‘公共利益损害’”主要集中于协议一方主体的行为导致协议目的不达;㉒“新生‘公共利益损害’”主要集中于行政机关继续履行协议将损害其他公共利益。

进一步来说,因行政机关与行政相对人作为法律主体的本质性区别,行政机关在自身违约时仍可行使单方变更、解除权。这在司法裁判中已被证实:基于行政机关的职权,如若出现“订立协议时合法,但继续履行将损害公共利益”的情况,行政机关可单方变更、解除行政协议。㉓ 这既可存在于“与原协议订立目的相关的‘公共利益损害’”,也可能产生于“新生‘公共利益损害’”。所以,有必要在“因违约致使协议目的不达”而造成的“公共利益损害”中根据不同主体进行再分类。

㉑ 在《行政协议司法解释》发布前,各地法院多根据《合同法》第94条(现《民法典》第563条)等条文进行裁判。在此予以进一步澄清:在查询单方变更解除权的案例时不加以时间限制,不会造成“民事一般法定解除权”与“行政机关单方变更、解除权”的混淆,更不会影响对“公共利益损害”的判断。《行政协议司法解释》第16条第1款与民法中一般法定解除权、基于情势变更的司法解除权本就存在法条竞合的可能。民法上的解除权在满足“损害公共利益”的情况下,行政机关直接可根据《行政协议司法解释》第16条第1款进行解除,无须通过《行政协议司法解释》第27条第2款转引至《民法典》相关条款予以解决。具体可参见章程:《论行政协议变更、解除权的性质与类型》,载《中外法学》2021年第2期。

㉒ 参见韩世远:《合同法总论》(第4版),法律出版社2018年版,第475~477页;参见最高人民法院第二批行政协议诉讼典型案例之五:某国际有限公司、湖北某高速公路有限公司诉湖北省荆州市人民政府、湖北省人民政府解除特许权协议及行政复议一案。

㉓ 参见最高人民法院第二批行政协议诉讼典型案例之六:某停车管理有限责任公司诉北京市门头沟区城市管理委员会行政协议解除通知案。

1. 致损原因一：行政相对人给付障碍致使协议目的不达

虽然第二批典型案例之五肯定了“在行政相对人存在根本违约行为，导致协议目的不能实现时，行政机关可单方行使法定解除权”㉔，且实践中的案例基本集中于行政相对人迟延履行、履行不能、瑕疵履行等。但是，在实践中仍有以下问题存在：因行政协议与民事合同对根本违约㉕的程度存在不同理解，各地法院对行政相对人是否构成“违约致使合同目的不达”有不同看法。

实践中，行政相对人迟延履行协议通常与不按时缴纳价金、不按时履行特定行为相关，案例 C－B－Y：7、8，㉖案例 C－B－Y：5、6、9、10、12 属于此种情形。除此之外，还有一些特殊事由与民事合同的迟延履行要件相悖。案例 C－B－Y：1 将“未取得建设许可、已擅自建设”、案例 C－B－Y：2 将“未按期提交项目设计和施工进度计划”等程序性行为认定为迟延履行中的“主要债务”。㉗ 另有案例 C－B－Y：3、11 将行政相对人通过协议获得的“土地长期处于闲置状态”认定为迟延履行。而案例 C－B－Y：4 直接认定“长期达不成一致”属迟延履行。

与迟延履行一样，案例 C－B－Y：13～19、C－B－N：1 中，适用履行

㉔ 最高人民法院第二批行政协议诉讼典型案例之五：某国际有限公司、湖北某高速公路有限公司诉湖北省荆州市人民政府、湖北省人民政府解除特许权协议及行政复议案。

㉕ 《民法典》第 563 条第 1 款　有下列情形之一的，当事人可以解除合同：（一）因不可抗力致使不能实现合同目的；（二）在履行期限届满前，当事人一方明确表示或者以自己的行为表明不履行主要债务；（三）当事人一方迟延履行主要债务，经催告后在合理期限内仍未履行；（四）当事人一方迟延履行债务或者有其他违约行为致使不能实现合同目的；（五）法律规定的其他情形。

㉖ 为避免冗余，本文将检索到的案例，以简略字母“行政相对人/行政机关/无—‘公共利益损害’情形—有效/无效：编号”为排列组合进行分类。并且，本文将在正文中仅摘取具有重大研究价值的案例内容，其余案例以附表形式在文末呈现。在下文中，行政相对人（administrative counterpart）简称 C、行政机关（administrative organ）简称 A、可单方变更解除简称 Y、不可单方变更解除简称 N、违约（breach of contract）简称 B、情势变更（rebus sic stantibus）简称 R、重大误解（gross misunderstanding）简称 M、欺诈（fraud）简称 F。

㉗ 根据《民法典》第 563 条第 1 款第 4 项，一般情况下法律仅赋予相对人在违约方迟延履行“合同主要债务”，即“给付义务”时，有解除合同的权利。同样，根据《民法典》第 563 条第 1 款第 5 项，仅在例外情形下，承认迟延履行其他债务可成为相对人法定解除权的条件。例外情形一般为附随义务、从给付义务等成为了合同的主要要素，不履行会导致合同目的不能实现等。但通常不承认程序性义务，例如提交计划表、设计图等会影响合同目的的实现。

不能的范围要远大于民事合同中的相关规定。除常见事由之外，案例 C－B－Y：13、14 将“相对人未全面缴纳资金”归入履行不能。但从民事合同的角度来看，这属于一时的不能，不构成履行不能。而案例 C－B－N：1 却表示，相对人未全面缴纳资金“只是为此应当承担相应的违约责任，并不因此否定涉案合同目的的实现”。所以，法院就相对人履行不能的范围没有达成统一意见。但不难看出，他们都将“协议订立目的是否可以实现”作为履行不能的判断标准。

纵观案例 C－B－Y：20～24，就瑕疵给付而言，法院认定“公共利益损害”的标准仍与协议订立目的相关。案例 C－B－Y：20 认为“协议要实现的目标是公共服务，维护社会公共利益……上诉人在管理期间内存在擅自扩大收费范围，维护停车秩序不利以及未及时向相关部门缴纳车辆管理税费的行为”属于“公共利益损害”。在案例 C－B－Y：21 中，法院更是认为，违约不是造成行政机关行使单方变更、解除权的事由，因根本目的不可实现才是损害公共利益的事由。

但是，并非在所有行政相对人违约的情形下，行政机关都可以解除行政协议。案例 C－B－N：3～5 均表示，在行政机关阻却行政相对人履行行政协议时，行政机关不能以行政相对人履行不能为由，单方变更、解除行政协议。这是诚实信用原则的具体适用，是行政机关单方变更、解除协议的前提。

2. 致损原因二：行政机关继续履行致使协议目的不达

违约方通常不能自行解除协议。但是行政机关作为具有管理性职权的主体，有义务对行政协议的履行进行监管，如若有继续履行会损害协议订立目的的事项出现，而构成履行不能，行政机关可基于其职权行使单方变更、解除权。

案例 A－B－Y：4 认为，因回迁安置房屋多没有建设，若行政机关仍继续履行，会损害公共利益。此案以行政机关继续履行导致协议目的不达为主要形态，与履行不能有些许关联。而在案例 A－B－Y：2 中，因“继续履行协议可能对区域生态环境、人体健康、城市发展产生长远影响”，法院认定行政机关单方解除协议合法。本案中，行政机关非因自身不能履行，而是为了保护公共利益无法继续履行协议，这已经突破民法中“履行不能”的相关规定。在案例 A－B－Y：3 中，因行政机关在订立协议时没有考虑到“房屋买卖价格存在楼层差价”且“增加了被征收人的经济压力”,法院亦认为此时行政机关构成履行不能。通过裁判,我们也很难看出,应该用何种标准去判断行政机关是否应该继续履行。虽然法院均表示,行政机关单方解除是因继续履行会损害协议订立目的,但是否真的到了要单方变更、解除协议的地步,是有待个案考量的。例如,在案例 A-B-Y:1 中,行政机关为使交付的土地满足协议约定的标准,以“改善城市人居环境、提升城市品位”为由变更协议履行时间。虽然行政机关的行使理由与协议订立目的相关,但是其继续履行并不会导致公共利益损害,所以变更违法。综上,对行政机关的履行不能,有待后文划定范围加以限制。

同时,在案例中,法院倾向于认定,在行政机关履行不能时能单方变更就不单方解除。[28] 案例 A-B-Y:5 认为,“保持协议的稳定性有利于维护企业利益,保障民生”,所以行政机关在仍可变更协议继续履行的范围内应变更行政协议,不能一味解除。

3. 致损原因三:情势变更

行政协议在履行过程中可能受到众多外界因素的干扰,所以情势变更成了行政机关单方变更、解除的重要事由。行政机关作为一方当事人,与自然人或法人有着明显区别,故需要对行政协议情势变更的产生事由、要件进行重新探讨与梳理。

规划变更是行政协议情势变更的一大事由,案例 A-R-Y:1~9 均与此相关。例如在案例 A-R-Y:2 中,最高人民法院认为,“国务院下发国函〔2011〕131 号文件,撤销铜仁地区建制,设立地级铜仁市。案涉《房屋搬迁补偿安置协议书》涉及的安置宅基地的土地规划已变更,二审法院据此认定该变更行为系为了公共利益的需要,该单方变更行为合法,并无不当”。

同时,在案例 A-B-Y:10~16 中,因新的政策发布,行政机关基于此单方变更、解除权通常被认为合法。例如在案例 A-B-Y:10 中,“滨州市医疗保险事业处下发滨医保(2012)12 号文件,原告无法再作为特殊慢性疾病定点门诊”,法院将此认定为情势变更。在案例 A-B-Y:17~20 中,其

---

[28] 参见最高人民法院第二批行政协议诉讼典型案例之六:某停车管理有限责任公司诉北京市门头沟区城市管理委员会行政协议解除通知案。

他行政行为也被作为情势变更的事由在实践中加以运用。例如案例 A - B - Y:17 中,原安置土地已由集体土地被征收为国有,此征收行为导致原协议履行出现无法预料的重大变化,法院认定继续履行必定会损害公共利益。

4. 致损原因四:行政效率与原订立目的已实现

除此之外,仍有一些不能被归到上述分类的协议履行过程中"公共利益损害",主要集中于以下两种情形。一是行政效率。在案例 E - N:1 中,法院认为行政效率与公共利益无关,行政机关不能据此单方变更、解除协议。二是原协议订立目的已实现,无需继续履行协议。在案例 G - Y:1、2 中,行政相对人履行内容已由第三人替代履行,继续履行已无意义,为了更好地实现公共管理目的,法院认定单方变更、解除合法。但是案例 G - N:1 认为,第三人替代履行与行政协议的订立目的是否实现无关,行政相对人与第三人共同履行协议不违反法律,相对人继续履行不会损害公共利益。

(二)实践中的扩张:协议订立过程中"公共利益损害"

《行政协议司法解释》第 16 条第 1 款将产生公共利益损害的时点限定在协议履行过程中。但是在司法实践中,却大量出现行政机关基于协议订立时产生的公共利益损害而解除协议的案例,且通常被法院认定为合法。在此,需要根据实践情况,将《行政协议司法解释》第 16 条第 1 款"在履行行政协议过程中,可能出现严重损害国家利益、社会公共利益的情形"中的"出现"扩张解释为"行政机关在履行协议时发现",[29]以纳入"协议订立过程中的'公共利益损害'"。此种处理,具有现实性和必要性,本文将在后文予以重点论证。

协议的订立过程,即协议的成立与生效,其请求权体系要件为:主体具有法律能力、标的未违反强制性规定、意思表示无瑕疵等。就主体而言,行政机关与行政相对人若不具有法定职权或行为能力,则行政协议无效;若标的违反法律、行政法规强制性规定,协议同样无效。上述情形与行政机关单方变更、解除权无关。所以,协议订立过程中的"公共利益损害",集中于一方意思表示瑕疵,或标的违反部门规章、狭义规范性文件等方面。而行政机关因意思表示瑕疵行使单方变更、解除权,又基本集中于

㉙ [德]卡尔·拉伦茨:《法学方法论》(全本·第 6 版),黄家镇译,商务印书馆 2020 年版,第 444 ~ 448 页。

被欺诈、被胁迫与重大误解。[30] 具体到个案,绝大多数与国有土地上房屋征收补偿协议(以下简称征补协议)有关,意思表示瑕疵的表现形式又可分为行政相对人隐瞒事实或行政机关审核错误等。[31]

1. 致损原因五:行政相对人隐瞒事实

行政相对人隐瞒的事实,与其是否能与行政机关订立协议具有直接关联。在案例 C－F－Y:1～4 中,行政相对人隐瞒房屋性质,如房屋是否违法、面积错误等,通常认定会造成“公共利益损害”。而案例 C－F－Y:5～13 中,行政相对人隐瞒主体资格与行政机关订立协议,同样会构成“公共利益”损害。

2. 致损原因六:行政机关审核错误

绝大多数因意思表示瑕疵而造成“公共利益损害”的案件,是由行政机关意思表示错误造成的。在裁判中,法院通常将此表达为行政机关“审核错误”。从现有案例分析来看,“审核错误”可根据民法中意思表示错误的分类,分为计算错误、内容错误、表示错误、动机错误等。同时,法院对行政机关是否可基于某一审核错误而解除行政协议,有不同的观点。这与民法中有关意思表示错误的概念又有所不同。

与计算错误相关的案例 A－M－Y:1、2 均表示:当评估结果数据累加错误,且行政相对人明知自己获得超越原定数额的征收补偿金时,不存在信赖利益保护的问题,行政机关单方变更行政协议合法。同样,动机错误案例 A－M－Y:4～8、10～25 将行政机关对行政相对人、标的的认识错误认定为“公共利益损害”。除此之外,在案例 A－M－Y:9、26～29 中,“对政策规定不够准确”亦被认定为损害公共利益。表示错误案例 A－M－Y:3 认为,行政机关填写“可明确计算出结果的补助费”时出现错写的疏漏而多发征收补偿款,必定损害公共利益。

与上述案例相反,大部分认为行政机关不可根据“审核错误”单方变

[30] 《民法典》将意思表示瑕疵分为两种事后救济路径:一为基于欺诈、胁迫、重大误解形成的意思表示,意思表示错误人拥有撤销权;二为虚假的意思表示、恶意串通无效。就后者而言,行政机关无须解除行政协议。所以关于因意思表示瑕疵而损害公共利益的情形,集中于前者。

[31] 在查询到的 119 个案件中,并没有关于行政相对人胁迫行政机关的案件,所以在本文中不做讨论。

更、解除协议的案例认为,审核错误属于协议订立过程中行政机关内部决策问题,若准许行政机关单方变更、解除协议,会破坏政府公信力。并且,此时行政相对人具有信赖利益保护。与计算错误相关的案例 A－M－N:1～5,与动机错误相关的案例 A－M－N:7～15 均持此观点。而表示错误案例 A－M－N:6 更是表明,因"沙盘模型房号标注错误,导致选择该楼的被征收人在沙盘模型上选择的房号与设计施工图房号不一致的情况下选择了房屋",行政机关不能因为自身表示错误而认为相对人选择房屋错误损害了公共利益。

3. 致损原因七:标的造成国有资产流失

除意思表示瑕疵外,标的也可能因某些原因损害公共利益。这经常发生于政府特许经营协议、政府与社会资本合作协议等领域。案例 C－Y:1、2 认可以"约定行政相对人收益比例过高,造成国有资产流失"为由解除协议的合法性。而案例 C－N:2 持相反观点,并认为仍需进一步考虑协议的目的。除"约定收益比例过高"外,案例 C－N:1 认为,各地方政府在征补活动中形成的行政惯例不违反法律,行政机关不能因惯例内容会造成国有资产流失而解除协议。

从前述案例可看出,研究《行政协议司法解释》第 16 条第 1 款的公共利益损害的类型化时,除需要对本条进行扩张解释以适应实践外,还需要重新定义行政协议中常出现的各种民事合同概念,如根本违约、情势变更、意思表示瑕疵等,以适应行政机关在"公共利益损害"情形下单方变更、解除权的运用。

三、协议履行过程中"公共利益损害"的类型

虽然最高人民法院认可在"合同目的不达"或"情势变更"时,行政机关可基于"公共利益损害"而单方变更、解除行政协议。但是,"协议目的不达"与"情势变更"的具体适用情形仍不明确。而因此造成的司法实践中的多样判断标准,降低了行政相对人对行政机关适用《行政协议司法解释》第 16 条的可预见性。所以,对两者的内涵与外延,亟待细致梳理。

(一)行政相对人违反实现协议主要订立目的的义务

从行政协议的订立目的推导,协议目的不达的范围应限于"行政管理目标无法实现"或"协议订立之初的公共利益无法维护"中。而对于行政

相对人的根本违约形态,应结合个案来探讨,主要可分为:迟延履行、履行不能与瑕疵给付三部分来阐述。

在个案中,迟延履行的表现形式为:未按约定履行(履行行为、给付价金)、未提交相应程序性批准手续、闲置标的物、双方协商不成等。

若行政相对人不履行必须履行的义务,行政机关可单方变更、解除协议。此义务可类比民法中的主给付义务,但又不仅限于决定协议性质的义务,[32]而是扩张至能否完整实现协议订立目的的义务。例如,取得建设用地使用权后将土地闲置,[33]仍可能造成协议订立目的无法实现,故属于迟延履行。除此之外,对于程序性义务,例如行政相对人未提交相应程序性批准手续、未取得许可却事实上已动工的行为等,多数法院认为,如果程序性义务有法律明文规定,那么行政机关单方变更、解除行政协议合法。[34] 设立法定程序一般是为了提高危险行为的安全性,通常直接关联到与被许可行为相关的立法目的。例如,建设楼宇前未取得许可而直接动工,可能因资质原因而造成次生损害。这类损害直接与行政相对人的主要履行行为挂钩,可能损害订立协议时所要保护的公共利益。而除此之外的程序性义务,若与协议订立目的无直接关联,则单方变更、解除权不合法。

同时,如果行政相对人仅仅不履行给付价金的义务,但履行了所有促进协议订立目的的行为,那么协议的订立目的仍能实现,行政相对人的行为不会导致"公共利益损害",[35]行政机关可通过其他方式进行救济。[36] 另

---

[32] 参见王泽鉴:《债法原理》(第2版),北京大学出版社2014年版,第80、81页。

[33] 参见(2018)最高法行申3619号行政裁定书等。

[34] 参见(2020)冀行终467号行政判决书;(2017)桂14行初25号行政判决书等。

[35] 参见(2019)黔04行初30号行政判决书;(2017)桂01行初346号行政判决书。

[36] 《行政协议司法解释》第24条 公民、法人或者其他组织未按照行政协议约定履行义务,经催告后不履行,行政机关可以作出要求其履行协议的书面决定。公民、法人或者其他组织收到书面决定后在法定期限内未申请行政复议或者提起行政诉讼,且仍不履行,协议内容具有可执行性的,行政机关可以向人民法院申请强制执行。法律、行政法规规定行政机关对行政协议享有监督协议履行的职权,公民、法人或者其他组织未按照约定履行义务,经催告后不履行,行政机关可以依法作出处理决定。公民、法人或者其他组织在收到该处理决定后在法定期限内未申请行政复议或者提起行政诉讼,且仍不履行,协议内容具有可执行性的,行政机关可以向人民法院申请强制执行。

外，行政协议除了需要考虑行政性因素，仍应考虑合同严守原则与意思自治。[37] 双方协商不成与“公共利益损害”不具有直接且必然的联系，两者之间仍有一个关键逻辑节点——行政协议订立目的。所以，在双方协商不成时，除非此协商的义务直接关联到协议订立目的的实现，否则行政机关不能解除协议。例如，协议双方当事人长期达不成一致，导致具有紧迫性的生活垃圾集中处理目的不能实现，继续履行会导致协议履行陷入僵局并使得案涉公共利益受损，[38]此时行政机关解除协议属合法。

类案中履行不能与迟延履行的案情极为相似。就裁判中两者的事由来看，履行不能类似于迟延履行的延续，仅因行政机关单方变更、解除的时点不同，产生概念适用的不同。所以，本文不再赘述。在此唯需探讨“不能”的范围。民法将“不能”限定在永久性不能依据债的本旨而为给付当中。[39] 但在行政协议中，对行政相对人是否可以履行的认定应与“协议订立目的”挂钩。只要行政机关认为，行政相对人再不履行实现协议主要订立目的的义务就会损害公共利益，即可解除行政协议。

就如何认定瑕疵履行而言，法院并没有太大争议。只要行政相对人履行的主要义务与行政机关在协议订立之初所预想的不一致，且此预想能通过协议内容必然导出，就构成“公共利益损害”。例如前文提到的一个案件中，行政相对人擅自扩大收费范围、维护秩序不利，直接违反了订立协议的“对临时占道停车的规范管理，合理利用城市道路资源”的目的，故法院认定单方解除协议合法。[40]

（二）行政机关继续履行违反职责

在个案中，行政机关违约主要集中于行政机关履行不能，但是却与前文行政相对人的履行不能有极大的区别。细言之，行政相对人若构成履行不能，则协议因其不能履行致使协议目的不达而构成“公共利益损害”；

㊲ 参见［德］哈特穆特·毛雷尔：《行政法学总论》，高家伟译，法律出版社 2000 年版，第 378 页。

㊳ 参见（2020）鄂 05 行终 46 号行政判决书。

㊴ 参见王泽鉴：《民法概要》（第 2 版），北京大学出版社 2011 年版，第 199、200 页。

㊵ 参见（2019）云 26 行终 112 号行政判决书。

行政机关若构成履行不能，则协议因其继续履行会致使协议订立目的不达，进而损害公共利益。

通常情况下，行政机关的履行不能并非事实上不能履行，而是因其职责、订立协议的目的，在行政管理层面不可继续履行。换言之，在个案中很可能出现依据社会观念可以履行，[41]但根据依法行政原则、行政程序、行政管理目的而一时无法履行或者履行会损害公共利益的情形。所以，根据行政机关的职权，在此种履行不能的情况下，应赋予行政机关以违约方的单方变更、解除权，同时将行政机关"履行不能"的适用范围扩张至"依据行政机关的职权范围而不能履行"，并将公共利益的紧迫性考虑在内，将一时不能同样包含进履行不能。举例来说，在案例 A－B－Y：2 中，行政机关"继续履行协议可能致使生态、居民、城市发展造成影响"进而构成履行不能。[42]若按民法处理，行政机关未出现永久不能的情形，其仍可提供地块给行政相对人。但在行政协议中，因行政机关职权和行政任务，其不允许管辖区域出现损害区域发展的事项出现，所以行政机关单方解除协议属合法。

需要予以注意的是，履行不能的范围不宜过于扩大，"自身资产流失"等既不属于协议订立时行政机关所要考虑的内容，又不属于行政机关职责中需要重点保护的对象，所以不能仅基于此来认定履行不能。同时，行政机关更不能因自身违约直接单方变更、解除协议。可以在违约时适用单方变更、解除权的前提，是基于其职权而不可继续履行。同时，行政机关在拥有裁量空间时，更应结合协议订立目的、比例原则，综合考量单方变更、解除行为的合理性。如果义务与法定职权无关，则行政机关应遵循诚实信用原则与合同严守原则，继续履行协议或承担不履行协议的违约责任。例如，在案例 A－B－Y：1 中，行政机关仅因自己未完成约定条件而认定迟延履行并单方变更协议，[43]此约定义务与订立协议目的毫无关联，更不能保护公共利益，故变更协议属违法。

（三）情势变更：不属于对价障碍的重大变化

《民法典》第 533 条的情势变更与《行政协议司法解释》第 16 条的公

---

[41] 参见韩世远：《合同法总论》（第 4 版），法律出版社 2018 年版，第 522 页。

[42] 参见（2019）辽 02 行初 130 号行政判决书。

[43] 参见（2021）鄂 28 行终 3 号行政判决书。

共利益损害可产生大量交集,甚至在个案中可能竞合。在民事合同中,情势变更在双方订立合同时“无法预见”、出现“不属于商业风险的重大变化”,继续履行会对一方“明显不公”的情况下行使。[44] 但因行政机关在职权、诉讼程序上有别于民事主体,民事合同与行政协议中的情势变更具有较大的差异。情势变更与单方变更、解除属于不同立法目的的产物,若要赋予行政机关情势变更下以单方变更、解除权,需要进行要件融合。而众多案例已将情势变更的要件进行简化,以适应《行政协议司法解释》第16条的内容。

要件上,民事合同的情势变更将“不属于商业风险的重大变化”解释为因法律、政策、市场的环境改变而导致的对价关系障碍,因行政行为、第三人原因导致的目的障碍等。[45] 而在行政协议中,“重大变化”的判断标准与新生“公共利益”相关。在裁判中主要表现为法政策、规划等的改变,或者是其他行政行为的作出。通常,与“对价关系”相关联的营利行为不是行政机关订立协议的目的,行政协议的情势变更一般不以“对价关系障碍”作为“重大变化”。

同时,在民法中,不同主体的可预见能力与判断“重大变化”的标准相关联。[46] 但是,从对《行政协议司法解释》第16条的文义解释来看,行政机关单方变更、解除并不考虑行政机关是否应该预见,只要客观结果可能造成公共利益的损失,行政机关就有权单方变更、解除行政协议。[47] 这种主客观的转换,更深层次的原因,是行政机关作为具有管理职权的主体在个案中的利益衡量,以情势变更保护更重要的新生公共利益。[48] 所以,法

[44] 《民法典》第533条　合同成立后,合同的基础条件发生了当事人在订立合同时无法预见的、不属于商业风险的重大变化,继续履行合同对于当事人一方明显不公平的,受不利影响的当事人可以与对方重新协商;在合理期限内协商不成的,当事人可以请求人民法院或者仲裁机构变更或者解除合同。人民法院或者仲裁机构应当结合案件的实际情况,根据公平原则变更或者解除合同。

[45] 参见韩强:《情势变更原则的类型化研究》,载《法学研究》2010年第4期。

[46] 参见[德]英格博格·施文策尔:《国际货物销售合同中的不可抗力和艰难情势》,杨娟译,载《清华法学》2010年第3期;参见韩世远:《合同法总论》(第4版),法律出版社2018年版,第499~503页。

[47] 参见章程:《论行政协议变更、解除权的性质与类型》,载《中外法学》2021年第2期。

[48] 关于利益衡量,请参见梁上上:《利益衡量论》(第2版),法律出版社2016年版。

院无需考虑行政机关是否在订立协议时即可预见变故的产生。例如在案例 A－R－Y：2[49] 中，国务院下发撤销地区建制后，碧江区政府与行政相对人订立征补协议。本案很难说行政机关在订立协议时不能预见到协议履行将会出现问题。所以，基于情势变更而变更、解除协议，需要将"预见可能性"排除于要件外。

在个案中，无论继续履行会显失公平的一方是行政机关还是行政相对人，抑或根本没有显失公平的事项出现，行政机关都可以单方变更、解除行政协议。例如在政策出台后，行政机关因行政相对人无相应许可而解除行政协议。[50] 如果双方继续履行协议，既不会对行政相对人造成损害，对行政机关似乎又难以证明有任何不公平现象。但是继续履行协议会在结果上造成政策不能顺利执行，进而影响政策所保护的公共利益，所以行政机关需要依职权解除行政协议。总结而言，在行政协议中，"情势变更"造成的不利后果不是"继续履行对一方显失公平"，而是"继续履行会损害公共利益"。

法效果上，民法情势变更规定双方先协商，协商不成可请求司法解除，其更注重平等协商机制，而限缩相对人权益受损的风险；而《行政协议司法解释》第 16 条却直接赋予行政机关自行单方变更、解除协议的权利，这是为了更好地贴合公共利益的紧迫性，法条赋予行政机关的类似于"变更判决"救济路径。[51]

至此，对照《民法典》第 533 条关于情势变更的规定，适用情势变更而单方变更、解除协议应符合：协议成立后，协议的基础条件发生了不属于对价风险的重大变化，继续履行协议会损害公共利益的，行政机关可单方变更、解除行政协议。在司法裁判中，"重大变化"主要表现为规划、政策、其他行政行为等。

（四）其他违反协议订立目的的行为

在案例中，其他"公共利益损害"主要表现为行政效率、原订立目的已

---

[49] 参见（2017）最高法行申 4592 号行政裁定书。

[50] 参见（2020）鲁 16 行终 93 号行政判决书等。

[51] 参见陈天昊：《行政协议变更、解除制度的整合与完善》，载《中国法学》2022 年第 1 期。

实现。其中,除非行政效率已经影响了协议目的的实现,单纯为实现行政效率不能成为“公共利益”的事由。例如在案例 E－N:1[52] 中,行政机关为了自身便利,将征收补偿标准“一刀切”,这既没有法律明文规定,又不符合合同严守原则与诚实信用原则,更损害了行政相对人的合理信赖,难以言之保护公共利益。

如若原协议订立目的已经实现,无须行政相对人继续履行协议,除非行政机关已陷入履行不能,不能给行政相对人提供履行协议的平台,否则也不应认定行政机关单方变更、解除协议合法。此时虽然协议订立目的已经实现,继续履行协议已无必要,但行政协议存续并非只因为“行政管理目的”,协议本身固有的诚实信用原则与合同严守原则需要在此出场来保护行政相对人的合法权益。

综上所述,协议履行过程中的“公共利益损害”可由行政相对人违反可实现协议主要订立目的的义务、行政机关基于职责不可继续履行、情势变更等产生(见图 1)。具体如下:首先,行政相对人迟延履行、履行不能、瑕疵履行“实现协议订立目的的义务”[如协议的主给付义务(排除给付价金的义务)、法定程序性义务]的,属于“公共利益损害”。其次,纵使行政机关属违约方,若因职权不能继续履行协议,其仍可单方变更、解除协议,并应将“一时不能履行”纳入行政机关履行不能范畴,在必要时结合协议订立目的与比例原则来考量。但需要排除仅因“自身资产流失”或“行政机关违约”而解除协议的情形。最后,行政协议的情势变更,不应包含行政机关是否可预见、继续履行是否会显失公平,只要继续履行会损害新生公共利益,即可成立“情势变更”,行政机关可以单方变更、解除行政协议。

[52] 参见(2021)豫 01 行终 56 号行政判决书。

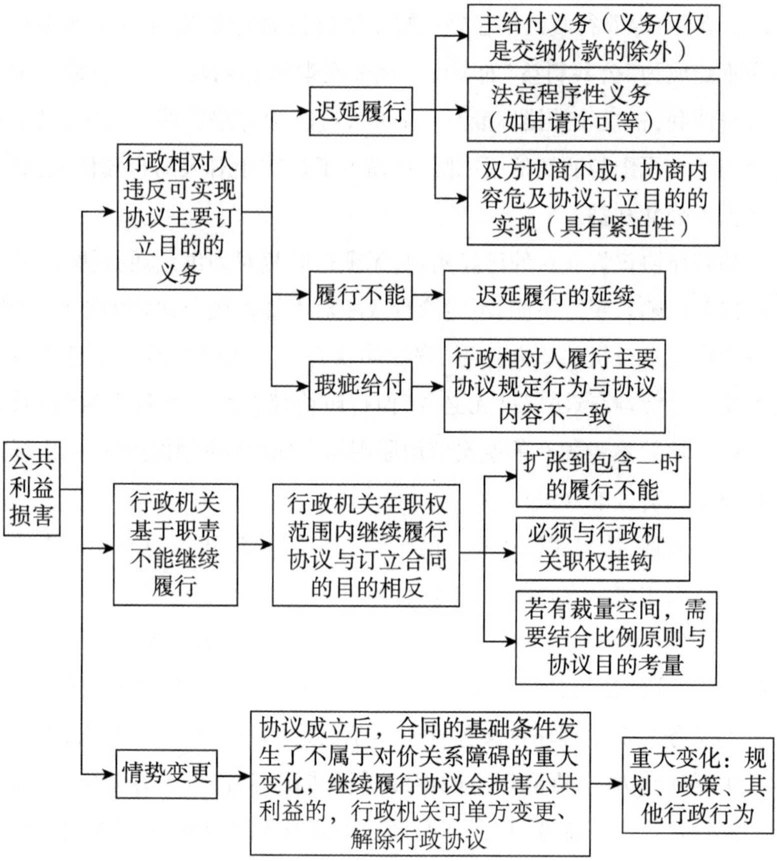

图1　履行协议过程中可认定成“公共利益损害”的类型

四、协议订立过程中“公共利益损害”的类型

(一)前提:扩张的必要性

实践中将大量“协议订立过程中的‘公共利益损害’”纳入《行政协议司法解释》第16条第1款的范围,实属无奈之举。《行政协议司法解释》缺乏对行政机关在协议订立过程中的瑕疵以救济和补正措施。[53] 例如,《行政协议司法解释》第14条[54]赋予行政相对人在意思表示瑕疵时以撤

[53] 参见陈天昊:《行政协议诉讼制度的构造与完善》,载《行政法学研究》2020年第5期。

[54] 《行政协议司法解释》第14条　原告认为行政协议存在胁迫、欺诈、重大误解、显失公平等情形而请求撤销,人民法院经审理认为符合法律规定可撤销情形的,可以依法判决撤销该协议。

销权。但通过对该条的反向解释,行政机关在意思表示瑕疵时并不享有民事合同意义上的撤销权。此时,就算存在意思表示瑕疵致使公共利益损害,若不对第 16 条进行扩张解释,则行政机关无从下手补正错误。[55]

虽然《行政协议司法解释》第 16 条参考了比较法中的“行政优益权”进行立法,[56]但是仍应注意到,我国采取了行政协议可撤销的样态,与其他国家“违法而无效”“单纯违法且有效”的行政协议效力不同。[57] 所以,不能仅以比较法规定了行政优益权,来理解我国的第 16 条规定。将“可撤销”列为行政协议的效力之一,增强了行政协议的不稳定性,故行政机关需要拓宽对协议的监管、主导范围,不能仅局限于“协议的履行过程”。况且,“行政优益权”的创设原因,本就为保障协议与其特定目的的实现,[58]此与将“协议订立过程中‘公共利益损害’”纳入《行政协议司法解释》第 16 条并不相悖。更何况,现阶段我国立法对行政机关因意思表示瑕疵、行政相对人欺诈、标的损害公共利益并没有很好的方式进行救济。所以,有必要对第 16 条的适用范围进行扩张解释。

当然,行政机关可以通过《行政协议司法解释》第 27 条第 2 款[59]认定本解释存在立法漏洞,[60]进而适用民事合同撤销权。但是民事合同撤销权的立法目的,仍与保护意思自治相关,与行政机关基于意思表示瑕疵行使撤销权的目的并不等同——行政机关若构成意思表示瑕疵,一般会与“公

---

[55] 参见章程:《论行政协议变更、解除权的性质与类型》,载《中外法学》2021 年第 2 期。

[56] 关于比较法中与“行政优益权”相关的内容,可参见余凌云:《行政契约论》(第 2 版),中国人民大学出版社 2006 年版,第 88 ~ 102 页;[法]让 · 里韦罗、让 · 瓦利纳:《法国行政法》,鲁仁译,商务印书馆 2008 年版,第 572 ~ 576 页;李颖铁:《论法国行政合同优益权的成因》,载《复旦学报》2015 年第 6 期;[德]哈特穆特 · 毛雷尔:《行政法学总论》,高家伟译,法律出版社 2000 年版,第 380 页;林明锵:《行政契约法研究》(第 2 版),台北,新学林出版股份有限公司 2020 年版,第 22 ~ 24 页。

[57] 参见梁凤云:《行政协议司法解释讲义》,人民法院出版社 2020 年版,第 170 ~ 174 页。

[58] 参见余凌云:《行政契约论》(第 2 版),中国人民大学出版社 2006 年版,第 88 ~ 89 页。

[59] 《行政协议司法解释》第 27 条第 2 款　人民法院审理行政协议案件,可以参照适用民事法律规范关于民事合同的相关规定。

[60] 怎样参照适用民法,请参见韩宁:《行政诉讼中民诉法规范与民法规范适用之“双阶结构”》,载《时代法学》2017 年第 3 期。

共利益损害”挂钩。[61]

同时，经过对权利性质、法效果与设立目的的分析，单方变更、解除权与民事合同撤销权可在“公共利益损害”的范围内进行互换，以达到保护公共利益的立法目的。就权利性质而言，基于意思表示瑕疵的撤销权属形成诉权；行政机关单方变更、解除权属形成权。立法设定形成诉权，是为保护一方当事人的利益，或因要件的不确定性过大以至于要求专业机关审查。[62] 在行政协议中，因行政机关作为一方主体导致形成诉权的功效被降至最低。所以，赋予行政机关解除权或撤销权区别不大。就法律效果而言，因行政机关不具有协议的撤销权，所以行政机关的意思表示瑕疵不会影响协议生效。那么，当意思表示瑕疵导致“公共利益损害”时，行政机关当然可以通过解除来救济。而解除产生的法效果，将各方利益恢复至自始未发生的状态（继续性合同除外），此也与立法者在民事合同撤销权中预设的最终结果相同。[63] 就设立目的而言，在意思表示瑕疵的行政协议中，行政机关通过单方变更、解除的方式获得救济，仍有效率上的考量。《行政协议司法解释》没有对单方解除权的行使期限作出具体规定，因此可认为行政机关可以随时、没有期限地解除行政协议。从保护公共利益的紧迫性来看，单方变更、解除权无疑是更好的选择。[64]

（二）行政相对人欺诈内容属羁束行政

在实践中，行政相对人欺诈主要集中于征补协议。当事人及房屋是否符合搬迁条件有征收决定明文规定，所以相对人欺诈的内容与行政机关的自由裁量无关，属羁束行政的范畴。进而，行政相对人欺诈必然影响协议订立目的的实现、损害公共利益。并且，征收决定的搬迁标准通常与政策、规划等行政活动相关，[65]那么，相对人欺诈将导致行政协议订立内容

---

[61] 在此需指出，笔者并不认为《行政协议司法解释》第16条可完全替代民事合同撤销权。如若遇到行政机关意思表示瑕疵，但不损害公共利益的情况，则仍需要根据《行政协议司法解释》第27条第2款，适用民法的相关条款。

[62] 参见王泽鉴：《民法总则》，北京大学出版社2009年版，第107页。

[63] 参见梁凤云：《行政协议司法解释讲义》，人民法院出版社2020年版，第170～174页。

[64] 参见陈天昊：《行政协议变更、解除制度的整合与完善》，载《中国法学》2022年第1期。

[65] 参见徐键：《功能主义视域下的行政协议》，载《法学研究》2020年第6期。

与公共利益无关。继续履行协议不仅会造成国有资产流失,更是对其他被征补人员的不公,可认定为损害公共利益。推及其他种类的行政协议,仍可用上述方法加以分析。

另外,有法院提出,通过确认"行政机关与不符合规定的相对人订立协议属超越职权"进而认定行政协议无效,来解决行政相对人欺诈的问题。[66] 但是,确认无效之诉需要有人提起,行政机关无法作为原告提起行政诉讼,需要等待行政相对人一方起诉,才可以终局确认协议无效。而单方变更、解除权以实现行政效率并即时保护公共利益为优势,[67]可成为行政机关的另一救济路径。

(三)行政机关审核错误

在行政协议类案件中,法院通常会用"审核错误"来概括意思表示错误。在个案中,其又可细分为动机错误、内容错误、表示错误、计算错误等。[68] 由于行政机关受依法行政原则的限制,"审核错误"与民法意思表示瑕疵的"错误"有着不一样的内涵与外延,所以就行政协议错误的适用范围需要重新进行认定。

其一,除性质错误外,其余动机错误不属于"公共利益损害"。动机错误是表意人对意思表示的原因内容认识不准确而形成的风险自担错误。但如果是对交易中的重要性质认定错误,则视为性质错误,风险并非自担。[69] 在行政协议中也是如此,将行政协议的特定原因内容与协议订立目的挂钩,即可将性质错误解释为"损害公共利益"。[70] 而除此之外的原因内容认识错误,即使造成"国有资产的流失"的结果,因动机非属行政协议

---

[66] 参见(2020)豫01行终707号行政判决书。

[67] 参见章程:《论行政协议变更、解除权的性质与类型》,载《中外法学》2021年第2期。

[68] 参见王泽鉴:《民法总则》,北京大学出版社2009年版,第349~360页;参见朱庆育:《民法总论》(第2版),北京大学出版社2016年版,第269~278页。

[69] 《最高人民法院关于适用〈中华人民共和国民法典〉总则编若干问题的解释》第19条第1款规定:"行为人对行为的性质、对方当事人或者标的物的品种、质量、规格、价格、数量等产生错误认识,按照通常理解如果不发生该错误认识行为人就不会作出相应意思表示的,人民法院可以认定为民法典第一百四十七条规定的重大误解。"另参见王泽鉴:《民法总则》,北京大学出版社2009年版,第351~358页;朱庆育:《民法总论》(第2版),北京大学出版社2016年版,第269~271页。

[70] 参见沈广明:《行政协议单方变更或解除权行使条件的司法认定》,载《行政法学研究》2018年第3期。

的重要性质，故不能认可行政机关具有单方变更、解除权。

那么，什么是行政协议中的“重要性质”？民法将“交易中被认为重要的性质”解释为“典型交易目的”。[71] 民事合同多买卖合同，所以《民法典》将物的性质、当事人资格等与买卖相关的错误归入性质错误。在行政协议中，行政机关只能在其职权范围内订立行政协议。所以，当行政机关出现性质错误时，“典型交易目的”应被进一步解释为“依法行政”或“订立协议时的行政管理目标”，并将其归入性质错误。对此，在裁判中也有相应的说理。[72] 例如，行政机关对订立协议直接依据的政策理解错误，这虽然属于行政机关内部事务，但是订立协议时所依据的政策与行政管理目的挂钩，属于协议的重要性质，所以行政机关可以单方变更、解除行政协议。当然，行政机关如果尽到审慎核查、仔细了解的义务，即可避免此类错误的发生，但性质错误与《行政协议司法解释》第 16 条一样，不以当事人的主观认知作为考量条件，而仅就此事务是否对交易重要来认定是否构成性质错误。不可否认的是，行政机关对其失误仍具有可归责性。如若行政机关对行政相对人造成损害，则应根据《行政协议司法解释》第 16 条第 1 款，对行政相对人予以补偿，另外通过行政机关的内部制度对审核错误的人员进行追责。

需要注意的是，对于“行政机关订立协议后进一步明确政策”[73]，应认定为动机错误，其单方变更、解除权不合法。此属嗣后产生的意思表示错误，错误在行政协议订立之时并未产生，行政机关不能通过订立协议后的政策明确与细化，来证明其订立协议时意思有误。同样，行政相对人在与行政机关订立协议后，已妥善就此安排自己的生产生活，若行政机关以嗣后明确的政策肆意变更、解除行政协议，也不符合信赖保护原则的内涵。

其二，内容羁束的内容错误与表示错误属于“公共利益损害”。两种错误都与当事人想要引起的法效与现实不一致相关。[74] 在案例中，法院虽然对行政机关是否可单方解除有截然相反的观点，但具体说理都与行政机关是否具有相应的裁量空间相挂钩：行政协议的法律后果与行政管理

[71] 参见王泽鉴：《民法总则》，北京大学出版社 2009 年版，第 356 页。

[72] 参见（2019）云 05 行终 35 号行政判决书。

[73] （2020）浙行申 52 号行政裁定书。

[74] 参见朱庆育：《民法总论》（第 2 版），北京大学出版社 2016 年版，第 269 页。

目的相关，只要错误内容羁束，那么受到损害的利益就应被法律保护。例如，在征补案件中，行政机关将“房号标注错误”导致行政相对人选错置换的房屋，[75]因行政机关在产权调换时具有裁量空间，属与当事人意定内容，即使行政机关表示错误，可能造成国有资产流失，但因为这类表示错误仍在行政机关裁量范围内，行政管理目的仍可实现，所以行政机关不可单方变更、解除协议。

同理，内容羁束的计算错误属于“公共利益损害”。在判例中，法院支持行政机关单方变更、解除行政协议的理由主要是“存在数据累加错误，且行政相对人了解此错误”；而反对行政机关可单方解除的理由主要是“数据累加等属于行政机关内部事务”。综合法院说理，不难看出，判断一项计算错误是否会产生“公共利益损害”，其主要依据为：计算标准和计算结果是否可以被行政相对人了解、知悉。例如在征补领域，《国有土地上房屋征收与补偿条例》规定了征补方案的公开及对房屋征收价格的计算标准。[76] 这使被征收人能了解所有关于房屋征收价格、拆迁奖励费等内容。在这类“公开的计算错误”中，行政机关对计算价格没有裁量空间，计算错误将直接导致协议内容违反其所依据的法律，此时行政机关可单方行使变更、解除权。

相反，在计算价格具有裁量空间的情况下——其表面属“公开的计算错误”，但内里实际为与动机错误同质的“隐藏的计算错误”，[77]只要没有超出法律规定的范围，就不可认定有“公共利益损害”。行政相对人在此时仅了解一个数额的范围，对可以拿到或应付出多少价款并不明确，且行政机关对价款的具体计算方式，也不对行政相对人公布。如若行政机关可单方变更、解除协议，势必损害另一方的信赖保护，也会违反诚信政府的准则。

---

[75] 参见(2020)渝03行终39号行政判决书。

[76] 《国有土地上房屋征收与补偿条例》第13条第1款 市、县级人民政府作出房屋征收决定后应当及时公告。公告应当载明征收补偿方案和行政复议、行政诉讼权利等事项。《国有土地上房屋征收与补偿条例》第19条第1款：对被征收房屋价值的补偿，不得低于房屋征收决定公告之日被征收房屋类似房地产的市场价格。被征收房屋的价值，由具有相应资质的房地产价格评估机构按照房屋征收评估办法评估确定。

[77] 参见王泽鉴：《民法总则》，北京大学出版社2009年版，第359、360页；朱庆育：《民法总论》（第2版），北京大学出版社2016年版，第274、275页。

(四)标的违反协议订立目的

标的在违反法律或行政法规时协议无效。[78] 规章在上位法缺失或内容专业性较强、精细化程度较高的情况下,也可被扩张解释为认定协议无效的法律。[79] 但规范性文件因层级较低、数量众多等原因而被排除在法律适用之外。所以,协议内容违反规范性文件是否会造成"公共利益损害",以及行政机关认定没有法律规制的约定内容损害公共利益是否合法,不仅是学理上的问题,也是前述案例中所反映的裁判困局。

约定内容如有规范性文件明文规定,则不作为约定条款对待,而是需要转向审查协议内容是否在行政机关裁量范围之内。行政协议一般依据相关法律法规规定而订立,此时的规范性文件是对上位法在单个行政活动中的具体化,即所谓的"执行性规定"[80]。在此时,违反规范性文件直接体现为违反上位法的立法目的,那么就必然会损害公共利益。

没有法律规制的意定内容,只要不违反诚实信用原则,不损害协议订立目的,理论上不应承认行政机关单方变更、解除合法。意定条款属于行政机关与行政相对人意思自治的范畴,在认定其是否违法时,法院不仅要保证合同严守原则的贯彻,更要保证行政协议的存续力和国家公信力。在此举一反例,凤冈县住房和城乡建设局、昝某成案[81]中,法律没有禁止案涉惯例的存在,那么协议是否适用惯例,属行政机关自行裁量范围。行政机关不能事后以惯例会损害公共利益为由单方变更协议。同时,此项意定条款与协议订立目的无关,受到意思自治的保护。另外,单纯以"国有资产流失"作为"公共利益损害"的事由,是不可成立的。行政机关订立协议的目的并非营利,而是实现特定行政管理目的,所以法院仍需结合协议订立目的来进行审查。前文裁判中认定"协议约定给行政相对人分配收益比例过高"会损害公共利益,实属错误。

综上所述,行政机关可通过《行政协议司法解释》第16条第1款单方

---

[78] 参见梁凤云:《行政协议司法解释讲义》,人民法院出版社2020年版,第168、169页;贵州省铜仁市(地区)中级人民法院(2021)黔06行终31号,沿河土家族自治县和平街道办事处、谢某信二审行政判决书。

[79] 参见王敬波:《司法认定无效行政协议的标准》,载《中国法学》2019年第3期。

[80] 参见章剑生:《现代行政法总论》(第2版),法律出版社2019年版,第65、66页。

[81] 参见(2020)黔03行终410号行政判决书。

变更、解除因意思表示瑕疵、约定内容损害公共利益的协议（见图2）。就行政相对人在征补协议中欺诈而言，行政机关可单方变更、解除行政协议。就行政机关审核错误而言，动机错误通常不属于行政机关单方变更、解除的事由，除非行政机关对当事人资格、物的性质、行政管理目标等性质判断错误，方可单方变更、解除行政协议。在计算错误中，当且仅当其属公开的计算错误且在内容上不具有裁量空间时，才可单方变更、解除行政协议。内容错误与表示错误同理。就约定内容而言，可分为两种情况：一为内容由规范性文件明文规定，行政机关因羁束裁量可单方变更、解除协议；二为内容非明文禁止，只要不违反协议订立目的，理论上就不应承认行政机关单方变更、解除合法。

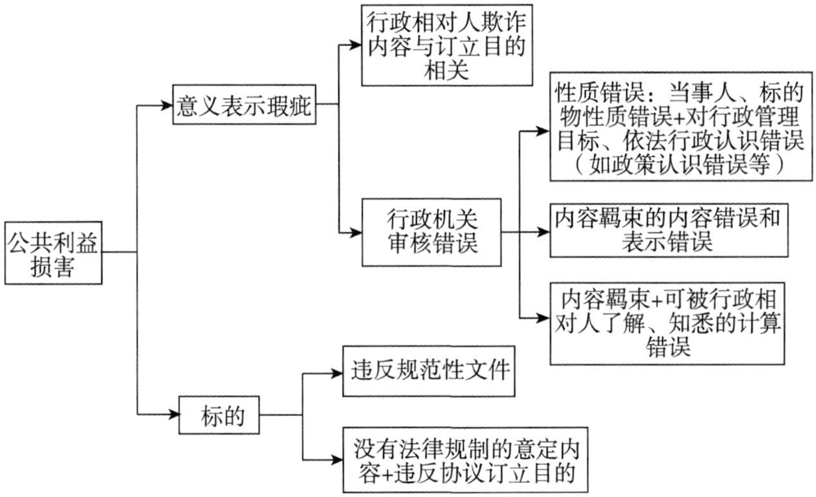

图2　协议订立过程中可认定成“公共利益损害”的类型

五、结语

“行政合同相对于行政权力而言，是进行权力控制的一种有效方式；而之于相对人而言，则意味着权利与自由的扩大。”[82]为适应社会、经济的发展，政府的管理逐渐从“命令式”行政转向“协作式”行政。行政协议作

---

[82] 孙笑侠：《契约下的行政——从行政合同本质到现代行政法功能的再解释》，载《比较法研究》1997年第3期。

为一种可双方协商的行政活动，出现在政府干预手段之中。所以，行政协议不仅作为限制高权行为的工具存在，随着国家活动的多样化、新型行政行为的出现，[83]行政协议作为公共服务，调试国家与公民、市场关系的工具而大量出现在人们的视野中。

所以在运用行政协议时，尤其是在适用《行政协议司法解释》第 16 条时，就不可单纯以高权视角视之。虽然第 16 条明示行政机关单方变更、解除权属行政行为，但因行政协议的立法目的，[84]仍应将民事合同的相关原则与概念纳入，以调和高权性的行政行为在行政协议中的运用。又由于第 16 条解除的内容为行政协议，而非其他行政行为，所以行政机关单方变更、解除权与行政机关在行政行为存在瑕疵时的补正、撤销、废止行为存在较大差别。所以，跳脱出“行政机关单方变更、解除权”属行政行为的特性，将重点聚焦于行使依据等，更能将此条的适用情形具象化，以适应司法实践的需要。而经过对 119 个判决例的分析，在实践中的大多“公共利益损害”的事由，都可与民事合同相关概念进行类比。

最高人民法院第二批典型案例证实，在“协议履行过程中‘公共利益损害’”的事由中，纳入了“根本违约致使协议目的不达”“情势变更”等作为“公共利益损害”的致损原因。经过本文分析，在此基础上又可将案型细化为以下几种：一为行政相对人不履行主要实现协议目的的义务，如法定程序性义务、特定履行行为(排除给付价金的义务)等，并致使协议目的不达；二为行政机关因其职责而不可继续履行，继续履行可能致使协议目的不达；三为经过调试的情势变更，即存在不属于对价给付障碍的重大变化，继续履行会损害公共利益的事变。

同时，实践中大量案例表现出：为使行政协议能顺利履行，实现协议的订立目的，在《行政协议司法解释》缺失相关救济路径的情况下，应将“协议订立过程中的‘公共利益损害’”扩张解释进第 16 条的适用范围。其中，行政相对人就羁束行政的内容欺诈，行政机关发生性质错误(如对政策认识错误等)，内容羁束的表示错误、内容错误、计算错误等，协议标

---

[83] 参见[德]施密特·阿斯曼：《秩序理念下的行政法体系建构》，林明锵等译，北京大学出版社 2012 年版，第 20 页；[美]L. B. 斯图尔特：《二十一世纪行政法》，苏苗罕译，载《环球法律评论》2004 年夏季号；刘刚：《德国的新行政法学》，载《清华法律评论》第 7 卷第 2 辑。

[84] 参见梁凤云：《行政协议司法解释讲义》，人民法院出版社 2020 年版，第 3 页。

的违反规范性文件或协议订立目的时,行政机关均可单方变更、解除行政协议。

行政协议是行政行为与民事合同的中间形态,这让本就是不确定概念的“公共利益损害”更难以确定相关内涵与外延。本文虽以大量司法裁判案例作为材料,通过归纳的方式整合实践中大概率出现的情形,却仍不能穷尽所有实践中可能出现的所有案情。但相信随着行政协议案例的增加、学理的完善,一套逻辑上、法条上具有自洽性的行政机关变更、解除权体系将在实践裁判中得以运用。

附表　119 个案例类型划分

案型(公共利益类型/可否单方变更、解除)	案号
协议履行过程中的“公共利益损害”	
行政相对人违约/可(C-B-Y:1~24)	1.(2020)冀行终467号;2.(2017)桂14行初25号;3.(2018)鄂行终251号;4.(2020)鄂05行终46号;5.(2017)吉01行终218号;6.(2020)冀行终728号;7.(2020)鄂02行终178号;8.(2019)粤行终1703号;9.(2016)渝行终690号;10.(2020)冀行终230号;11.(2020)赣行申660号;12.(2019)黑行终604号;13.(2019)鄂09行终34号;14.(2020)黔04行终21号;15.(2016)桂08行初249号;16.(2017)鲁行终1170号;17.(2019)黑02行初27号;18.(2020)青01行终4号;19.(2020)豫01行终830号;20.(2019)云26行终112号;21.(2019)黑06行终34号;22.(2015)新行终字第29号;23.(2020)冀行终728号;24.(2020)渝02行终109号
行政相对人违约/不可(C-B-N:1~5)	1.(2017)桂01行初346号;2.(2017)最高法行申3564号;3.(2017)晋行终645号;4.(2017)陕05行终70号;5.(2020)湘行终365号
行政机关违约/可(A-B-Y:1~5)	1.(2021)鄂28行终3号;2.(2019)辽02行初130号;3.(2020)湘07行终81号;4.(2019)鲁04行终103号;5.(2018)辽行终1492号

案型(公共利益类型/可否单方变更、解除)	案号
情势变更/可(A-R-Y:1~20)	1.(2020)粤13行终452号;2.(2017)最高法行申4592号;3.(2020)湘11行终229号;4.(2019)闽行申180号;5.(2020)最高法行申3928号;6.(2019)皖10行初31号;7.(2019)黔27行终38号;8.(2019)鄂05行终41号;9.(2020)粤18行终101号;10.(2020)鲁16行终93号;11.(2020)皖行终327号;12.(2019)黔02行终206号;13.(2018)湘行终148号;14.(2016)冀03行终35号;15.(2021)鄂06行终21号;16.(2020)赣行申660号;17.(2018)黔行终225号;18.(2020)湘06行终66号;19.(2020)冀01行初76号;20.(2020)辽04行终84号
行政效率/不可(E-N:1)	1.(2021)豫01行终56号
原协议订立目的已实现/可(G-Y:1~2)	1.(2020)浙07行终587号;2.(2019)鄂行再30号
原协议订立目的已实现/不可(G-N:1)	1.(2020)浙09行终9号
订立协议时产生的"公共利益损害"	
相对人欺诈/可(C-F-Y:1~13)	1.(2021)黔05行终113号;2.(2020)浙10行终236号;3.(2020)皖01行终325号;4.(2020)豫行终2333号;5.(2020)豫01行终707号;6.(2020)豫行终2353号;7.(2021)豫01行终91号;8.(2018)粤08行初395号;9.(2020)鲁01行终1170号;10.(2020)皖06行终67号;11.(2021)黔05行终114号;12.(2021)皖12行终84号;13.(2021)豫行终535号

续表

案型(公共利益类型/可否单方变更、解除)	案号
行政机关审核错误/可(A-M-Y:1~29)	1.(2021)鲁01行终98号;2.(2020)桂10行终97号;3.(2020)京01行终619号;4.(2019)沪03行终661号;5.(2020)皖06行终126号;6.(2020)皖12行终305号;7.(2020)皖12行终263号;8.(2020)陕07行初20号;9.(2020)鲁行终478号;10.(2020)皖13行终64号;11.(2020)鲁01行终315号;12.(2019)皖行终944号;13.(2018)渝02行终107号;14.(2020)桂行终1860号;15.(2021)豫14行终46号;16.(2020)皖12行终370号;17.(2020)粤14行终88号;18.(2020)浙11行终127号;19.(2020)鲁01行终625号;20.(2020)浙10行终163号;21.(2020)皖15行终38号;22.(2020)京02行终86号;23.(2019)闽01行终622号;24.(2019)川04行终65号;25.(2018)湘04行初111号;26.(2020)浙行申52号;27.(2019)云05行终35号;28.(2020)冀08行初34号;29.(2020)冀行终780号
行政机关审核错误/不可(A-M-N:1~15)	1.(2021)川15行终52号;2.(2021)川20行终4号;3.(2020)浙03行终632号;4.(2018)最高法行申8980号;5.(2021)黔06行终31号;6.(2020)渝03行终39号;7.(2019)浙行终915号;8.(2020)苏12行终285号;9.(2020)川11行终90号;10.(2019)黔行终443号;11.(2019)鲁行再4号;12.(2021)冀02行终113号;13.(2021)豫09行终42号;14.(2017)辽02行终76号;15.(2020)豫行终1089号
标的造成国有资产流失/可(C-Y:1~2)	1.(2021)湘09行终18号;2.(2020)湘0981行初41号
标的造成国有资产流失/不可(C-N:1~2)	1.(2020)黔03行终410号;2.(2019)苏06行终95号

●系统论视角下团体标准的治理逻辑

李　晨*

摘　要：当前社会是高度分化的社会，各独立自治的社会子系统以其独特的方式运行，我们要在尊重各子系统自治的同时对它们进行有效协调，以政治系统为中心的整合机制已不再能实现这一目标。团体标准是一种典型的软法，也是经济、科学、法律等子系统的结构耦合，其法律地位的确立显示了这样的趋势：国家或政府的治理模式正在从统一和管制走向多元和保障。团体标准的制定为各个系统的对话提供了契机，社会团体作为制定者则将形成"系统际关系的系统"，同时成为政府在标准化领域之外良好的治理伙伴。公法的使命不再仅仅是控制和规范公权，而是也因其技术性特征成为构建社会子系统协调整合规则的范本，这也揭示了软法和传统的国家法之间如何进行协作与对话。

关键词：软法；系统论；团体标准；社会团体

一、问题的提出

2017年《标准化法》修订后，我国形成了由国家标准、行业标准、地方标准、团体标准和企业标准五类标准组成的标准体系，各类标准均指向不同功能。例如，国家强制性标准意图设置某种最低限度以确保公共安全；而团体标准则是通过市场自发的标准化行为，凭借科学和经济理性的权威，对各个市场主体的经济性诉求和技术要求进行协调，达成一定范围内的共识，以便"在混乱中寻求一定程度的秩序"，①降低市场环境的复杂性。

---

* 中国政法大学博士研究生，联系邮箱：brisksnail@163.com。

① ［日］松浦四郎：《工业标准化原理》，熊国凤、薄国华译，技术标准出版社1981年版，第12页。

团体标准的最特别之处在于其制定主体为“依法成立的社会团体”,②既区别于单独市场主体制定的企业标准,又区别于政府部门主导制定的官方标准。③ 功能分化是社会的发展趋势,团体标准法律地位的确立,显示国家或政府不再垄断社会协调者的地位,并将该任务交给更为自由、灵活、多元的市场性组织体完成。

但是,我国的市场目前并不能自发形成以经济和技术理性为内核的团体标准。与“行业驱动型”社会不同,我国的各行业大多未能形成集体协商、审议和行动的能力,难以进行有效的标准化活动,2018 年的《生食三文鱼》团体标准事件即为一例:该标准由中国水产流通与加工协会制定发布,从公示到正式发布仅用时 3 天,并将一般市场习惯认为不属于三文鱼的“虹鳟”也纳入其中,而参与起草标准的 13 家企业几乎全部从事虹鳟生产。

上述标准非但没有起到正面效果,还破坏了已形成的市场秩序,④引发了人们对团体标准本身的质疑:市场主体为自己设定的规则何以值得信赖?其他合格团体标准所蕴含的权威性也可能被消解,不合格的团体标准不仅无功而且有过。

因此,团体标准是治理工具,也是被治理对象:我们要“培育发展”⑤团体标准,同时对其进行必要的“规范、引导和监督”。⑥ 标准不同于法律规范和协议,不是简单合意的结果,而是对技术、经济、法律乃至伦理等多种考量进行协调后的产物。对于团体标准这种非政府的协调机制,我们应当如何克服其负外部性,并令其发挥最优的效用呢?团体标准法律地位确立的重要原因是,国家在逐步让渡垄断标准的制定权,由“软法”补充国家法治理的不足,建立一种去中心化的协调机制。我们不妨将它置于社会分化的视角下进行分析。

---

② 甘藏春、田世宏主编:《中华人民共和国标准化法释义》,中国法制出版社 2017 年版,第 60 页。

③ 是否具有强制力不是团体标准最显著的特征,事实上,只有一部分国家标准才是强制性标准。

④ 相关媒体的评论可参见《将虹鳟鱼归入生食三文鱼岂能由行业内定》,载 http://www.hnr.cn/meat/jdyw/201808/t20180815_3129523.html;涂永前:《三文鱼标准合乎“标准”吗》,载 https://baijiahao.baidu.com/s?id=1608891021547332732&wfr=spider&for=pc,最后访问日期:2023 年 7 月 4 日。

⑤ 语出《国务院关于印发深化标准化工作改革方案的通知》(国发〔2015〕13 号)。

⑥ 参见《标准化法》第 18 条。

二、系统论视角下的团体标准和社会团体

社会学理论把社会理解成一个系统，社会构成单位所具有的结构和形式是由它们与作为一个整体的、系统的社会之间的关系，即由社会单位在系统中运作的方式、对系统及其自身逻辑发展的贡献进行说明。⑦ 社会系统由一些拥有自身独特运行逻辑和功能的子系统(如经济、科学、政治、法律、宗教等)组成。

(一)社会子系统的形成和干涉

系统降低复杂性，秩序即化约世界复杂性的结果。卢曼(Luhmann)认为，现代社会包含的偶发事件和复杂性日益增长，系统往往会从环境中筛选有关的事件，减少应付该环境方式的数目，通过特定要素之间的演化形成稳定的关联性从而形成秩序。⑧

建立秩序通过三个维度进行：代码、结构和过程。⑨ 代码是二元的程序，如"正确和错误""合法和不合法"，信息通过这种程序被处理；结构通过选择可重复的事件序列，减少可能发生的事件类型，从而降低不同事件排列组合产生的无限复杂性，结构包括该系统内部的主要价值、规范和期待；过程是一系列不可逆的事件，每个事件都作为事件后一选择性的前提，⑩是系统内持续的互动。系统通过代码、结构和过程保持和环境的差异，进而实现自我指涉、自我生产：社会子系统的分化是系统内部系统和环境之间差异的重复。⑪

子系统的分化和封闭为整个社会系统的进化提供了稳定的机制。⑫

---

⑦ 参见[澳]马尔科姆·沃特斯：《现代社会学理论》(第2版)，杨善华等译，华夏出版社2000年版，第141页。

⑧ 参见泮伟江：《法律的二值代码性与复杂性化约》，载《环球法律评论》2017年第4期。

⑨ 参见[英]帕特里克·贝尔特：《二十世纪的社会理论》，瞿铁鹏译，上海译文出版社2002年版，第75页。

⑩ See Schwanitz, Dietrich, *Systems Theory According to Niklas Luhmann: Its Environment and Conceptual Strategies*, Cultural Critique, No. 30(1995), p. 137 – 170.

⑪ See Luhmann, Niklas, *Differentiation of Society*, The Canadian Journal of Sociology / Cahiers Canadiens de Sociologie 2, No. 1(1977), p. 29 – 53.

⑫ See Luhmann, Niklas, *Differentiation of Society*, The Canadian Journal of Sociology/ Cahiers Canadiens de Sociologie 2, No. 1(1977), p. 29 – 53.

各个社会子系统共存于社会系统中,对于一个社会子系统来说,其他子系统是其外部环境的一部分,当该子系统自身产生的方案变得越来越不可接受,那么它就不得不做出改变以适应外部环境。由于各个子系统各自封闭运行,它们之间只能相互观察,不能直接相互作用,但可以通过其他方式相互影响。无论是缺乏适应能力的子系统,还是失去边界和独立性的子系统,都会因为无法实现其对于社会系统的功能而走向瓦解或消亡。

"干涉"是子系统和环境之间发生相互作用的重要机制。干涉需要各个系统通过一个同样的沟通事件相互连接,信息在有关的子系统中同步产生并以该沟通事件为基础。⑬ 标准化就是典型的连接各个子系统之间的"沟通事件",以此为例对干涉的过程进行描述,即标准化这一事件在经济系统的意义是市场秩序的变动;在科学系系统的意义是达成术语或方案的共识,各个子系统在标准化的过程中均发挥作用,每个子系统的理性逻辑均在其中有所体现。

(二)团体标准是子系统之间的结构耦合

系统论的描述与我们的一般认识相去甚远,我们往往认为实际存在的系统是开放的,需要与环境发生信息和物质的交换,其发展有赖于外部动力的作用。实际上,每个子系统都保持着自治的运行状态,当它们以自己生发的理性逻辑运行时,它们之于社会整体的功能实现也是最为充分的。当我们将一个系统的逻辑强加于另一个系统之上,便会导致该被动系统运行的混乱。

团体标准是包括但不限于科学、经济、法律社会子系统的结构耦合。若其中有任何一个社会子系统占据了不当的主导地位,就可能令团体标准失去生命力而异化为一个子系统对其他子系统的"霸权主义",更甚者成为寻租和谋取私利的工具。上文提到的《生食三文鱼》团体标准事件即为一例。

关于"预制菜"的讨论也引发了广泛的关注。中国食品科学技术学会2023 年 8 月 31 日发布的团体标准《预制菜术语与分类(征求意见稿)》,其中将预制菜定义为"以一种或多种可食用资源或其制品为主要原料,配

---

⑬ 参见[德]贡塔·托依布纳:《法律:一个自创生系统》,张骐译,北京大学出版社 2004 年版,第 95 ~96 页。

以调味料等辅料,经预加工和/或预烹调处理,采用工业化、规模化生产和包装,可在冷链或常温环境进行贮存、运输及销售的预制菜肴”。其中,按照食用方式可以分为即食、即热、即烹、即配四种预制菜。按照这一定义,被提前洗净切好的蔬菜组合也可以被归入预制菜的行列,很多方便食品也可以被纳入其中,这显然与大众的认知存在差异。而人们对于预制菜安全性的不信任将可能因为定义的扩大波及其他领域,影响市场的运转。如果团体标准的定义与消费者的认知相去甚远,也即“学术可行,市场不可行”,⑭其中便存在一个子系统将其逻辑强加给另一个子系统所产生的问题。

所谓的“公权对市场的不当干预”,就是把封闭领域想象成开放系统,把法律当成可以影响这些系统的环境因素,在公共决策中采取一种“目的理性”的路径,⑮将经济问题置于政治议程下进行审议,也即政治系统对其他子系统进行干预,结果可能不尽如人意。不同的子系统之间的干涉造就了新的复杂性,但这种复杂性本身并不导致各个系统走向共同进化,我们必须通过某种方式降低这种复杂性,对各个系统进行整合,降低干涉中系统际产生冲突的风险,以及由此导致的“能量损耗”。那么理想的协调机制应当具备哪些性质呢?

(三)新法团主义对社会子系统整合的启发

新法团主义(neo-corporatism)是描述和建构国家和社会之间关系的学说,它可以被理解为一种利益代表体系,其功能在于把存在于社会之中的组织化利益输入国家的决策中。在这样的体系中,协调机制将各团体整合成一个有机的整体,私营和公共部门相互协作以保证稳定与和谐,创造了一种相互渗透和权力分享的模式。⑯ 在系统论的视域下,社会子系统的功能分化需要一个整合机制,但由于各个子系统内部逻辑高度差异化且不可替代,以政治系统为中心的整合机制难以对子系统之间的冲突和

---

⑭ 徐建华:《团体标准不是团体利益“工具”》,载中国质量新闻网,https://www.cqn.com.cn/zgzlb/content/2018-08/21/content_6175551.htm。

⑮ 参见张骐:《直面生活,打破禁忌:一个反身法的思路——法律自创生理论述评》,载《法制与社会发展》2003年第1期。

⑯ See Hogan, Michael J., *Corporatism*, The Journal of American History 77, No. 1 (1990), p. 153-160.

协作进行有效协调。为了在整合的同时不影响子系统的运行,就必须创设一个不同以往的“去中心化”的协调机制。

在组织上,法团主义指的是建立在官方认可的职能团体上的体系,如有组织的劳工、商业和农业,这些组织恰能作为非等级化的谈判系统,作为国家与社会之间色调不同区域的协调会议,⑰并成为社会诸子系统的整合机制。

美国标准化的实践可以作为观察范本。非营利的民间组织美国国家标准委员会(American National Standards Institute,ANSI)是美国标准化活动的中心,但它本身不制定标准,标准是由相应的标准化团体、技术团体、行业协会和自愿将标准送交给 ANSI 批准的组织来制定的。ANSI 并不直接介入标准化活动和标准内容本身,而是通过对标准化组织资格的认可对美国的标准化活动进行协调。

在区域一体化组织的标准化实践中,社会组织体的功能甚至超越了民族国家的边界。欧盟于 1985 年批准了《技术协调与标准化新方法》(New Approach to Technology Harmonization and Standardization),放弃了由欧盟组织专家人员制定技术指令(technical directives)提供标准以消除贸易壁垒的做法,而转将欧盟在标准化活动中的角色定位于“协调”,并充分发挥私人跨国组织、中小企业和民间社会组织的作用。⑱ 这是由于,相较于政府规制的管辖限制以及差异化的规则执行,依托于私营标准的私人规制更具有执行的一致性。⑲

社会子系统的整合机制正在从较大规模的组织逐渐走向更小规模的组织,从前被认为能够承担协调功能的行业协会,可能会因为难以达成行业内部的共识而不再能完成高效的整合:不断勃兴的新业态导致行业的边界模糊不定;一个企业可能同时跨越多个行业,在某一个行业的决策会受到其他经营活动的影响。承担协调功能的组织也要走向分散化、多元化,例如团体

---

⑰ 参见黄晓锋:《当代中国社会的系统分化趋势与创新社会管理——基于西方新法团主义的研究》,载《广东行政学院学报》2015 年第 3 期。

⑱ 2021 年欧洲标准化委员会与欧洲电工标准化委员会(CEN-CENELEC)曾发布 CEN-CENELEC 2030 战略《欧盟标准化战略——制定全球标准以支撑韧性、绿色与数字化的欧盟单一市场》。

⑲ 参见孙娟娟:《从规制合规迈向合作规制:以食品安全规制为例》,载《行政法学研究》2020 年第 2 期。

标准制定主体的多样性，包括以科学研究为目的结合起来的“学会”，由经营同类业务的企业组成的“商会”等，它们可以增加对公共决策进行观察和评论的场所，以期获得异质的方案和路径以及充分的试验。⑳ 除了达成可资信赖的具体决定，这些组织还应当成为系统或者朝成为系统的方向靠近。应当令这些组织能够形成有效的集体意志，从而具备谈判和妥协能力，成为开展各种协调行动的可信赖的合作者。㉑

（四）社会团体是降低系统际关系复杂性的组织系统

子系统之间的干涉产生新的复杂性，但这种复杂性本身不能推动子系统的进化，子系统在应对这些复杂性的过程中对其本身的结构和过程进行调整，从而适应外部环境。在这个干涉与变化的过程中，可能存在两种情况。

1. 子系统干涉的两种可能性

社会子系统之间的干涉，可能会形成新的自治系统，也可能仅仅停留在一种“双面制度”上。例如，托依布纳认为生产体制是经济和社会的杂交体，只是“完全异质之要素的组合”。㉒ 对于这种“杂交制度”，各个互相干涉的子系统的演变是先后发生而非同时发生的：比如当一项法律制度发生变化时，经济系统并不同时变化，而是会因包含法律制度变化在内的环境发生变化，从而令经济系统作出调整适应新的环境。在这个过程中，法律系统和经济系统各自遵循自己的变化逻辑，而未形成新的逻辑。

另外一种情况是，系统之间的干涉和沟通本身也形成了新的系统。相较于生产体制式的“杂交制度”，“系统际关系的系统”有什么优势呢？前者的模式下，各个子系统在先后变化的时候极易产生冲突，而相互刺激的结果可能也并不导向真正遵循了各个系统之间理性逻辑的结果。此外，这种相互刺激由于不存在稳定的范式，还会导致各个子系统的规则处于持续且混乱的变动中。而系统际关系的系统，则可以为各个系统的交

---

⑳ See David Kennedy, *The Mystery of Global Governance*, 34 OHIO N. U. L. REV. 859 (2008).

㉑ 参见［美］安娜·德·罗比兰特：《软法的谱系》，载罗豪才、毕洪海主编：《软法的挑战》，商务印书馆2011年版，第47页。

㉒ 参见［德］贡塔·托依布纳：《顽固的生产体制：资本数以多样性中经济和法的共同演化》，祁春轶译，载《魔阵·剥削·异化：托依布纳法律社会学文集》，清华大学出版社2012年版，第243～264页。

流提供稳定的机制，降低干涉过程中的“能量损耗”。

托依布纳认为技术标准的形成和生产体制的模式相同，即各个子系统之间“传声接龙”，并未形成一个系统际关系的系统。[23] 本文也并不主张标准或者标准化是一个独立的系统，而是主张团体标准的制定者，即进行标准化的社会组织是一个“系统际关系的系统”。

2. 社会团体作为组织系统的功能

团体标准作为多个社会子系统的结构耦合，社会子系统本身没有集体行为的能力，它们需要具有集体行为能力的正式组织跨越功能子系统的边界来相互沟通。组织在子系统的整合中至少发挥两个方面的作用：

一方面，组织首先给人们的交往提供了场所。交往是一种运用语言和非语言符号理解人们各自处境和行动计划以便在行动上达成一致的活动，若某项议题不被接受，那么它就被争议和讨论以达到理解，而不用求助于强力和权威。[24] 在现代社会，自然人可以同时加入多个不同性质的社会组织，他们不再为一种身份所束缚，可以同时在社会结构中占据几种职位。[25] 不同背景的自然人可以集中于一个场合进行交流，而交流后达成一致的定义则会被该自然人应用于其他场合，从而推进子系统的整合。

另一方面，组织形成秩序，秩序降低复杂性。建立秩序有两种形式：过程和结构。组织往往以其章程固定该组织成员的进出规则，以及如何议事并作出决定的要件和程序，环境事件在进入组织时被进行了筛选和简化，转化成在组织内部规则上会引发特定效果的事件，这些事件在被程序固定的时间线上先后产生影响。由此，以章程为中心的组织便形成了自己的过程和结构，从而建立了一种相对独立于外部环境的内部秩序，降低子系统干涉时产生的复杂性。

当组织拥有独立的代码、结构和过程，能够通过“决定”完成自我递归时，即形成了一个新的系统，它是自治的，包括讨论团体、集体谈判、质问程

㉓ 参见[德]贡塔·托依布纳：《顽固的生产体制：资本数以多样性中经济和法的共同演化》，祁春轶译，载《魔阵·剥削·异化：托依布纳法律社会学文集》，清华大学出版社2012年版，第250～251页。

㉔ 参见[美]乔纳森·特纳：《社会学理论的结构》（下），邱泽奇等译，华夏出版社2001年版，第252～254页。

㉕ 参见[美]詹姆斯·S.科尔曼：《社会理论的基础》（下），邓方译，社会科学文献出版社2008年版，第496～497页。

序以及相关的行动。[26] 这一新系统的形成并不需要从头开始形成新的代码和结构，而只需要利用现有的子系统中的元素形成自己独特的运作逻辑即可。

相较于“传声接龙”的模式，组织系统则有更强的适应环境能力：组织以特定资格和条件决定成员进出，将其成员结合为长期存续的群体，借助非人格化的规则（而非个人动机、道德允诺或者伦理共识），稳定高度人为的行动模式，以此降低组织所处理事务的复杂性。在不复为共同体的现代社会中，大多数功能领域都需要利用组织“制造动机一般化和行为特定化”的能力。[27]

团体标准是社会子系统的结构耦合，为了避免某一子系统在这一过程中占据本不应有的主导地位，尤其是政治和经济系统的不当干预，我们需要为各个子系统提供平等对话和达成一致的机制场所。作为组织系统的社会团体有特定非营利目的且持续存在，并能够集合该领域内较多的专家，是对话的良好场所，而系统形成的秩序又能降低子系统干涉过程中产生的复杂性，促进社会系统的整合和各个子系统之间的协同进化——由此，塑造运行良好的标准化组织即社会团体，是对团体标准进行治理的可行进路。

三、团体标准作为软法的治理需求

在上述对团体标准和社会团体的理解之下，我们的目光回到团体标准在具体子系统中的含义上，科学和经济系统自有其独特逻辑，在标准化过程中这些逻辑会体现在参与专业人员所提出和通过的动议和标准文本中。下面主要讨论团体标准作为“软法”的特征，以及团体标准应当被如何生产。

（一）团体标准是一类特殊的社会规范

法律是现代社会最典型的社会规范，法律系统通过“将效力授予规范性期待”，对自我与他我彼此的规范性预期提供担保。[28] 团体标准的制定主体并非国家或国家授权的机关，实施的方式为由制定该标准的社会团体成员按照约定采用或按照该团体的规定供社会自愿采用，团体标准显

---

[26] 参见［德］贡塔·托依布纳：《法律：一个自创生系统》，张骐译，北京大学出版社2004年版，第103～104页。

[27] 参见陆宇峰：《“自创生”系统论法学：一种理解现代法律的新思路》，载《政法论坛》2014年第4期。

[28] 参见泮伟江：《双重偶联性问题与法律系统的生成　卢曼法社会学的问题结构及其启示》，载《中外法学》2014年第2期。

然不具备传统意义上法所应当具备的国家性和强制性,[29]是一种典型的“软法”。本文无意涉足在法本体论上的诸多争论,[30]也不是想将团体标准与国家法相提并论,但我们不得不承认的是,团体标准的功能和作用方式与国家法十分接近,而系统论恰恰是基于子系统之于整个社会系统的功能和运作特征进行描述的。

系统论功能主义的视角实际上在附和一种趋势,即我们如何判断一种规则是否属于法律系统不再完全依靠“国家制定”“国家强制力保证实施”之类的形式特征,“社会自创生理论提供了一个包含私人契约和非专业行为,而不只是国家中心的法律运行的法律系统的广阔见解”。[31]

罗豪才教授将法的概念范畴扩张为:“法是体现公共意志的、由国家制定或认可、依靠公共强制或自律机制保证实施的规范体系。”[32]上述概念将“软法”也纳入了“法”的范畴,但这种概念要素的松动并不是指所有的行为规则均为法,即便是软法也需要一个对其进行识别的“承认规则”,这种识别标准是通过沟通和功能的相似性进行的。标准是通过标准化活动,按照规定的程序经协商一致制定,为各种活动或其结果提供规则、指南或特性,供共同使用和重复使用的文件。[33] 标准和法律在形式上确有相同之处,那么法律是为解决双重偶联性的困境诞生的,但若没有国家强力的保障,也没有习惯法那样令人们产生内心确信的时间,团体标准如何能够被人们信任?下文要说明也就是:团体标准的规范性来源为何,团体标准何以成为类似法律的权威性理由?

1. 团体标准作为权威性理由

规范性也就是“法何以是应当的”问题,制度经济学家给法的规范性

---

[29] 下文以“国家法”指代这部分传统法律规范。

[30] 值得注意的是,本文并不意图解决“什么是法”“团体标准是不是法”之类的问题,只是在系统论的视角下对团体标准进行观察和分析。笔者认为,系统论本身不解决“什么是法”的问题,即“团体标准遵循法律系统的理性逻辑”并不等同于法哲学视野下“团体标准是法”的命题。

[31] [德]贡塔·托依布纳:《法律:一个自创生系统》,张骐译,北京大学出版社2004年版,第10页。

[32] 罗豪才:《软法亦法——公共治理呼唤软法之治》,法律出版社2009年版,第202页。

[33] 该定义参见国家推荐性标准《团体标准化　第1部分:良好行为指南》(GB/T 20004.1-2016)。

作如下注解:我们通过观察得出对事物的抽象理解,这种理解为我们规定了可行之事的限度,“若认为我们不是这么做的或可以不这么做,那就是危险的胡闹”。[34]

“法”是一种权威,权威存在的一大好处是节省人们行动所需的审议时间及协调人们的行动,让一个群体能及时对变更的形势作出回应。拉兹的服务性权威观(service conception of authority)提出了三个命题以证成权威的正当性:第一,权威性指令的要求必须以权衡原本适用于行动者的诸行动理由为基础;第二,行动者通过遵从权威性指令所做的事更有可能符合正确权衡诸行动理由后的要求;第三,证成的权威性指令将取代原本适用于行动者的诸行动理由,独立地构成行动者的行动理由。[35] 传统上我们认为法的权威性往往建立在国家主权或民主过程之上,但现在代议机关的民主议程所能审议和作出决定的内容已经远不能覆盖社会所面临的各种复杂情况和不确定性。

标准本身并不对人的行为作出直接要求,但实际上为相关的从业者提供了基本的行为指引。团体标准由具备较强专业性的技术人员和多个市场主体制定,标准的内容是技术和经济理性权威的具象化。团体标准在制定时会对安全性、效率、利润、风险等因素进行了衡量,当一个企业在进行生产、销售或其他经营活动时,该企业可以直接采用该标准,该标准便成了类似国家法的排他性行动理由。

法是否当然具有强制力也是法本体论上的争议之一。政治权威往往是单一、明确的,但技术和经济权威不是如此,团体标准要想成为市场主体行动时考虑的首要理由,还需要某种“强制”。

2. 市场机制赋予团体标准“强制力”

市场本身的运作逻辑为团体标准提供了一种间接、非正式的强制性。团体标准的适用方式包括两种:团体成员约定采用;按照本团体的规定供社会自愿采用。除团体成员本身采取标准之外,团体标准首先可以与认证、集体商标等制度相结合,形成一种以技术标准为核心的“品牌”,令采

---

[34] [美]詹姆斯·M. 布坎南:《宪法秩序的经济学与伦理学》,朱泱、毕洪海、李广乾译,商务印书馆2018年版,第61~62页。

[35] 参见李腾:《作为行动理由的服务性权威》,载《北大法律评论》2019年第1期。

取该标准的商品和服务获得更强的竞争力。例如,多个大型零售商为了将自己的商品与其他商品进行区分以降低竞争压力,会制定比公共标准更为严格的标准,以至于消费者不再信任较低的官方标准,“就好像它是一个最低质量标准”,[36]这将导致相关的生产商不得不遵从他们制定的私人标准。当相当数量的市场主体采取了某一团体标准,那么相关的上下游企业也会根据该标准进行调整和对接,导致不采取这一标准的企业的经营成本更高或无法参与主要的市场竞争。

此外,团体标准本身也处在竞争之下,这种标准之间的竞争也会促进标准内容的更新迭代和质量提升,使之适应市场的变化和科技的发展。被广泛采用的标准及其制定主体将获得行业内的更高话语权,这反过来会倒逼团体标准的制定者采取更为有效的实施方式,例如设计更好的检验检测、监督、反馈机制以确保标准的良好实施,违反者可能丧失在行业组织中的地位和信誉,标准的制定者自身便提供了一种有效的实施机制。

3. 团体标准与国家法体系的互动

以上关于权威理由和强制力的探讨已足以说明团体标准和国家法之间在功能和运作方式上的高度相似性。现实中另一值得注意的现象是,团体标准与国家法之间的互动关系表明,团体标准有成为国家法一部分的潜力;这一点可以作为证明团体标准规范品格的补强。

在我国,技术标准和国家法体系的互动主要包括以下三种形式:法律规范直接援引标准;在私人的合意行为中援引标准;标准作为不确定性法律概念的具体化方式。其中,直接援引的对象大多是国家和行业标准(即官方标准),团体标准和企业标准这类民间标准往往不会被明确援引,团体标准要成为法律规范的一部分,需要先被官方标准化组织认可或被官方标准吸收。[37] 团体标准还可能构成一种格式化的承诺,成为消费者和企业之间合同的具体内容。当消费者向企业主张产品的质量担保责任时,

---

[36] Vandemoortele, Thijs & Koen Deconinck, *When Are Private Standards More Stringent than Public Standards*?, American Journal of Agricultural Economics 96, No. 1 (2014), p. 154 – 171.

[37] 例如《团体标准管理规定》规定,鼓励各部门、各地方在产业政策制定、行政管理、政府采购、社会管理、检验检测、认证认可、招投标等工作中应用团体标准,拓宽团体标准推广应用渠道,打造团体标准品牌;如果团体标准实施效果良好,可以申请转化为国家标准、行业标准或地方标准。

团体标准即介入国家法之中,成为司法进行涵摄推理和作出判决的前提。

团体标准除了直接成为据以推理的"大前提",还可能成为对国家法中不确定性法律概念进行具体化的方式,此时团体标准作为一种"法认知源"出现。[38] 在私法领域,团体标准可以用于解释合同条款,条件是该标准构成"通常标准"或"满足合同目的的标准"。[39] 在没有官方标准时,无论是公法还是私法领域,作为行业理性和经验集中体现的团体标准便均可借助对不确定性法律概念的具体化参与到国家法的运行过程中。

4. 团体标准的技术性、经济性与伦理性

团体标准首先是"技术标准",是工业社会市场形成的一致性技术方案。国家要想对专业性领域进行监管,就需要借助以这些技术方案确定的指标,判断被规制者是否履行了对消费者、市场秩序和其他社会公共利益的责任。但以政治权威为基础逻辑建立起来的政府无力完成标准供应的任务,而只能将标准化的任务交还给私人部门。美国联邦法规中大部分的技术标准均为非官方标准化组织制定的私人标准:一份 2018 年发布的报告显示,美国联邦法规中援引了超过 17,000 条的私人标准,机构和公众可以借此获得私营部门的创造力和专业知识,私营部门受到的程序和道德限制也更少,标准制定更灵活多元。[40] 美国 1995 年的《国家技术转化和促进法案》(the National Technology Transfer and Advancement Act, NTTAA)甚至规定,所有联邦机构和部门应当使用自愿共识标准组织制定的技术标准,来完成政策目标,除非利用该标准"不符合法律或不切实际"[41]。

我国的团体标准制定主体为社会团体,理论上社会团体是非营利组织,但社会团体的成员往往包括以营利为目的的企业,而面向市场使用的

[38] 参见[德]托马斯 · M. J. 默勒斯:《法学方法论》,杜志浩译,北京大学出版社 2022 年版,第 136 页。

[39] 《民法典》第 511 条第 1 款第 1 项规定,质量要求不明确的,按照强制性国家标准履行;没有强制性国家标准的,按照推荐性国家标准履行;没有推荐性国家标准的,按照行业标准履行;没有国家标准、行业标准的,按照通常标准或者符合合同目的的特定标准履行。

[40] See Mendelson, Nina A., *Private Control Over Access to the Law: The Perplexing Federal Regulatory Use of Private Standards*, Michigan Law Review 112, No. 5(2014), p. 737 - 807.

[41] "*inconsistent with applicable law or otherwise impractical*", See National Technology Transfer and Advancement Act of 1995, Pub. L. No. 104 - 113, § 12, 110 Stat. 775, 783.

团体标准当然会将经济效益纳入考量。这并不是说社会团体会选择一个经济效益最大化的方案，市场的机制是复杂的，他们可能会综合本行业的长远发展目标、国家的产业政策以及消费者和社会对他们的评价等因素综合考虑。

因而团体标准并不只是技术理性和追求经济效益的选择。标准是为服务人的需求而生，是“技术民主化”的过程，[42]因而团体标准的形成就要关照各种各样价值的认可和排序，具有伦理性。标准化的范围也在不断拓展，从世界发展趋势看，标准正在向社会管理、社会责任等管理和服务领域延伸，例如国际标准化组织（International Standard Organization，ISO）发布的 ISO 26000 系列社会责任标准[43]和 SA 8000（Social Accountability 8000 International Standard）[44]等。

上述三种性质交织在一起，争议似乎只能通过“达成一致”得到解决。但最终结果达成之前如何进行协商和讨论，哪些人能够参与，将会影响人们作出的决断，这是一个可以通过理性建构进行优化的过程。

（二）良好的团体标准应当被如何生产

上文说到，由组织系统生产团体标准能够降低系统干涉时产生的复杂性，能够更好地适应环境的变化，促进子系统之间的协同进化。而团体标准之于其他技术标准最特别之处也就是其制定主体的特殊性。系统通过结构和程序建构秩序，本文认为制定团体标准的组织系统的结构和过程应当具备以下特征：

第一，最基础的是清晰而完整的标准化流程。这能够将相对独立的问题分开讨论，每个阶段可能侧重于某一个子系统的逻辑，从外部环境中筛选出对组织作出决定有意义的事件，以此一步一步将最终决定的审议集中于几个焦点问题。

在大多数情况下，存在多个技术方案，但这些技术方案对应着不同的

---

[42] 参见于连超：《标准化的秩序价值证成》，载《学习与探索》2022 年第 12 期。

[43] ISO 26000 致力于促进组织的可持续发展，使组织意识到守法是任何组织的基本职责和社会责任的核心部分，但是鼓励组织超越遵守法律的基本义务。

[44] 该标准是全球首个道德规范国际标准，其宗旨是确保供应商所供应的产品，皆符合社会责任标准的要求。SA 8000 标准适用于世界各地、任何行业、不同规模的公司。其依据与 ISO 9000 质量管理体系及 ISO 14000 环境管理体系一样，皆为可被第三方认证机构审核的国际标准。

经济性效果,在最终决定时,技术方案的经济效益又将和其他社会价值一起被衡量。这并不是说确定数量有限的几个技术方案时只考虑科学系统的逻辑,事实上在技术方案的形成过程中本身也会考虑经济和伦理等因素。但起码在技术方案形成的这一阶段,应当由从事科学研究的技术专家主导。

标准化流程制定并不一定由相同的环节构成。例如 ISO 主导制定的社会责任标准 ISO 26000 系列标准具有独特的开发流程,ISO 在技术管理局下直接设立社会责任工作组(ISO/WGSR),工作组主席由来自巴西和瑞典的专家共同担任,平衡了发展中国家和发达国家的关系,工作组成员包括六个利益相关方,并在区域和性别上保持平衡,各成员方按照利益相关工作组推荐专家,并在国内组成对口的委员会,这种流程是为了确保利益相关方的平衡。而电气电子工程师学会(The Institute of Electrical and Electronics Engineers,IEEE)[45]则将标准化工作分为六个阶段:提出制定标准的动议、组成标准制定工作组、起草标准文本、投票通过、获得最终批准、维护标准。其中,对于实体标准(entity standards)的制定工作组必须由 IEEE 会员构成,而在投票通过环节,投票人则会被分为生产者、消费者等不同小组,如果一个小组中有 75% 的有效票为支持票,那么该小组就被认为通过该项标准。上述两个例子均显示成熟的标准化组织总是根据标准的内容和性质,将标准化流程分隔并固定,将不同问题置于不同阶段,交给不同的人进行审议,这是一种降低复杂性的有效途径。

第二,足够长的时间周期。“程序”实际上可以被解读为法律系统在时间上维持了一定程度的不确定性以缓和法律代码的僵硬性,令法律系统保持“认知开放”。[46] 因而良好的标准生产必须经过足够长的时间周期,当然这并不是说时间越长越好,标准还需要兼顾灵活和时效性等价值。

第三,可以被参与者充分理解并使用的信息。技术标准的专业性并

---

[45] IEEE 是一个国际性的电子技术与信息科学工程师的协会,也是目前全球最大的非营利性专业技术学会,在全球拥有 43 万多名会员,在太空、计算机、电信、生物医学、电力及消费性电子产品等领域已制定了 1300 多个行业标准。

[46] 参见陆宇峰:《“自创生”系统论法学:一种理解现代法律的新思路》,载《政法论坛》2014 年第 4 期。

不意味着普通消费者和企业的决策者无法对标准化事项进行审议,信息是可以被筛选和转化的。制度经济学家布坎南认为,确定那些风险是事实问题,是可以判断真假的命题;而人们表决的直接依据则是附着于事实问题之上的价值偏好,是没有对错之分的,[47]这种价值判断并不需要了解专业知识。例如,在上述IEEE的标准化流程中,工作组起草的标准文本使用的该领域专业术语,表达的是客观技术事实;而消费者需要做出判断的是该技术方案是否符合其利益。在投票通过环节吸引普通消费者和生产者参与时,只有将技术信息转化成消费者可以理解的产品信息、生产者关注的生产成本和可得利润等信息,那么消费者和生产者的参与才是有效的。这种信息的转译和提供应当由常设标准化组织提供。

第四,相关社会子系统的充分参与和对话。作为多个子系统结构耦合的团体标准应当充分考虑各个参与干涉子系统的逻辑,人的社会身份的多重性给子系统的整合提供了契机,但也存在风险:人们在参与审议时会考虑个人的利益而非考虑他所代表的子系统的理性逻辑,这种混同会导致无效的子系统对话。因此,除技术专家、企业、消费者等群体的广泛参与之外,还需要合理的回避机制。但当标准本身的目的就与个体利益平衡息息相关(如社会责任标准),那么就需要不同于专业技术类标准的审议安排。

第五,有效的监督和纠正机制。以上四个要素必须存在有效的保障机制,若违反以上固定结构和过程的内部规范(体现为社会团体的章程和各种内部规章制度),则会导致无效的后果,这种不利后果的来源可能是国家的强力,也有可能是该社会团体自己规定的惩罚。一个社会系统过度扩张将会导致自我毁灭,有效的内部规则是对抗社会系统过度扩张倾向的反向的制度,这也是避免或缓和团体标准负外部性的重要措施。

以上五个方面是对良好社会团体过程和结构的大致描摹。至于如何具体构建组织系统的秩序,并不需要重新开始,而是可以在参与干涉子系统的基础上形成。团体标准作为一种"软法",可以从法律系统中寻求建构的范本。

---

[47] 参见[美]詹姆斯·M.布坎南:《宪法秩序的经济学与伦理学》,朱泱、毕洪海、李广乾译,商务印书馆2018年版,第76~77页。

四、作为组织系统秩序建构范本的公法

传统上,公法被认为是建构和规范国家权力的法,对团体标准进行治理若涉及公权的应用,那么外部治理行为就应当受到公法的调整。如果将公法的功能限定于“令政府服从于法律”,那么便采取了一种“规范主义”的进路。从夜警国家到福利国家,从法治国到社会国,公法的教义也处在持续的变化发展中,我们应当以一种进化变迁的视角观察公法。[48] 公法为实现其目的衍生出了一系列“技术性”规定,如回避、多数决、信息公开等,这些技术性规定能够成为标准化组织系统秩序构建的范本,但这首先需要对以下两个先决问题进行解释。

(一)公法何以指导私人部门的行为

标准化本质上是市场化行为,由企业和个体组成的社会团体也属于私人部门,公法本身是建构和规范公权的法律,所处理的是个体和公共领域之间的关系。然而,现代社会的权威中心不再全部集中于政治机构,我们可以看到跨国公司、技术和经济组织正在凭借政治之外的权威形式,跨越主权国家的边界,对物质资料流动、分配以及人们的行为方式产生巨大影响力,它们享有事实上的“权力”。

团体标准具有一定公共性。除了某一领域的生产销售情况,团体标准给出的定义甚至会影响人们的认知,例如上述《生食三文鱼》团体标准事件中,备受争议的《生食三文鱼》团体标准在5年后仍然会影响人们的认知和判断,比如关于新疆作为内陆省份如何生产海鲜的讨论。[49] 在现有的法律制度和实践中也存在公法原则适用于传统私人领域的情况。譬如《民法典》规定的“民事法律行为”包括“决议行为”,[50]有民法学者认为,

---

[48] 马丁·洛克林归纳称,主宰公法思想的两种风格分别为“规范主义”和“功能主义”,前者的根源在于对分权理想以及使政府服从法律的必要性的信念;后者的主要关注点则是法律的规制功能,注重法律的意图和目标,采取一种工具主义的社会政策路径,体现着一种进化式变迁的理想。参见[英]马丁·洛克林:《公法与政治理论》,郑戈译,商务印书馆2013年版,第85页。

[49] 参见《新疆海鲜陆续丰收,这个离海最远的地方为什么能产“海鲜”?它产的是三文鱼还是鳟鱼呢?》,载澎湃新闻2023年9月6日,https://m.thepaper.cn/baijiahao_24515409。

[50] 决议行为即多个民事主体在表达其意思表示的基础上根据法律或者章程等规定的议事方式和表决程序为形成团体意思而作出的民事法律行为。参见《民法典》第134条第2款。

不同于以交换正义作为法哲学基础的合同行为，决议行为以程序正义为其法哲学基础。程序正义和私法自治并不矛盾，而是分别从调整方法和基本价值取向的不同侧面来展示决议行为。决议行为对正当程序的要求是公法原则在私法领域中发挥作用的实例。[51]

决议行为作为组织体意志的表达，其形成机制绝非简单的多数决，而是要通过正当的程序对意思形成的真实性加以保障。决议行为形成的"决定"是一个持续运行的独立系统自我递归的载体，与单次多个主体通过正当程序达成一致也有所不同。这种运作逻辑不仅适用于公共部门的组织，也适用于私人部门联合所形成的组织。因而，只要处理的事项是可比的，将公法原则用于指导私人部门的行为并无不可逾越的障碍。

（二）公法何以指导非国家法规范的生产

公法的一个重要部分就是关于如何生产社会规范的规则，这些规则本身是针对国家法的。但团体标准作为特殊的社会规范，其生产也应当遵照国家法生产的规则，可以从以下三个方面进行说明。

1. 规范生产主体的多元化

现代国家多由民意代表组成的代议（代表）机关承担统一性的立法职能，在人民主权、契约论等政治哲学的支持下，代议机关所代表的民意是国家法权威性的主要来源，行政机关被视为立法机关意志的执行者，即"传送带"模式。但立法者不能处理复杂专业的社会管理现实，行政机关逐渐被允许甚至被鼓励创制国家规范，"专家理性"和"利益代表"模式成为补足行政机关广泛政策裁量正当性的来源。[52] 诸如授权的明确性原则、法律保留原则、比例原则等一系列公法原则被用于限制和规范行政机关生产国家法的行为。然而标准化以及其他领域的实践说明，行政机关也逐渐不再能承担全部社会规范的生产功能。

社会学奠基人之一涂尔干曾断言，社会的发展趋势是各个领域愈来愈趋于分化，人们所能达成的共识越来越少、越来越抽象。法律逐渐从

---

[51] 参见王雷：《〈民法总则〉中决议行为法律制度的力量与弱点》，载《当代法学》2018年第5期。

[52] 斯图尔特将行政合法性基础归纳为三种，即"传送带模式"、"专家理性模式"和"利益代表模式"。这部分内容可参见［美］理查德·B. 斯图尔特：《美国行政法的重构》，沈岿译，商务印书馆2021年版。

“压制法”转向“恢复法”,不再通过对冒犯集体情感的行为进行惩罚从而维系社会的稳定运行,而是尊重和维护各领域自己形成的规则。[53] 国家所能起到的作用是保障和协调,而非事无巨细地统一管制,生产社会规范的权力不再为国家所垄断。但规范的基本特质是共通的,非国家主体生产规范也有正当化等需要。

2. 团体标准的正当化需求

社会团体制定团体标准是一种有效且灵活的标准供应机制,团体标准还可能会被国家法援引从而获得正式的强制效力。市场机制产生的强制力虽然不像法律效力那样明确,但确实客观存在,团体标准作为一种能产生强制效果的社会规范,应当具备某种正当性基础。另一方面,在我国,社会团体的设置不像公司一样没有数量或者实质性条件的限制,在一定的行政区域内从事相同或类似业务范围的社会团体只能有一个,[54]因此该社会团体除了不以营利为目的,还应当肩负起其宗旨和业务范围内的公益目的,其活动应当受到利益相关方的监督,否则就会出现上文提到《生食三文鱼》团体标准事件后人们的质疑:市场主体为自己设定的规则何以值得信赖?

团体标准正当性除建立在技术和经济权威上之外,还应当通过其他更为“经典”的方式提高其接受程度。换言之,我们要求的除了决定或标准的实质合理性,还有“看得见的正义”。公法恰恰提供了一系列为决定提供正当性的机制,例如公开和参与,要求利益相关方充分表达意见。在团体标准的制定程序中,《标准化法》和《团体标准管理规定》也规定了消费者参与等要求,但仍然相当粗疏。公法可以被视作一套“复杂的行政合法化原理和技术”,[55]在社会团体对其标准化程序进行具体设计时,即可借鉴公法中关于提供决定正当性的制度要素。

3. 公法固定政府作为组织系统的过程和结构

国家和政府以一种常设性组织的形态处理治理社会所需协调的、复

---

[53] 参见[法]埃米尔·涂尔干:《社会分工论》,渠东译,生活·读书·新知三联书店2017年版,第356~358页。

[54] 参见《社会团体登记管理条例》第13条关于不予登记情形的规定。

[55] 沈岿:《复杂的行政合法化原理和技术——〈美国行政法的重构〉评介》,载https://www.aisixiang.com/data/46580.html,最后访问日期:2023年8月2日。

杂的系统际关系,这虽然是一个政治主导的过程,但也要令不同系统逻辑冲突、对话和达成一致。公法,尤其是行政法面临着复杂多变的社会治理实践,也为了避免政治和权力侵入本应当由其他系统自治的领域,在对环境的适应中开发了一套兼容其他子系统理性的机制。

国家和政府并非像自然人一样的人格主体,其意志的形成和贯彻需要通过特殊的技术手段。公法首先必须保证政府能够令决策人员形成有效、"真实"的意志,以保障政府能够正确且严格地执行更高层次的公共意志(如代议机关形成的集体决定)。在组织内部,为了降低复杂性,有行政组织法确定各个机关的权限和组成方式。组织体是由人组成的,人除了在组织体中的职务或身份,还有其他身份,因此公法还需要一套避免权力寻租的监督机制,令组织系统形成有效边界。在外部,则需要对集体意志和外部行为的纠正机制,在行政法理论中,行政行为的效力理论以及行政诉讼、国家赔偿等制度,均能起到这样的作用。

随着政府面临的治理实践越来越复杂,公法需要适应新的环境,新的制度图景浮出水面,旧有制度也在逐渐修正,并传导至法教义学、法理论层面。就例如传统大陆法上广泛使用的比例原则,可以通过吸收源自美国法的成本收益分析(cost-benefit analyse)方式提升其精确性,[56]以促成决策的科学化,这也成为一种控制公共权力的新方式。[57] 这些制度还给其他子系统的理性逻辑参与到政府活动中提供了契机,为各个系统提供对话协商的场所。

我们可以这样说:政府本身是一个组织系统,公法固定了该系统的过程和结构。政府是现代社会最为复杂和完备的非营利性组织体,架构和规范政府行为的公法,则是最为完备的组织体运行规则。在本文聚焦的标准化活动中,除了民间标准,政府主导制定官方标准也是一个对不同系统协调的过程,只不过该过程由政治系统主导。因此,公法也可以作为社会团体这类组织系统内部秩序的建构范本。

---

[56] 参见刘权:《比例原则的精确化及其限度——以成本收益分析的引入为视角》,载《法商研究》2021 年第 4 期。

[57] 成本收益分析本身就是美国总统设置于白宫内的机构"管理和预算办公室"(Office of Management and Budget,OMB)用于监督控制下级机构决定的方式。

(三)如何借鉴公法原则或制度

本文所言社会团体借鉴公法原则,并不是指社会团体的标准化行为一定要被强制遵守公法原则和规则,而是指遵守这些原则而生产的标准是更为“优质”的,是值得鼓励和促进的。

1. 必要的调适和具体化

我国标准化委员会分别于2016年、2018年公布了两个关于团体标准化的推荐性标准:《团体标准化　第1部分:良好行为指南》(GB/T 20004. 1 – 2016)和《团体标准化　第2部分:良好行为评价指南》(GB/T 20004. 2 – 2018);2019年多部委共同出台的《团体标准管理规定》(国标委联〔2019〕1号)规定,制定团体标准的一般程序包括:提案、立项、起草、征求意见、技术审查、批准、编号、发布、复审。该文件的性质是其他规范性文件,不属于行政法的正式渊源,因此实际上也只有指导性效果。

之所以不能直接对团体标准化进行全面的强制性规定,一方面是因为对市场行为施加干预需要符合辅助性原则、法律保留原则和比例原则的要求;另一方面是因为标准化程序本身也是需要被不断调适和创新的,私人部门可以根据该领域标准化的需求制定特别的社会团体的内部规则以及标准化程序。如果将国家法规范的生产方式全盘套用于团体标准化活动,那么就是将此系统的逻辑强加给彼系统,将会导致被动系统的混乱。

团体标准以及团体标准的生产方式本身都是私人部门创造力和灵活性的体现。但出于对重要且明确公共利益进行保护的目的,国家法也可以对团体标准的制定提出要求。《标准化法》第18条要求“制定团体标准,应当遵循开放、透明、公平的原则,保证各参与主体获取相关信息,反映各参与主体的共同需求,并应当组织对标准相关事项进行调查分析、实验、论证”。虽然这是一条“应为”规范,但却没有明确具体的内容。当然,法律也很难对类型丰富的团体标准生产作出具体的要求。

本文认为,有必要将团体标准根据生产和目的,即是否为了达成较大范围内的“自愿一致”,对团体标准进行进一步的类型化。在美国,得到“自愿一致同意”的标准(voluntary consensus standards)一般被认为更具权威性,“自愿一致同意”的标准并不是指所有参与标准化的个体均同意的标准,美国行政和预算管理办公室(Office of Management and Budget, OMB)1982年发布的Circular A – 119号给出的一般性识别标准包含了几个要素：公开、利益均衡、正当程序、申诉程序、以达成共识为目标；要求标准"获得普遍同意但不一定是全体一致"(general agreement, but not necessarily unanimity)，包括试图解决有关各方反对意见的程序。当社会团体主张制定"自愿一致同意"的标准时，就必须具备一定的资格，并遵守较为严格和公开的程序，国家可以赋予此类标准以特别的标识，逐渐建立类似 ANSI 的、通过管理标准化组织建构的民间技术标准管理体系。

若团体标准生产了获得国家认可的标准，那么该团体及其成员本身也能获得更大的影响力(无论是对市场还是国家政策)和知名度，这也是一种重要的利益。[58] 政府因其掌握的政治权威和公共权力成为此类稀缺利益的掌握者，可以激励私人部门主动将其专业知识转化为社会规范，形成一种处于动态、竞争和协商对话之中的公私部门合作机制。

我国目前也有相应的激励措施，但这种激励措施远远不够，未来应当提供常态化的渠道，将团体标准纳入国家法体系，而不是仅将其作为解释性的材料。如果团体标准与国家法体系接轨，满足公法对于规范的要求就更为必要。由于公法制度在适用于社会团体的标准化活动时，只能作为范本并进行具体化的调适，故本文这里仅讨论公法原则提出的核心要求。

2. 可资借鉴的公法原则

公法原则的内涵本身也存在诸多争议，因此下文只提出几项值得团体标准生产借鉴的、公法中创制规范的基本要求。公法难以成为标准内容的参照，因此这些原则主要为程序性原则，而程序正是由行为的方式、步骤和时间、顺序构成正当化过程，[59]即将标准的技术和经济权威转化成作为排他性理由规范的过程。正当程序如何构造可以存在不同的范式：以司法类推为范式的"适当性模式"、追求利益平衡和达成正确结果的"效能模式"、以自然权利理念为核心的"尊严价值模式"。[60] 这些不同范式蕴含着对相关的、彼此竞争的社会价值如何进行排序的判断，但其均包

---

[58] See Mendelson, Nina A. , *Private Control Over Access to the Law: The Perplexing Federal Regulatory Use of Private Standards*, Michigan Law Review 112, No. 5 (2014), p. 737 – 807.

[59] 参见刘东亮：《正当程序的法理：法律和社会科学多视角的分析》，法律出版社 2022 年版，第 59 页。

[60] 参见[美]杰瑞 · L. 马肖：《行政国的正当程序》，沈岿译，高等教育出版社 2005 年版，第 19 页。

括以下几个基本要求：

第一，规范以及制定中的规范公开是规则之治的一项基本要求。当然，如果标准只是在小范围内使用，不会影响市场和消费者认知，考虑到知识产权和商业秘密泄露的风险，制定中以及制定完成的团体标准没有向社会公众公开的必要。但实际上，小规模使用的标准往往由单个或数量有限的几个企业制定企业标准，因为我国对社会团体本身成员和经费的严格要求，团体标准一般更倾向于谋求较大范围内共识的标准，团体标准想要获得更高程度的认可，公开就是有必要的。如果技术细节因为知识产权问题不能满足上述公开的要求，那么也可以将该技术细节转化为消费者或普通大众关注并可以理解的要素进行公开和征求意见。

第二，说明"理由"。标准不仅要公开，而且还要对关键争议和问题进行理由说明和回应，说明选择某种技术方案的考量，这一点也体现在《团体标准管理规定》中：团体标准"涉及消费者权益的，应当向社会公开征求意见，并对反馈意见进行处理协调"。在说明理由的过程中，技术信息将被筛选和转化为普通消费者可以理解的信息，从而实现有效的参与，令诸子系统实现充分的对话。

第三，利益冲突的预防机制。这在公法制度中经常体现为回避制度，即便是在高度技术化的行政领域，为提升行政决定精确性的"专家咨询"也要考虑咨询范围的技术性、遴选的技术理性优先兼顾均衡性、咨询程序遵循科学方法和竞争性等。[61] 这是为了防止个人利益的考量取代参与者对子系统逻辑的考量，导致团体标准化不再成为理性对话的场所而沦为权力寻租的工具。

除上述程序原则之外，公法中组织法关于机构设置和运行的规定也可以作为参照。当然值得借鉴的公法原则并不限于上述几个要求，本文只是抛砖引玉，提示我们在对待团体标准这种以社会规范形式展现的子系统协调机制时，应当采取何种逻辑进行。

五、结语

以系统论为代表的诸多社会学理论描述并预言了社会的高度分化，

---

[61] 参见成协中：《科学理性导向下的行政正当程序》，载《华东政法大学学报》2013年第5期。

各个社会诸子系统以其自己的理性逻辑独立运行。但分化和封闭不意味着不对其他子系统的变化作出反应,否则这一系统将因为无法适应环境而走向瓦解。我们需要一种协调机制处理系统际的关系,以政治为中心的协调机制已经无力完成这一任务,“去中心化”的协调机制呼之欲出,社会团体和团体标准便是这种趋势的产物。

公法所崇尚的基本价值令我们的目光集中于国家政治权力的行使,但当政治权力正在退出某些领域或在这些领域中以强制之外的手段发挥作用时,公法是否应当放弃对这些领域的调整?公法到底应当在社会治理中发挥什么作用,如何发挥作用?若要回答这些问题,我们需要跳出“法律自我观察”的一阶视角,站在“对法律自我观察之观察”的二阶视角,探究法律作为独立、自治、具有自我反思能力的社会子系统,在社会诸子系统整合中应当承担何种功能。

在这种分化与整合交织的背景下,作为国家法一部分的公法和由非国家组织生产的软法之间又应当如何互动协作?对于团体标准的分析乃是一个观察的窗口。公法因其技术性特征可以作为系统际系统运行和系统间结构耦合形成规则的范本。在目前以及未来的相当一段时间内,国家或政府作为社会治理和协调中心的地位并不会改变,但我们需要组织和运行良好的社会团体作为合格的合作治理者,期待本文的分析对于新的法律治理实践能够有所助益。

●论行政处罚权"交由"行为的法律属性

——对新《行政处罚法》第24条的解读

王敬文*

摘　要：新修订的《行政处罚法》第24条新增了省级机关将县级政府部门部分行政处罚权"交由"乡镇街道行使的规定，使行政处罚权能更好满足基层的现实需要。但对这种"交由"行为的法律性质，有待探讨。"交由"行为不是行政委托，不同于行政授权，也与授权立法有差异，而是具有自身特点的新型行为和制度类型，应对其法律性质进行重新定性。"交由"应当属于一种受法律委托行为，法律委托是一个新的概念，体现为法律对权力赋予事项先作出规定，然后由非直接利害关系的其他相关机关具体落实，类似于立法机关委托其他机关去履行本应当由立法机关完成的事项。对"交由"的法律委托的定性，有利于澄清理论上的误区，更有利于该规定的有效实施。

关键词：处罚权下移；法律委托；乡镇街道处罚权

2021年7月15日实施的《行政处罚法》有许多创新之处，将县级人民政府部门的部分行政处罚权"交由"乡镇街道行使就是其中之一。但该"交由"的法律性质是什么，如何对其进行适当定性，如何进一步适用等，则是需要从理论上进一步探讨的问题。

一、《行政处罚法》增加了行政处罚权的"交由"规定

（一）行政处罚权"交由"的含义

按照《行政处罚法》第24条第1款的规定，"省、自治区、直辖市根据

---

* 东南大学法学院博士研究生。

当地实际情况,可以决定将基层管理迫切需要的县级人民政府部门的行政处罚权交由能够有效承接的乡镇人民政府、街道办事处行使,并定期组织评估。决定应当公布”。对此规定,有的称之为赋权基层、处罚权下放、授权乡镇街道等,但这些称谓往往带有直接对其进行定性的意味,而这种定性又往往存在不准确的问题。因此,为了客观研究的方便,本文将该条中的“交由”一词单独提出来,作为该规定的名称,称之为行政处罚权的“交由”行为。

可以说,《行政处罚法》第24条创设了一种行政处罚管辖权下移的“交由”规定,这是修改前的法律条款中所没有的。这里的交由主体是省级的主体,但到底是省级人大及其常委会,还是省级人民政府,则没有明确,应当都可以,为此,本文统称其为省级机关;交由的对象是乡镇人民政府和街道办事处;交由的内容是县级人民政府部门的行政处罚权。

需要说明的是,“交由”条款的内容实际上包括三个方面:一是法律对省级机关的委托行为;二是省级机关对行政处罚权的授出行为;三是乡镇级政府和街道办事处获得行政处罚权。而本文研究的重点在省级机关对行政处罚权的“交由”。

(二)“交由”规定创设的背景及演变历程

“交由”规定的创设,是为了解决县区级政府部门对违法行为“管得着但看不见”以及乡镇街道“看得见而管不住”的问题。在《行政处罚法》修改之前,具有行政处罚权的机关是县级及以上部门,①而乡镇街道并没有行政处罚权,这种制度设计,与当初行政处罚法制定时的现实有关,“将行政处罚权限制在县级政府及其职能部门,有考虑未来乡镇走村民自治道路,防止乡镇机构膨胀、人浮于事,避免乡镇政府滥罚款等多重因素”。② 但随着我国乡镇街道的不断发展,当初所考虑的因素已经发生很大变化,转而对执法权的需求却与日俱增,“乡镇执法职能供给已经远远滞后于乡村社会与日俱增的执法需求”。③ 由此产生的问题即是,“乡人

① 原来的《行政处罚法》第20条规定,“行政处罚由违法行为发生地的县级以上地方人民政府具有行政处罚权的行政机关管辖。法律、行政法规另有规定的除外”。

② 李立:《有责无权:乡镇政府行政执法何去何从》,载《法制日报》2008年6月11日,第8版。

③ 夏正林、何典:《我国乡镇政府执法权配置研究》,载《江淮论坛》2019年第6期。

民政府、镇人民政府和街道办事处是最基层的政府机关,往往是最早、最直接发现违法行为的机关",④而当违法行为发生在乡镇街道时,却因为没有处罚权,乡镇街道并不能处罚,而具有行政处罚权的县级政府部门又往往不在违法行为的发生现场,远水不解近渴,无法对违法行为进行及时处理,这是长期以来困扰行政执法的一个结。"当功能与机关的客观构造上彼此联系,那么这便意味着:当某机关的结构与由它所行使的基本功能之间不适配时,那么这样的功能行使与分配在原则上是被禁止的"。⑤

乡镇街道作为行政处罚的"无权"主体是被长期关注、探讨并待解决的对象,"赋权"是为了深挖或激发"无权"者的潜能,解决"无权"主体的困境。⑥ 为解决这种困境,也是为了进一步推进"放管服"改革,党的十八大以来,开始探索行政管辖权下移的改革,具体体现为三种路径:一是通过党的重要会议决定作出规定;⑦二是通过中共中央和国务院联合出台相关政策文件的形式予以规定;⑧三是一些地方陆续进行执法权下移的试

④ 胡建淼:《〈行政处罚法〉修订的若干亮点》,载《中国司法》2021年第5期。

⑤ [德]康拉德·黑塞:《联邦德国宪法纲要》,李辉译,商务印书馆2007年版,第383页。

⑥ 参见何雅萍:《"街道赋权":城市基层治理中"属地逻辑"的创新——基于对H街道办事处"吹哨报到"机制的观察》,载《石家庄铁道大学学报(社会科学版)》2020年第4期。

⑦ 2013年,党的十八届三中全会决定提出要求:"对吸纳人口多、经济实力强的镇,可赋予同人口和经济规模相适应的管理权"。2018年,党的十九届三中全会决定要求,"根据工作实际需要,整合基层的审批、服务、执法等方面力量,统筹机构编制资源,整合相关职能设立综合性机构,实行扁平化和网格化管理",明确提出,"深化行政执法体制改革,统筹配置行政处罚职能和执法资源","减少执法层级,推动执法力量下沉","使基层有人有权有物"。

⑧ 2010年4月中央编办、中农办等部门联合发布了《关于开展经济发达镇行政管理体制改革试点工作的通知》,要求试点地方"按照强镇扩权的原则,赋予部分县级经济社会管理权限,着力下放城建、环保、治安等涉及城市建设和管理方面的行政管理权限"。由此,拉开了由县政府及其工作部门将县级行政处罚权交给经济发达镇行使的尝试。2016年中共中央办公厅、国务院办公厅出台《关于深入推进经济发达镇行政管理体制改革的指导意见》提出,"省(自治区、直辖市)政府可以将基层管理迫切需要且能够有效承接的一些县级管理权限包括行政审批、行政处罚及相关行政强制和监督检查权等赋予经济发达镇,制定目录向社会公布,明确镇政府为权力实施主体"。2019年中共中央办公厅、国务院办公厅出台《关于推进基层整合审批服务执法力量的实施意见》,规定"按照有关法律规定相对集中行使行政处罚权,以乡镇和街道名义开展执法工作","由省级政府统一制定赋权清单,依法明确乡镇和街道执法主体地位"。2021年4月《中共中央 国务院关于加强基层治理体系和治理能力现代化建设的意见》再次重申"加强基层政权治理能力建设"的重要性,要求依法赋予乡镇(街道)综合管理权、统筹协调。

点，赋权经济发达的乡镇，推动执法权下移工作，[9]甚至一些设区的市通过地方立法的方式，对乡镇街道的执法权作出了规定。[10] 这些，都在试图解决这种现实的困境。当然，在各地探索过程中，也曾出现一些选择性放权现象，[11]由此，“不仅没有推动乡镇政府朝着真正担负起行政执法职责、切实提升执法能力的方向迈进，反而使县级有关执法部门获得了逃避职责的‘合法理据’，使得政府职能事项的实际责任主体越发模糊了”。[12]

而《行政处罚法》第 24 条的规定，不仅是将中央相关政策上升为法律规范，也是对各地实践先行先试做法的法治化，更是对实践权力下移不规范或选择性放权问题的一种优化，明确由省级机关将县级政府部门的相关处罚权交由乡镇街道行使，解决了多年来乡镇街道执法的困境，也为管辖权的下移提供了坚实的法律依据，“其最为核心的目的都在于，使权力的配置、运行契合当代中国基层社会的快速变迁，解决在该过程当中出现的治理问题，实现国家治理体系与治理能力的现代化”。[13]

二、对“交由”法律属性的各种观点辨析

当下要研究的问题是，省级机关对乡镇街道处罚权“交由”行为的法律性质是什么？对此进行充分研究，将有助于该制度的正确和有效实施。关于“交由”的性质问题，目前有行政委托说、行政授权说、授权立法说等主要的观点，或认为“既可以是授权，也可以是委托”。[14] 但仔细分析就会发现，这些观点都站不住脚。

---

⑨ 例如，2018 年江苏省制定的《关于深化综合行政执法体制改革的指导意见》、2019 年北京市制定的《关于加强新时代街道工作的意见》、2019 年贵州省印发的《关于〈深化综合行政执法改革有关问题的政策口径〉的通知》等。

⑩ 《常州市违法建设治理办法》第 6 条第 2 款规定：“镇人民政府（街道办事处）应当履行违法建设属地管理职责，及时发现和制止违法建设，并依照职权实施违法建设查处的相关工作。”《资阳市违法建设治理办法》第 6 条第 1 款规定，“……乡（镇）人民政府按照法定职责具体负责本行政区域内乡村违法建设治理工作。城乡规划执法部门、城市综合行政执法部门、乡（镇）人民政府以下简称为查处机关”，等等。

⑪ 参见吴素雄、吴艳：《强镇扩权中的权责悖论与权力结构优化——以温州市柳市镇为例》，载《中共杭州市委党校学报》2012 年第 5 期。

⑫ 吕普生、吕忠：《中国基层执法中的相机选择：从策略赋权到话语使用》，载《中国行政管理》2020 年第 2 期。

⑬ 陈柏峰：《乡镇执法权的配置：现状与改革》，载《求索》2020 年第 1 期。

⑭ 黄海华：《新行政处罚法的若干制度发展》，载《中国法律评论》2021 年第 3 期。

(一)对定性为行政委托观点的辨析

有人认为,“交由”是一种行政委托,是行政机关委托乡镇街道行使行政处罚权。本文认为,这种观点并不正确。

关于行政处罚的行政委托,在《行政处罚法》中也有专门规定,不仅行政处罚的行政委托与管辖权的“交由”内容被放置在不同的章节之中,[15]说明其并不属于同一性质的行为,而且,对两者进行仔细比较,也会发现存在较大差异,甚至是本质性差异。

首先,就被委托的主体而言,行政委托的被委托主体是“组织”,没有规定国家行政机关可以作为被委托主体。[16] 根据《行政处罚法》第20条关于行政委托的规定,被委托主体是组织,而根据第21条的规定,[17]这个组织“依法成立并具有管理公共事务职能”,显然,该组织不是行政机关,更确切地讲,是一个非行政机关的组织。而行政处罚的被“交由”主体则完全不同,发生在国家机关之间,是具有行政机关性质的“乡镇人民政府、街道办事处”,与“具有管理公共事务职能”的资格条件截然不同。

其次,行政委托不产生权力的转移。根据《行政处罚法》的规定,“受委托组织在委托范围内,以委托行政机关名义实施行政处罚”,委托机关对被委托组织实施的处罚行为承担法律后果。换言之,被委托的主体不是独立的行政处罚主体,不能独立行使行政处罚权。但是“交由”是发生权力转移的,被交由的乡镇街道获得了县级政府部门的行政处罚权,以自己的名义行使行政处罚权,并对其所实施的行政处罚行为承担相应的法律后果。可见,“交由”与行政委托具有本质区别,“交由”不是行政委托。

再次,行政委托是委托主体与被委托主体之间直接发生关系,即行政机关在“其法定权限内”将行政处罚权直接委托给其他组织,没有中间隔层,是行政处罚的实施机关将处罚权直接交到了被委托主体手中。而在交由行为中,被交由行政处罚权的县级政府部门并不与乡镇街道直接发

---

[15] 行政委托的内容在《行政处罚法》第三章的“行政处罚的实施机关”,而交由行为的内容在《行政处罚法》第四章的“行政处罚的管辖和适用”。

[16] 行政处罚的委托不同于行政许可的委托,后者受委托的主体是行政机关。

[17] 《行政处罚法》第21条规定,受委托组织必须符合以下条件:(1)依法成立并具有管理公共事务职能;(2)有熟悉有关法律、法规、规章和业务并取得行政执法资格的工作人员;(3)需要进行技术检查或者技术鉴定的,应当有条件组织进行相应的技术检查或者技术鉴定。

生关系，而是由省级机关出面，将县级政府部门处罚权交给乡镇街道。

因此，无论从权力的转移与否，还是行政法律关系的内容等方面看，交由行为只是与行政委托行为存在似是而非的关系，但不是行政委托行为，不能将交由行为看作行政委托。

（二）对定性为行政授权观点的辨析

有人认为，交由行为是一种行政授权。江必新等就肯定地认为，对于省级交由行为应理解为行政授权。[18] 但本人认为这种观点并不正确。

对何为行政授权，目前虽然并没有一个明确的定义，但主流观点认为，是指“行政机关在法律、法规明确规定可以授权的情况下，根据行政管理的需要，通过法定的方式和程序，将其行政职权的全部或者部分转让给有关组织，并由有关组织据此以自己的名义行使该职权，承受该职权行为效果的法律制度”。[19]

交由行为与行政授权有一定相同点，体现为：一是都发生了行政权力的转移，被授权的行政主体具备了行政主体资格，能以自己的名义行使所授予的行政权；二是行政权发生转移，都有法律的依据，而不是授权机关随意授权。

但两者的不同点是显而易见的。一是被授权的仍然是非行政机关的组织。无论是行政许可还是行政处罚，被授权的组织一般都是法律法规授权组织，[20]而被“交由”的主体则是行政机关的乡镇街道。二是最主要的区别是，行政授权是授权主体在自己权限范围内将自己的行政权授予了被授权主体，而不是拿别人的权力进行授予。而交由行为则不然，虽然也发生了行政处罚权力的转移，但交由机关是将别的机关权力交了出去，是省级机关将县级政府部门的行政处罚权交给了乡镇街道，交出去的不是省级机关自己的行政处罚权；而县级政府部门虽然拥有处罚权，但并不是“交由”的主体。因此，“交由”是交出别人的权力，不同于将自己权力

---

⑱ 参见江必新、夏道虎：《中华人民共和国行政处罚法条文解读与法律适用》，中国法制出版社 2021 年版，第 78 页。

⑲ 朱长娥：《我国行政授权的程序性规制研究》，载《吉首大学学报（社会科学版）》2015 年 S2 期。

⑳ 《行政处罚法》第 19 条规定，法律、法规授权的具有管理公共事务职能的组织可以在法定授权范围内实施行政处罚。

交给别人的行政授权行为。至于在《行政处罚法》修订之前的一些地方由县级政府部门将相关权力直接赋予乡镇的做法，[21]毕竟属于探索性的做法，没有法律依据作支撑，不能算真正的“交由”。

因此，交由行为虽然发生了行政处罚权的转移问题，但因为与行政授权中的被授权主体的行政机关属性以及权力转移中所具有的不同关系结构，因此，不能将交由行为看作行政授权，二者甚至存在非常大的差异。

（三）对定性为授权立法观点的辨析

有人认为，交由行为是一种授权立法，是法律授权省级机关作出具有立法性质的决定，然后将县级政府部门的部分行政权授予乡镇街道。这种观点最易被人们认同，但如果仔细分析，就会发现，交由不同于授权立法。

要考察这个问题，首先必须弄清授权立法的准确含义。目前，对授权立法的含义有不同理解，[22]然而，根据我国《立法法》的规定，首先，授权立法的主体只能是全国人大及其常委会，其他主体并不是立法授权主体，是全国人大及其常委会将法律相对保留的立法事项授予特定主体行使的制度，而被授权主体只能是国务院或经济特区的人大及其常委会，以及后来通过决定形式形成的被授权主体是浦东法规制定者即上海市人大及其常委会，[23]除此之外，再没有其他被授权主体。其次，授权立法是授权主体直接将相关的立法权授予了被授权主体，而没有中间环节，被授权主体直接行使所授予的立法权。再次，授权立法制定之后，被授权主体还必须将授权立法报授权主体进行备案审查，授权主体对其所授之权具有监督的职责。

就交由行为而言，这里有几个主体并涉及几个法律关系，可以沿着如下逻辑来分析。首先，即使《行政处罚法》对省级机关作出立法授权，但由于立

---

[21] 例如，温州市、县两级就曾经相继出台相关政策性文件，赋予柳市镇更多的县级社会管理权限。参见吴素雄、吴艳：《强镇扩权中的权责悖论与权力结构优化——以温州市柳市镇为例》，载《中共杭州市委党校学报》2012 年第 5 期。

[22] 有的认为，立法授权包括专门作出授权决定的授权，又包括法条授权。参见武增：《中华人民共和国立法法解读》，中国法制出版社 2015 年版，第 64 页。

[23] 2021 年 6 月 10 日第十三届全国人民代表大会常务委员会第二十九次会议通过《全国人民代表大会常务委员会关于授权上海市人民代表大会及其常务委员会制定浦东新区法规的决定》，“授权上海市人民代表大会及其常务委员会根据浦东改革创新实践需要，遵循宪法规定以及法律和行政法规基本原则，制定浦东新区法规，在浦东新区实施”。

法被授权主体具有特定性要求,不可能将所有的省级机关都作为立法被授权主体,那么多省级机关不符合立法被授权主体资格条件,更何况省级机关既有权力机关,还有行政机关,不能都成为被授权主体。由此可以判断,《行政处罚法》对省级机关的授权行为不是立法授权行为。其次,即使省级机关获得了法律授权,也不能进行再次授权。因为省级机关不是立法授权主体,不能进行立法授权,更不能将其获得的授权进行二次授权,省级机关对乡镇街道的交由行为不是授权立法行为,更不能从事授权立法行为。[24] 再次,即使省级机关可以进行授权,但对乡镇街道的授权也不是立法被授权主体,因为乡镇街道所得到的只是行政处罚权,而不是立法权,不符合授权立法的基本原理。最后,对于省级机关所作出的管辖权下移的“决定”,也无需报全国人大常委会备案。可见,无论是“形”还是“神”,“交由”都与立法授权不同,“交由”并不是立法授权,甚至与立法行为无关。

综上,“交由”行为既非行政委托,也非行政授权,更非授权立法,不能归为其中的任何一类,“兼具授权或委托的部分特点,又不完全等同于任何一类”。[25] 可以说,其性质和表现形式不同于以往的任何一种成型的制度。

三、行政处罚权“交由”行为应定性为受法律委托行为

对一种事物的定性,要根据该事物本身的特点来决定,而不能拘泥于现有制度框架,更不能生拉硬扯,强硬地将其归属某一类型。对“交由”行为法律属性的界定,必须跳出既有的制度框架,另辟蹊径,从一种新的视角重新进行界定。本文认为,“交由”行为应当定性为受法律委托性质。

---

[24] 实践中,一些地方在《行政处罚法》修订之前就以地方性法规的形式直接赋予街道以处罚权,这本身就有违法的嫌疑。例如,《上海市街道办事处条例》(2017 年修订)第 10 条规定,“街道办事处设立街道监察队……街道监察队在辖区内对违反市容、环境卫生、环境保护、市政设施、绿化等城市管理法律、法规规定,以及违法建筑、设摊、堆物、占路等行为,应当责令改正,并可以依法对单位处以警告、一千元以下的罚款,对个人处以警告、五十元以下的罚款;有权暂扣违法物品、违法所得,拆除违法建筑”。而《天津市街道综合执法暂行办法》直接授权街道办事处行使由城市管理综合执法机关行使的全部行政处罚权以及卫生、环保、劳动保障和水务等行政管理领域的行政处罚权。2020 年 4 月的《北京市人民政府关于向街道办事处和乡镇人民政府下放部分行政执法职权并实行综合执法的决定》则直接将由城管执法部门、生态环境部门、农业农村部门和卫生行政部门行使的部分行政处罚权赋予街道办事处和乡镇人民政府,由乡镇(街道)依法行使与之相关的行政检查权,实行综合执法。

[25] 王红建等:《新〈行政处罚法〉疑难条款的解读与适用》,法律出版社 2021 年版,第 157 页。

（一）受法律委托概念的提出

受法律委托，是本文创新的一个概念，是根据“交由”行为及类似行为的特点而作出的界定。

实际上，仔细考察就会发现，类似的受法律委托现象在我国相关法律中早有规定。比如，《立法法》中赋权省级人大常委会对设区的市赋予立法权的规定，[26]虽然《立法法》已经将相关地方立法权赋予了设区的市，但具体开始立法的时间和步骤，则交给省级人大常委会在充分考虑相关因素的前提下来具体落实。又如，《行政处罚法》允许国务院、省级政府对相对集中处罚行为赋权的问题，[27]即已经规定了一个行政机关可以同时行使其他有关机关所拥有的行政处罚权，但具体是哪个机关来集中行使，以及行使的是哪几个机关的处罚权，则交给国务院、省级人民政府去具体落实等，都属于此类情况。

从上述情况可以看出受法律委托的特点有：

一是法律的明确规定是受法律委托的前提。首先需要法律已经对相关权力的转移或获得作出明确规定，“国家权力的配置应由立法机关通过立法过程实现……通过制定反映公共意志的法律分配国家权力，始具有配置权力的结果正当性”。[28] 权力配置问题是法律保留事项，没有法律的规定，或法律规定得不够明确，就没有国家机关权力的配置，也更不可能存在受法律委托，“只有立法设定和赋予的职权才是合法的职权，立法以外其他途径不能产生行政职权，行政机关不能在立法之外获取职权”。[29]

---

[26] 《立法法》第81条第3、4款规定，除省、自治区的人民政府所在地的市，经济特区所在地的市和国务院已经批准的较大的市以外，其他设区的市开始制定地方性法规的具体步骤和时间，由省、自治区的人民代表大会常务委员会综合考虑本省、自治区所辖的设区的市的人口数量、地域面积、经济社会发展情况以及立法需求、立法能力等因素确定，并报全国人民代表大会常务委员会和国务院备案。自治州的人民代表大会及其常务委员会可以依照本条第1款规定行使设区的市制定地方性法规的职权。自治州开始制定地方性法规的具体步骤和时间，依照前款规定确定。

[27] 《行政处罚法》第18条第2款规定，国务院或者省、自治区、直辖市人民政府可以决定一个行政机关行使有关行政机关的行政处罚权。

[28] 曹海晶等：《赋予乡镇（街道）行政处罚权的进路研究》，载《特区实践与理论》2021年第1期。

[29] 杨小君：《契约对行政职权法定原则的影响及其正当规则》，载《中国法学》2007年第5期。

二是法律所规定的制度尚有一个落实过程是受法律委托存在的客观原因。本来应该由法律对相关主体进行直接赋权,而且也确实属于法律应当规定的权力,但由于种种客观原因无法一步到位地赋权,而是交给某一机关具体去落实,这个过程可能需要一段时间。因此,如果法律规定已经一步到位,则无需进行委托。

三是受法律委托的机关具有一定超脱性。受法律委托的机关本身并不是权力转移的直接对象,不是法律规定的权力获得者,并不因此获得法律规定的相应的权力,而只是某一项权力转移的具体落实者,负责将法律的相关规定落实到具体权力对象身上。

四是法律对新权力的产生承担直接责任。权力获得的主体所获得的权力来自法律的规定,因为有了相关的法律规定而具备获得相关权力的主体资格,而受法律委托者在此过程中只是一个法律实施者,其行为本身并不创新权力,该权力是否应当获得或获得的合法性问题,由法律承担责任,而不是由具体实施的受委托者承担责任。

从以上特点中,可以概括出受法律委托的含义,即受法律委托是指,法律已经在相关条款中对某项权力的赋予作出了明确规定,但由于客观原因而不可能一步到位地直接赋予相关主体,需要分阶段逐步实施,于是就将具体赋予的工作交给某机关来落实,以实现法律赋权的一种制度。

需要说明的是,受法律委托不同于委托立法。委托立法起源于西方国家,是“立法机关通过一定的形式将立法权授予行政机关,行政机关在立法机关授权的范围内,代替立法机关制定具有和法律同等效力的法规命令”,㉚实际上类似于授权立法。显然,在内涵和本质方面,受法律委托都不同于委托立法。

(二)“交由”行为的受法律委托性质的具体体现

结合受法律委托的特点以及行政处罚权“交由”的特点,可以看出,“交由”属于一种受法律委托,体现在以下方面:

首先,《行政处罚法》已对乡镇街道可以行使部分县级政府部门的行政处罚权作出规定。“当将行政执法权下移到乡(镇)人民政府以及街道办事处时,这种执法权的调整就超越了执法权内部优化的范畴,而属于行

㉚ 孙雯:《中西方委托立法之比较》,载《山东法学》1997年第4期。

政执法权的重新配备,使不具有主管职能的组织获得了主管特定行政事务的权力”,[31]由法律作出规定是必然的要求。为此,《行政处罚法》第24条明确规定要将基层管理迫切需要的县级人民政府部门的行政处罚权交由能够有效承接的乡镇人民政府、街道办事处行使,此时,乡镇街道已经具备了普遍意义上的行政处罚主体资格。换言之,在法律上,乡镇街道已经具有行使行政处罚权的可能性,只是时间的问题;乡镇街道成为行政处罚的主体将成为一种常态,而不是个别现象。

其次,省级机关所扮演的角色是具体落实的问题。由于各地情况的不同,特别是经济社会发展水平不同、执法条件各异,《行政处罚法》不可能一步到位地将这种行政处罚权直接赋予乡镇街道,而是要求省级机关“根据当地实际情况”,采取部分、适当、有条件放开的逐步落实措施。因此,省级机关在其中所起的作用,一是落实《行政处罚法》的要求,将县级政府部门的部分行政权进行厘清,交给本行政区域内的乡镇街道,并“定期组织评估”。二是省级机关的行为并非直接赋权性质,只是受法律的委托或受国家立法机关的委托作出落实而已,其本身并没有创造新的内容;换言之,乡镇街道的行政处罚权以及相应的执法主体地位,并非省级机关赋予的。

再次,省级机关本身处于比较超脱的地位。在行政处罚权下放过程中,省级机关并不是权力的当事人,既不是授权主体,也不是被授权主体,而是处于授权主体的全国人大常委会与行政处罚权获得主体的乡镇街道之间的中间者地位。同时,省级机关不是所下放的权力的拥有者,行政处罚权本身的拥有者是县级政府部门,省级机关按照行政处罚法的要求,将县级政府部门的部分行政处罚权交给乡镇街道行使。需要说明的是,之所以委托给省级机关,而非设区的市甚至县级机关来对处罚权进行配置,是因为:其一,省级机关是地方上的最高机关,加上各省级行政区内有诸多乡镇街道且存在较大差异,[32]由省级机关出面对行政处罚权进行配置,

---

[31] 卢护锋:《行政执法权重心下移的制度逻辑及其理论展开》,载《行政法学研究》2020年第5期。

[32] 有学者统计,在我国,存在不少于四种类型的县乡关系,除“县—街道”由两级政府调整为一级政府之外,其余三种关系均保留了乡镇原有的独立政府地位。乡镇区划建制的调整使县乡关系呈现多样化的走向,对乡镇发展的差异化表达产生了深刻影响。参见杨丹:《赋予乡镇政府行政处罚权的价值分析与法治路径》,载《四川师范大学学报(社会科学版)》2021年第6期。

更能从全省的范围内进行统筹,在避免一刀切的同时,也避免存在过大差异;其二,省级机关距离县级政府部门有一定层级上的空间,更能客观地对权力进行合理配置,并减少在权力配置上的干扰;其三,省级机关距离国家权力机关的距离最近,由省级机关出面进行权力配置,体现就近原则,符合上级对下一级委托的科层管理原则。可见,省级政府的这种超脱的地位,足以保证其能以更为客观中立的态度实现"交由"的任务。

最后,在法律责任承担方面。乡镇街道取得行政处罚权以及获得相应执法主体资格的合法性问题,由法律承担,省级机关并不承担,省级机关所承担的是,有没有将法律要求其做的内容落实落细。而且,对权力下放过程中所遇到的问题都应当由全国人大常委会作出相关解释,而不能由省级机关任意解释,比如,对"基层管理迫切需要"的事项范围、"有效承接的标准"的解释,以及对法律责任、机构设置等问题,都应当由国家立法机关作出解释,或经过国家立法机关的同意,因为"决定一个行政机关享有多少权力内容,不是由政府内部决定的,而是需要由立法机关才能敲定,这当然也包括地域管辖权在内,尤其是作为侵益行政行为的行政处罚的地域管辖权,理应更加严格地遵守"。[33]

当然,省级机关落实法律所委托的行为,不同于单纯的执法行为。一般而言,法律对某些事项作出规定之后,必然要涉及相关机关的执行问题,但此类事项的落实属于执法问题,且不是法律保留的事项,此时,其他相关机关就涉及一个执行的问题或只涉及执法问题,与本文所探讨的受法律委托行为有本质的区别。

(三)对"交由"行为的受法律委托定性的意义

对"交由"行为进行法律定性不是目的,目的是在正确定性之后,更好地实施该制度。在此过程中,要按照受法律委托的性质进行落实。

1. 国家权力机关应当尽可能作出更为详尽的规定。

既然是法律委托,那么,立法本身或立法后续的相关规定应当尽量明确,否则,受委托具体操作的机关将难以有具体的遵循标准。正如有学者所言,"如果我们不能妥当地对这些问题作出相应的阐明,并在制度建设

---

[33] 熊樟林:《行政处罚地域管辖权的设定规则——〈行政处罚法(修订草案)〉第21条评介》,载《中国法律评论》2020年第5期。

的基本方面达成共识,那么行政执法权重心下移的多样性就可能异化为'乱象',这对于行政执法权重心下移这一新的治理机制在理论体系的融入及其实践功能的发挥均是不利的”。[34] 当下,需要对权力下移中的相关问题,由国家立法机关作出解释,比如,哪些是“基层管理迫切需要的”,“能够有效承接”的标准是什么,“交由”应当遵循的基本原则和规则等,这里实际上涉及行政处罚权下移的范围、下移的标准、承接对象应当具备的条件、下移的程序等问题。为此,要对《行政处罚法》第 24 条中的几个关键词作出立法解释,由全国人大常委会作出立法解释,全国人大常委会也可以授权国务院制定具体的行政法规,对处罚权下移的相关问题作出具体明确的规定,然后再由省级机关作出具体落实。

一般而言,纵向权力配置的基本方向是,“把事关区域内全局、需要实行统筹或协调事项的权力适当集中到层级较高的地方政府;把属于各地方的社会管理、即时服务性强的权力下放给基层政府,使基层行政管理更加贴近公民、贴近实际,实现行政权力配置的下垂与行政组织设置的扁平化相一致”;[35]同时,“对于那些案情复杂隐蔽,专业性、技术性较强的违法案件则应由专业执法部门保留处罚权”,[36]不宜交由乡镇街道行使。对此,也要通过立法解释的方式加以明确,而不是任由省级机关作出决定;即使各地情况不同,也应当在省级机关调研的基础上,拟定具体的赋权清单,报国家权力审核备案。

此外,关于行政处罚权是否彻底转移的问题,有学者认为,乡镇街道行使了相应处罚权之后,县级政府部门并没有失去相应的处罚权,[37]也就是说,此时的县级政府部门与乡镇街道都拥有某项行政处罚权。本文认为,这种观点并不利于乡镇街道独立行使所赋予的行政处罚权;相反,只有在赋权乡镇街道处罚权后县级政府部门的执法权不再拥有,才能排除

---

[34] 卢护锋:《行政执法权重心下移的制度逻辑及其理论展开》,载《行政法学研究》2020 年第 5 期。

[35] 石佑启:《论法治视野下行政权力的合理配置》,载《学术研究》2010 年第 6 期。

[36] 王敬波:《相对集中行政处罚权改革研究》,载《中国法学》2015 年第 4 期。

[37] 正如有学者所讲的,与相对集中行政处罚权相比,后者属于一方的丧失行政处罚权由另一方继受;而前者是在原有主体不丧失行政处罚权力的前提下,另行赋予乡镇(街道)行政处罚权力。参见曹海晶等:《赋予乡镇(街道)行政处罚权的进路研究》,载《特区实践与理论》2021 年第 1 期。

来自上级机关的干预,并保证乡镇街道执法的中立性和公正性。

2. 省级机关要认清自己的受法律委托地位。

首先,在认识方面,省级机关应当清楚,各级人民政府的职权问题是法律保留的事项之一,对乡镇街道行政处罚权的赋予问题是法律保留的事项,而非省级机关所具有的法定职权事项,对涉及职权调整与配置的问题,应当由法律作出规定,而省级机关只是受委托具体来办理和落实。只有在认识上得到提高,才能在出现具体实施中的疑难问题时,及时请求全国人大常委会作出相关的立法解释。

其次,在具体做法方面,省级机关要积极按照法律的规定,做好相关权力的下移工作。具体做法为:一是对所辖的乡镇街道行使的条件进行考核,看其是否具备了“有效承接”的条件,要做好评估工作。评估工作报告要交由全国人大常委会审核。二是采取清单方式对辖区内的乡镇街道进行赋权。成熟一批、赋权一批,确保《行政处罚法》规定的处罚权放得下、接得住、管得好。三是采取整体性方式赋权,即把所下移的处罚权整体性交给乡镇街道,而不是交给乡镇街道下的某个机构,因为乡镇街道作为一级政府不再像县级政府部门那样条块分割,职能部门主义的扩张可能致使“行政执法主体碎片化”,使得部门在政府与部门的关系中喧宾夺主,[38]因此对要将县级政府相关部门的处罚权进行厘清后交由乡镇街道作为整体对外行使。四是采取决定的方式并对外公布。当然,这个决定应当是一种规范性文件性质,而不宜采取地方性法规或地方政府规章的形式,因为上述这些地方立法都可能涉及相关法律规范的位阶问题,难以处理并可能引发更多的适用问题。

3. 省级机关要做好相关配套工作。

这里涉及以下问题:一是关于执法机构问题,即到底是另外成立专门的执法机构还是乡镇街道直接作为实施主体的问题。最好的方式是成立专门的执法机构,并以乡镇街道的名义执法,这样,既可以保障乡镇街道整体性接收所下移的处罚权,也可以由专门的机构来具体行使执法权。换言之,乡镇街道与执法机构之间是一种委托与被委托的关系,就像当下

---

[38] 袁雪石:《整体主义、放管结合、高效便民:〈行政处罚法〉修改的“新原则”》,载《华东政法大学学报》2020 年第 4 期。

乡镇街道的内设机构,都是以乡镇街道的名义对外一样。二是关于执法人员问题,要配备足够的执法人员,并将执法人员的编制划归乡镇街道,以保证后者能独立形成处罚权。当然,在此过程中,要加强对执法人员的培训工作,加强组织协调、业务指导,建立健全行政处罚协调配合机制。三是要给予乡镇街道一定的财政权并保证其财政权的相对独立,否则,就会陷入只有义务而没有权力的尴尬境地。四是要作出权力下移后的相关监督工作。省级机关在实施《行政处罚法》关于权力下移的同时,还要负责对下移的处罚权进行后续工作,主要是监督工作,加强执法监督,监督乡镇街道"按照规定范围、依照法定程序实施行政处罚",完善对其执法的评议考核制度等。同时,还要考察乡镇街道是否"有效承接",防止"下面承接不住、胡乱执法的情况,将激化人民群众和基层政府的矛盾,引发大量的行政争议"。[39]

四、结语

本文将行政处罚权"交由"行为定性为受法律委托行为。乡镇街道的行政处罚权是《行政处罚法》赋予的,而不是省级机关赋予的,省级机关的"交由"行为只是受法律的委托而将法律的规定落到实处。既然是受法律委托,责任的承担者就还在法律,而不是省级机关,省级机关仅仅是具体操作而已,为此,省级机关应当依照《行政处罚法》规定,解决以往县级政府部门放权中的种种弊端,做好《行政处罚法》委托的管辖权下移工作。

对行政处罚权"交由"行为的定性特别是将其定性为受法律委托,具有较大的理论和现实意义。一方面,就理论意义而言,创立了一个新的概念,并将之与相关概念作出区分,可以澄清一些似是而非的理论误区,为"交由"类型的行为作出科学界定;另一方面,为"交由"行为的有效实施提供理论支撑,防止因为理论的误区而产生制度适用中乱象。当然,这些不仅需要理论界进一步探讨,更需要国家权力机关作出立法解释。

㊴ 应松年、张晓莹:《〈行政处罚法〉二十四年:回望与前瞻》,载《国家检察官学院学报》2020年第5期。

●印度国会的结构和程序及其对行政的监督*

牟效波**

目前,我国理论界和实务界对于代议制度和人大制度的研究还很不足,已有的很多研究尚不能满足全面深化改革的需要,也不符合全面推进依法治国的要求。具体地说,现有成果的不足之一在于未能深入比较中国人大制度与域外代议制度之间的异同。本文考察了印度国会的结构和程序,包括印度国会的规模及当前主要政党的议席比例、印度国会的开会时间、印度国会中的内设委员会及其权限、印度国会立法和处理财政事务的程序等,并初步研究了印度的联邦行政机关以及印度国会对行政机关的监督,以供进一步比较研究参考。

一、印度国会的规模及当前主要政党的议席比例

印度宪法规定,国会由总统和两院组成,两院分别是联邦院(the Council of States)和人民院(the House of the People)。① 总统由国会两院中由选举产生的成员和各邦议会中由选举产生的成员组成的选举院选举产生。②

联邦院包括两类成员:一是总统任命的12名成员,他们应当在文学、科学、艺术和社会服务等事务上具有专门知识或实践经验;二是各邦和联邦属地的代表,总共不超过238名,由各邦的邦立法会议中由选举产生的成员按照比例代表制中的单一可转移投票制的方式选举产生。③ 目前,联邦院有245

---

* 本文是教育部人文社会科学重点研究基地重大项目“世界各国代议制度与中国人大制度比较研究”(17JJD820001)的部分成果。

** 澳门科技大学法学院助理教授。

① Constitution of India, Article 79.

② Ibid., Article 54.

③ Ibid., Article 80.

名成员,其中12名由总统任命,233名代表来自各邦和联邦属地。现有28个邦都有代表,7个联邦属地中只有2个(德里和本地治理)有代表。④

目前,在联邦院中,占5个及以上席位的政党有12个,它们所占议席数量和比例如表1所示。⑤

表1　印度联邦院中政党及议席情况

序号	政党名称	议席数量/个	所占比例/%
1	印度人民党(Bharatiya Janata Party)	86	35.10
2	印度国大党(Indian National Congress)	40	16.33
3	草根国大党(All India Trinamool Congress)	13	5.30
4	比朱人民党(Biju Janata Dal)	9	3.67
5	全印安纳德拉维达进步联盟(AIADMK)	9	3.67
6	社会党(Samajwadi Party)	8	3.27
7	达罗毗荼进步联盟(Dravida Munnetra Kazhagam)	7	2.86
8	特伦甘纳民族党(Telangana Rashtra Samithi)	7	2.86
9	青年、劳工和农民大会党(YSR Congress Party)	6	2.45
10	人民党(统一派)[Janata Dal (United)]	5	2.04
11	全国人民党(Rashtriya Janata Dal)	5	2.04
12	印度共产党(马派)[Communist Party of India (M)]	5	2.04
合计		200	81.63

人民院主要由两类成员组成:一是由各邦中国会选区的选民直接选举产生的成员,总共不超过530名;二是代表联邦属地的成员,总共不超过20名,按照国会通过法律规定的方式遴选产生。⑥ 此外,如果总统认为英裔印度人在人民院中没有得到充分代表,他还可以任命不超过2名这一族群的成员进入人民院。⑦ 根据修正后的1950年《人民代表法》,目前,

④ 参见 the Constitution of India, the Fourth Schedule;又见印度联邦院网,https://rajyasabha.nic.in/rsnew/about_parliament/rajya_sabha_introduction.asp,最后访问日期:2020年6月1日。

⑤ 参见 State-wise List of Members showing their Party/Group affiliation,印度联邦院网站,http://164.100.47.5/Business_Publishing//LOM/3_Eng.pdf,最后访问日期:2020年10月12日。

⑥ Constitution of India, Article 81.

⑦ Ibid., Article 331.

不包括总统任命的代表英裔印度人的成员,人民院的席位有543个。其中,分配给各邦的530个名额总数已经用完,各联邦属地共占有13个席位。⑧

在当前的印度第17届人民院中,占议席数量前十位的政党所占议席数量和比例如表2所示。⑨

表2 印度第17届人民院中占议席数量前十位的政党情况

序号	政党名称	议席数量/个	所占比例/%
1	印度人民党(Bharatiya Janata Party)	302	56.03
2	印度国大党(Indian National Congress)	51	9.46
3	达罗毗荼进步联盟(Dravida Munnetra Kazhagam)	24	4.45
4	草根国大党(All India Trinamool Congress)	22	4.08
5	青年、劳工和农民大会党(YSR Congress Party)	21	3.90
6	湿婆神军(Shiv Sena)	18	3.34
7	人民党(统一派)[Janata Dal (United)]	15	2.78
8	比朱人民党(Biju Janata Dal)	12	2.23
9	大众社会党(Bahujan Samaj Party)	10	1.86
10	特伦甘纳民族党(Telangana Rashtra Samithi)	9	1.67
合计		484	89.80

二、印度国会的开会时间

印度宪法没有规定国会的开会时间,仅规定"总统应当不时召集国会各院在他认为合适的时间和地点开会",同时规定了一项限制,即"一次会期的最后一次会议和下一次会期的第一次会议之间不能超过六个月"。⑩宪法还规定,"总统可以不时宣布两院或任一院休会",⑪休会结束一次会期。从这些规定来看,印度宪法并没有明确规定国会每年必须开会多长时间。

⑧ See Representation of the People Act, 1950, the First Schedule; see also Hand Book for Members of Lok Sabha, Chapter Ⅰ.

⑨ 参见印度人民院网, http://loksabhaph.nic.in/Members/PartyWiseStatisticalList.aspx,最后访问日期:2020年9月20日。

⑩ Constitution of India, Article 85(1).

⑪ Ibid., Article 85(2)(a).

根据《人民院成员手册》的说明，人民院在一年中通常(normally)有三个会期(sessions)：(1)预算会期，在1月、2月、3月和4月召开；(2)秋季或季风季会期，在7月、8月和9月召开；(3)冬季会期，在11月和12月召开。[12]《联邦院成员手册》中也有类似的规定，在一年中，联邦院通常(generally)有三个会期：(1)第一个会期(预算会期)在2月中旬或下旬至5月中旬。这个会期有一个间断，从3月中旬至4月中旬，以使与各部门有关的委员会能够考虑和报告政府各部的拨款要求。(2)第二个会期(季风季会期)通常从7月中旬至8月下旬。(3)第三个会期(冬季会期)从11月末至12月末。[13] 从两个手册中都使用的"通常"一词来看，这些会期的时间安排应该是一种惯例。

值得注意的是，印度议会两院并不是在上述几个月中一直开会，而是在上述几个月中的某个时段举行相应的会期。根据中国人大网的介绍，印度议会会期的一个特点是会期很短。在20世纪50年代，议会平均每年开会100天以上。到1999年，议会开会只有51天。进入21世纪，议会每年开会天数在50天至80天之间徘徊。2008年，印度议会全年开会只有46天，创历史新低，与2005年议会各党达成的每年议会开会天数不应少于100天的共识相差甚远。[14] 这一介绍和 Mahendra Prasad Singh 教授的说法是一致的。他在一篇论文中指出，1977年大选后，印度的民主得以恢复，但是在后尼赫鲁时代开始的议会总体上的衰退还没有得到扭转。他认为这种衰退的其中一个重要指标就是正在缩短的议会会期。[15] 他具体指出，在议会开会(sittings)的数量上急剧减少，1974年前人民院和联邦院都召开100多次会议，之后两院的开会次数都减少到两位数，不包括1978年、1985年、1987年和1988年的人民院。1978年人民院开会次数的异常迸发伴随着第一次非国大党联合政府的形成而出现，1985年至1988年是一段光辉岁月，当时尼赫鲁王朝的年轻继承人拉吉夫·甘地在其母

---

[12] Hand Book for Members of Lok Sabha, Chapter Ⅰ, Section 3.

[13] Hand Book for Members of Rajya Sabha, Chapter Ⅰ, Section 1.2.

[14] 参见"印度议会"，载中国人大网，http://www.npc.gov.cn/npc/c15920/201106/c784452e84ad46be85ffe963d4d2b592.shtml，最后访问日期：2020年6月10日。

[15] See Mahendra Prasad Singh, The Decline of the Indian Parliament, *India Review*, Vol. 14, No. 3(2015), p. 352–376.

亲被暗杀后作为总理掌权。1985 年也是亚非世界最古老的政党——印度国大党成立 100 周年。在中间这些年月里，人民院的开会次数起起伏伏，但是总的变化方向是两院的开会次数都急剧下降。2012 年人民院和联邦院各自都只有 74 次会议。[16]

2001 年至 2012 年印度议会两院的开会次数如表 3 所示。[17]

表 3　2001～2012 年印度议会两院的开会次数

单位：次

年份	人民院	联邦院	年份	人民院	联邦院
2001	81	81	2007	66	65
2002	84	82	2008	46	46
2003	74	74	2009	64	63
2004	48	46	2010	81	81
2005	85	85	2011	73	73
2006	77	77	2012	74	74

《人民院程序和办事规则》规定，当议长或者根据宪法和这些规则任何其他胜任主持一次人民院会议的成员开始主持，人民院的一次会议（a sitting of the House）就正式组成了。任何一天的人民院会议一般从 11 点开始，到 18 点结束，中间有 1 个小时午餐时间，通常是从 13 点到 14 点。[18]《联邦院程序和办事规则》第 11 条和第 13 条规定，联邦院的一次会议（a sitting of the Council）应当从主席指定的具体时间（hour）开始，到主席指定的时间结束。[19]《联邦院成员手册》有如下进一步说明：《联邦院程序和办事规则》授权主席确定联邦院开会的时间，联邦院的开会时间通常从 11 点至 13 点以及 14 点至 17 点，13 点至 14 点一般休会吃午餐。[20] 从这些规定的表述来看，一次会议（a sitting）就占用一天时间。因此，我们可以得出一个判断，即印度议会两院的开会次数就是它们的开会天数。

---

⑯ Ibid.，p. 362.

⑰ Ibid.，p. 363.

⑱ Rules of Procedure and Conduct of Business in Lok Sabha，Sixteenth Edition，Chapter Ⅳ，Sec. 11－12.

⑲ Rules of Procedure and Conduct of Business in Councils of States（Rajya Sabha），Ninth Edition，Chapter Ⅳ，Sec. 11，13.

⑳ Handbook for Members of Rajya Sabha，Chapter Ⅰ，Section 1. 6.

三、国会中的内设委员会及其权限

与其他国家的议会一样，印度议会也把大量事务交给它的内设委员会处理。联邦院和人民院有各自的内设委员会体系，它们也有一些共同设立的委员会。下面分别介绍印度议会两院的内设委员会。[21]

（一）人民院的内设委员会

印度人民院的内设委员会有两大类，一类是常设委员会，一类是特别委员会。常设委员会是一直存在的、固定的，根据《人民院程序和办事规则》设立。这些委员会的工作是持续的。常设委员会包括财政类委员会、与政府各部有关的常设委员会和一些其他委员会。特别委员会是为了一种特殊目的设立，当它们完成相关工作并提交一份报告后就结束任期。最重要的特别委员会是法案特别与联合委员会（Select and Joint Committees on Bills），铁路协定委员会、议会大厦综合体内食品管理联合委员会等也属于特别委员会。因此，概括地说，人民院内设委员会可以分为以下四类：（1）财政类委员会；（2）与政府各部有关的常设委员会；（3）其他常设委员会；（4）特别委员会。

1. 财政类委员会

（1）各委员会的成员数量、任期与成员产生方式（见表4）

表4　财政类委员会成员情况

序号	委员会名称	成员数量/名	任期	成员产生方式
1	预算委员会	30	1年	人民院选举
2	公共账目委员会	22（15名人民院议员+7名联邦院议员）	1年	两院分别选举
3	公共企业委员会	22（15名人民院议员+7名联邦院议员）	1年	两院分别选举

[21] 本部分的内容均来自印度《人民院程序和办事规则》《联邦院程序和办事规则》以及两院网站对各自内设委员会的介绍。两院网站上的相关介绍，参见 https://rajyasabha.nic.in/rsnew/committees/general_introduction.asp，最后访问日期：2020年6月10日；http://loksabhaph.nic.in/Committee/CommitteeHome.aspx，最后访问日期：2020年6月10日。

在人民院的上述三个委员会中，后两个委员会由联邦院的成员担任联席成员。但是，这两个委员会在名义和性质上属于人民院的委员会。

(2)各委员会的职能

预算委员会(Estimates Committee)：①报告在与预算背后的政策相一致的组织、效能或管理改革中可能产生何种节约和改进；②建议可选择的政策，以提高管理中的效率和节约性；③检查资金是否适当地花在了预算中隐含的政策的范围内；④建议这些预算提交给议会的形式。该委员会不在《人民院程序和办事规则》或议长分配给公共企业委员会的公共企业上行使其职能。

公共账目委员会(Public Accounts Committee)：检查记载国会为印度政府的开支所拨款项的账目表，政府的年度财政账目以及该委员会认为应当检查的提交给人民院的其他账目。在审查印度政府的拨款账目和印度总审计官的报告时，该委员会必须对以下事项感到满意：①在账目中显示的已支出的资金对申请并掌管它们的用途或目的来说是合法可得的，并且可用于这些用途或目的；②支出符合相应的权限；③每一项再次拨款都符合根据有权机构制定的规则为此制定的规定。该委员会还有责任：①检查总统可能要求准备的或者根据调控上述事务的法律规则准备的显示国有公司的收入支出账目表、贸易和生产计划、方案连同资产负债表和损益表；②检查可以由印度总审计官根据总统指令或国会法律审计的显示自治机构或半自治机构的收入支出账目表；③在总统要求总审计官对任何收入进行审计或者检查库存的账目时，考虑总审计官的报告。

公共企业委员会(Committee on Public Undertakings)：①检查《人民院程序和办事规则》的附表四中列举的公共企业的报告和账目；②检查(如有)印度总审计官对公共企业所作的报告；③在公共企业自治和效益的背景下，检查公共企业对事务的处理是否符合正确的商业原则和谨慎的商业实践；④行使公共账目委员会和预算委员会的职能中与附表四列举的公共企业有关的其他职能，这些职能不包含在上述三条中，并且议长可能随时分配给该委员会。

2. 与政府各部有关的常设委员会

印度议会共有24个与政府各部有关的常设委员会，将印度政府的所有部(Ministries/Departments)都涵盖在它们的管辖权之下。每一个这类委员会都有31名成员,21名来自人民院,10名来自联邦院,分别由人民院的议长(Speaker)和联邦院的主席(Chairman)任命。这些委员会的任期都不超过1年。从这些常设委员会的组成来看,它们实际上都是人民院和联邦院共同组成的联合委员会。

24个委员会的名称是:①贸易委员会;②内政委员会;③人力资源发展委员会;④工业委员会;⑤科学和技术、环境和森林委员会;⑥运输、旅游和文化委员会;⑦健康和家庭福利委员会;⑧人事、公共申诉、法律和正义委员会;⑨农业委员会;⑩信息技术委员会;⑪国防委员会;⑫能源委员会;⑬外事委员会;⑭财政委员会;⑮食品、消费者事务和公共分配委员会;⑯劳工委员会;⑰石油和天然气委员会;⑱铁路委员会;⑲城市发展委员会;⑳水资源委员会;㉑化学品和化肥委员会;㉒乡村发展委员会;㉓煤炭和钢铁委员会;㉔社会正义和赋权委员会。

在以上24个委员会中,前8个在联邦院主席的管辖之下,由联邦院秘书处提供服务,其主席由联邦院主席任命;后16个在人民院议长的管辖之下,由人民院秘书处提供服务,其主席由人民院议长任命。

与政府各部有关的常设委员会的职能有以下四项:①考虑相关部门的拨款要求并就此作出报告;②检查联邦院主席或人民院议长交给该委员会的与相关部门有关的议案,并就此作出报告;③考虑各相关部门的年度报告,并就此作出报告;④如果联邦院主席或人民院议长将递交给议会的全国性基本的长期政策文件交给该委员会,该委员会就考虑这些文件并作出报告。这些常设委员会并不考虑相关部门的日常管理事务。

3. 其他常设委员会

(1)各委员会的成员数量、任期与成员产生方式(见表5)

表5　其他常设委员会成员情况

序号	委员会名称	成员数量/名	任期	成员产生方式
1	事务咨询委员会	15	不固定,可以持续任职至重组完成	人民院议长任命
2	特权委员会	15	不固定,可以持续任职至重组完成	人民院议长任命
3	议员缺席委员会	15	1年	人民院议长任命

续表

序号	委员会名称	成员数量/名	任期	成员产生方式
4	妇女赋权委员会	30(20名人民院议员+10名联邦院议员)	1年	人民院议长和联邦院主席任命
5	政府保证委员会	15	1年	人民院议长任命
6	议事桌上文件委员会	15	1年	人民院议长任命
7	请愿委员会	15	不固定,可以持续任职至重组完成	人民院议长任命
8	议员的议案与决议委员会	15	1年	人民院议长任命
9	附属立法委员会	15	1年	人民院议长任命
10	一般用途委员会	不固定	不固定	依职权任职[1]
11	住房委员会	12	1年	人民院议长任命
12	有收入之职务联合委员会	15(10名人民院议员+5名联邦院议员)	与一届人民院任期相同	两院分别选举
13	议员工资和补贴联合委员会	15(10名人民院议员+5名联邦院议员)	1年	人民院议长和联邦院主席任命
14	图书馆委员会	9(6名人民院议员+3名联邦院议员)	1年	人民院议长和联邦院主席任命
15	规则委员会	15	不固定,可以持续任职至重组完成	人民院议长任命
16	表列种姓和表列部落福利委员会	30(20名人民院议员+10名联邦院议员)	1年	两院分别选举

〔1〕见下文该委员会职能介绍中的说明。

由表5可以看出,在这些常设委员会中,妇女赋权委员会、有收入之职务联合委员会、议员工资和补贴联合委员会、图书馆委员会、表列种姓和表列部落福利委员会是由人民院和联邦院共同组成的联合委员会。

(2)各委员会的职能(按表5中的顺序)

事务咨询委员会(Business Advisory Committee):人民院议长在与本院领导磋商后,可以指示将政府、立法和其他事务提交给该委员会,该委员会应当建议如何分配讨论这些事务的时间。该委员会也可以主动向政府建议提出一些特定主题供人民院讨论,并建议这些讨论的时间分配。

特权委员会(Committee of Privileges):检查每一个由人民院或议长提交给它的涉及人民院或其成员或其任何委员会的特权受到侵犯的问题,还要根据每一个案件的事实,确定是否发生了特权被侵犯的情况,并在其报告中提出适当建议。

议员缺席委员会(Committee on Absence of Members from the Sittings of the House):考虑议员缺席的申请,并检查议员未经许可缺席60天或以上的每一个个案。

妇女赋权委员会(Committee on Empowerment of Women):①考虑全国妇女委员会提交的报告,并且就联邦政府在其有权管辖的事务上为提升妇女的地位/境况应当采取的措施提出报告;②检查联邦政府为保障妇女在所有事务上的平等、地位和尊严所采取的措施;③检查联邦政府为妇女得到全面教育并在立法机构或其他领域得到充分代表所采取的措施;④就妇女的福利项目的运作提出报告;⑤就联邦政府和联邦属地当局在该委员会提议的措施上所采取的行动提出报告;⑥检查该委员会认为适当或者人民院或其议长以及联邦院或其主席特别交派的其他事务。

政府保证委员会(Committee on Government Assurances):审查部长们随时做出的保证、承诺、许诺等,报告这些保证等得到执行的程度,以及观察这些执行是否在此目的所必需的最短时间内发生。

议事桌上文件委员会(Committee on Papers Laid on the Table):检查部长置于人民院议事桌上的所有文件(除了附属立法委员会或任何其他议会委员会的权限范围内的文件),并且向人民院报告以下事项:①该文件的提交是否符合宪法、法律、规则或法规中的相关规定;②在提交文件中是否存在任何不合理的耽搁;③如有这种耽搁,是否附带向人民院提交了一份陈述解释这种耽搁,以及这些理由是否令人满意;④这份文件的印度语版本和英语版本是否都提交了;⑤如没有提交印度语版本,是否附带提交了一份解释,以及这些理由是否令人满意;⑥议长随时分配给它的与议事桌上的文件有关的其他职能。

请愿委员会(Committee on Petitions):①检查提交给它的每一份请愿,如果该请愿遵守了规则,就指示将其传阅;②在获得了它认为适当的证据后,向人民院报告请愿中提出的具体抱怨,并建议救济措施。

议员的议案与决议委员会(Committee on Private Members' Bills and Resolutions):向议员的议案和决议案分配时间,在议员的寻求修宪议案引入人民院时检查这些议案,还要在人民院的立法权力受到挑战时检查议员的这些议案。

附属立法委员会(Committee on Subordinate Legislation):审查并向人民院报告宪法或议会授予的制定规则、法规、细则等的权力是否由执行机构在授权范围内得到了适当行使。

一般用途委员会(General Purposes Committee):该委员会成员包括人民院的议长、副议长、主持人小组[22]的成员、人民院所有常设委员会的主席、副主席小组的成员、人民院中被承认的政党和团体的领袖以及议长可以任命的其他成员。该委员会的职责是就人民院议长随时交给它的与本院事务有关的问题作出考虑并提出建议。

住房委员会(House Committee):处理人民院议员提出的与居所有关的所有问题,并管理议员在德里的住所和宿舍内发放给他们的住宿设施、食品、医疗补助和其他生活设施。

有收入之职务联合委员会(Joint Committee on Offices of Profit):检查中央和邦政府任命的委员会的组成和特点,建议根据宪法第 102 条何种职位应当和不应当使一个人丧失被选为和担任议会两院成员的资格。不时审查 1959 年《议会(预防不合格)法案》的附表,并建议通过补充、删除或其他方式对该附表的修改。

㉒ 主持人小组是人民院议长在人民院开始召开时或者不时从议员中任命的一个不超过 10 人的小组,他们中的任何人都可以在议长和副议长缺席时,应议长或者当议长缺席时应副议长的要求主持人民院开会。

议员工资和补贴联合委员会(Joint Committee on Salaries and Allowances of Members of Parliament):与中央政府协商后制定规则,为两院的议员提供差旅和日常津贴、医疗、住房、电话、邮政、水、电、选区和秘书设施等。

图书馆委员会(Library Committee):考虑议长可能不时提交给它的与图书馆有关的事务并就此提出建议;考虑改善图书馆的建议,并协助两院议员充分利用图书馆提供的服务。

规则委员会(Rules Committee):考虑人民院的程序和事务处理方面的问题,并建议对《人民院程序和办事规则》作出任何必要的修改或补充。

表列种姓和表列部落福利委员会(Committee on the Welfare of Scheduled Castes and Scheduled Tribes):①考虑全国表列种姓委员会和全国表列部落委员会分别根据宪法第338(5)(d)条和第338A(5)(d)条提交的报告,并就联邦政府应当采取的措施作出报告;②就联邦政府和联邦属地当局根据该委员会提议的措施所采取的行动作出报告;③检查联邦政府根据宪法第335条为了保证表列种姓和表列部落在其所控制的机构和职位(包括公共企业、国有化银行、法定和半政府的机构以及联邦属地的职位)上得到适当代表而采取的措施;④就联邦属地内表列种姓和表列部落的福利项目的运行作出报告;⑤检查该委员会认为合适或者人民院或议长特别交派给它的其他事务。

4. 特别委员会

(1)各委员会的成员数量、任期与成员产生方式(见表6)

表6 特别委员会成员情况

序号	委员会名称	成员数量/名	任期	成员产生方式
1	铁路协定委员会	18(12名人民院议员+6名联邦院议员)	与一届人民院任期相同	人民院议长任命
2	为人民院成员提供计算机委员会	10	与一届人民院任期相同	人民院议长任命
3	议员地方区域发展计划委员会	24	1年	人民院议长任命
4	道德委员会	15	不固定,可以持续任职至重组完成	人民院议长任命

续表

序号	委员会名称	成员数量/名	任期	成员产生方式
5	议会大厦综合体内食品管理委员会	15(10 名人民院议员 +5 名联邦院议员)	1 年	人民院议长和联邦院主席任命
6	议会大厦综合体内国家领导人和国会议员的肖像或雕像安装委员会	12(8 名人民院议员 +4 名联邦院议员)	与一届人民院任期相同	人民院议长和联邦院主席任命
7	议会大厦综合体内安全事务联合委员会	10(7 名人民院议员 +3 名联邦院议员)	1 年	人民院议长和联邦院主席任命
8	议会大厦综合体的传统特征维护与发展联合委员会	10(7 名人民院议员 +3 名联邦院议员) +3 名依职权任职的成员(联邦院副主席、城市发展委员会成员、内政委员会成员) +1 名特别被邀请者(议会事务委员会成员)	与一届人民院任期相同	人民院议长和联邦院主席任命
9	检查与电信执照和频率的分配和定价有关的事务联合委员会	30(20 名人民院议员 +10 名联邦院议员)	任职至提交报告	成员姓名收录在人民院采纳的动议中

由表6可以看出,在这些特别委员会中,铁路协定委员会、议会大厦综合体内食品管理委员会、议会大厦综合体内国家领导人和国会议员的肖像或雕像安装委员会、议会大厦综合体内安全事务委员会、议会大厦综合体的传统特征维护与发展联合委员会、检查与电信执照和频率的分配和定价有关的事务联合委员会是由人民院和联邦院共同组成的联合委员会。

(2)各委员会的职能(按表6中的顺序)

铁路协定委员会(Railway Convention Committee):审查铁路企业可以向政府财政支付的股息率,以及与铁路财政有关的其他附属事项,并就此提出建议;建议向各种铁路基金拨款的规模,如折旧储备基金、发展基金、退休基金等;人民院或议长还可以向该委员会交派关于铁路和铁路财政的具有公共重要性的特别问题。

为人民院成员提供计算机委员会(Committee on Provision of Computers to Members of Lok Sabha):在向议员提供计算机问题上向议长提供建议。

议员地方区域发展计划委员会(Committee on Members of Parliament Local Area Development Scheme):①定期监督和审查人民院议员地方区域发展计划的执行情况和问题;②考虑人民院议员就该计划提出的抱怨;③履行议长不时交派的与议员地方区域发展计划有关的职责。

道德委员会(Committee on Ethics):①监督人民院议员的道德和伦理行为;②检查提交给它的关于议员不道德行为或与其议会行为有关的所有抱怨,并就此提出它认为合适的建议;③制定规则,详细说明构成不道德举止的行为。该委员会还可以在无申请的情况下,在认为必要时单方面考虑和调查与议员的不道德行为有关的问题,并就此作出它认为合适的建议。

议会大厦综合体内食品管理委员会(Committee on Food Management in PH Complex):考虑修改议会大厦综合体内铁路餐饮单元提供的食物的价格;为在议会大厦综合体内运营铁路餐饮单元提供补贴的水平;为议员提供优质食堂服务;以及其他相关事务。

议会大厦综合体内国家领导人和国会议员的肖像或雕像安装委员会(Committee on Installation of Portraits/Statutes of National Leaders and Parliamentarians):考虑并决定以下事项:①在中央大厅和其他地方张贴国家领导人和议员的肖像的建议;②在议会大厦和议会大厦综合体的其他部分竖立国家领导人和议员的雕像的建议;③接受外部组织和个人赠与的肖像和雕像;④肖像和雕像可以安放的位置;⑤为使议会大厦综合体更优雅和更美观而可以采取的任何其他措施。

议会大厦综合体内安全事务联合委员会(Committee on Security in Parliament House Complex):①审查在议会大厦综合体内安装安全设备的工作进展;②考虑有待于考虑和决定的安全问题;③准备一份关于议会安全的全面报告,界定未来的威胁和类似情况,以及应对相应问题的措施。

议会大厦综合体的传统特征维护与发展联合委员会(Joint Parliamentary

Committee on Maintenance of Heritage Character and Development of Parliament House Complex):①起草根据标准的维护原则和程序保存、修复、复原和维护议会大厦综合体内建筑的政策、指导方针和计划;②考虑和批准收购额外土地、建设新建筑或改良现有建筑的建议;③监督和审查根据该委员会的决定为保持议会大厦建筑的传统特征和在议会大厦综合体内发展现有建筑和新建筑而采取的措施;④考虑联邦院主席和人民院议长交派给该委员会的任何其他相关问题。

检查与电信执照和频率的分配和定价有关的事务联合委员会(Joint Parliamentary Committee to examine matters relating to allocation and pricing of telecom licences and spectrum):①检查1998年至2009年电信执照和频率的分配和定价中的政策方案及随后历任政府的解释,包括联邦内阁的决定及其后果;②检查1998年至2009年执行政府决定和政策方案中不合常规的行为和异常行为及其后果;③提出建议,确保制定出在电信执照的分配和定价方面落实既定政策的适当程序。

(二)联邦院的内设委员会

联邦院内设委员会的任命、任期、职能和办事程序由《联邦院程序和办事规则》和联邦院主席不时发出的指示确定。联邦院议员参与的议会内设委员会可以分为两种:一种是专门隶属于联邦院的内设委员会,我们可以称之为"联邦院的内设委员会";另一种是非专门隶属于联邦院的委员会。后者包括联邦院议员以联席身份参与的、性质上属于人民院的委员会,如人民院的公共账目委员会和公共企业委员会这两个财政类委员会;还包括联邦院议员和人民院议员共同参与的两院联合委员会,上述两个财政类委员会除外,其他由两院议员共同组成的委员会都属于这类联合委员会;与政府各部有关的委员会实际上也都属于这种联合委员会,只是由于设立它们的目的就在于与政府各部对口,便于监督政府,因此,"与政府各部对口"就成为它们的第一位特征;有的联合委员会的名称中就有"joint"一词,但是有的两院议员共同参与的委员会的名称中并没有"joint"一词,因此,是不是联合委员会似乎不能仅凭名称中是否有"joint"一词来确定。

和人民院一样,联邦院的内设委员会也有常设委员会与特别委员会之分。这种分类与上述两种委员会的分类相互交叉,也就是说,专门隶属于联邦院的委员会中既有常设委员会,也有特别委员会,非专门隶属于联邦院的委员会亦然。由于非专门隶属于联邦院的委员会在人民院所属委员会中已有介绍,这部分仅介绍专门隶属于联邦院的内设委员会。

1. 特别委员会

特别委员会是为了调查一些特别事务而设立的。它们没有被规定在《联邦院程序和办事规则》中,而是根据一些特别动议而成立,就相关事务向联邦院报告后即结束任期。

特别委员会一般是一些法案特别委员会(Select Committees on Bills)和法案联合特别委员会(Joint Select Committees on Bills),也有一些处理其他特别事务的特别委员会。例如,联邦院在1962年任命了一个特别委员会,去处理其程序规则;1976年任命了另一个委员会,去调查一位成员的行为;1995年成立了一个火车车厢委员会,去调查所有与采购火车车厢有关的问题。

2. 常设委员会

联邦院对其委员会的介绍把联邦院的内设委员会分为四类:第一类是调查类委员会,包括请愿委员会、特权委员会和伦理委员会;第二类是审查与控制类委员会,包括政府保证委员会、附属立法委员会、议事桌上文件委员会;第三类是与联邦院的日常事务有关的委员会,包括事务咨询委员会和规则委员会;第四类是内务类委员会,包括住房委员会、一般用途委员会和为联邦院成员提供计算机委员会。

它们的成员数量、产生方式和职能如下:

事务咨询委员会(Business Advisory Committee):11名成员,由联邦院主席任命。联邦院主席在与该院领导磋商后可以指示将政府议案和其他业务提交给该委员会,该委员会建议如何分配阶段性讨论这些议案或事务的时间;建议如何分配阶段性讨论个体成员的议案和决议草案的时间;有权在提议的时间表中说明各种议案或其他事务完成阶段性讨论的具体时间;从事联邦院主席不时分配的其他职能。

议事桌上文件委员会(Committee on Papers Laid on the Table):10名成员,由联邦院主席任命。在一位部长把一份文件交给联邦院后,该委员会考虑:①该文件的提交方式是否符合宪法或议会法律或其他法律、规则或法规;②在向联邦院提交这份文件中是否存在任何不合理的耽搁,如有,是否附带向联邦院提交了一份陈述解释这种耽搁,以及这些理由是否令人满意;③这份文件是否以英语和印度语完成,如否,是否附带提交了一份陈述解释为什么没有印度语版本,以及这些理由是否令人满意。该委员会还从事主席不时分配给它的与议事桌上的文件有关的其他职能。

请愿委员会(Committee on Petitions):10 名成员,由联邦院主席任命。其职能是:①该委员会检查提交给它的每一份请愿,如果该请愿遵守了规则,就指示将其传阅;②在获得了它认为适当的证据后,向联邦院报告请愿中提出的具体抱怨,并建议救济措施。

特权委员会(Committee of Privileges):10 名成员,由联邦院主席任命。该委员会检查每一个由联邦院或联邦院主席提交给他的特权问题,根据每一个案件的事实,确定议员的特权是否受到了侵犯,如是,确定侵犯的性质和导致了这种侵犯的原委,并提出它认为合适的建议。该委员会也可以向联邦院报告该院使该委员会的建议生效所遵循的程序。

规则委员会(Committee on Rules):16 名成员,由联邦院主席任命。该委员会考虑联邦院的程序和事务处理问题,并建议对规则作出任何必要的修正或补充。

附属立法委员会(Committee on Subordinate Legislation):15 名成员,由联邦院主席任命。该委员会负责审查并向联邦院报告宪法或议会授予的制定规则、法规、细则、计划或其他成文文件的权力是否得到了适当行使。不管这些附属立法是否被要求提交给联邦院,该委员会都要进行审查,尤其要考虑:①它是否符合宪法或其依据的法律的总体目标;②它是否包含了在该委员会看来应当更适合由议会法律处理的事务;③它是否包含了征税;④它是否直接或间接禁止了法院的管辖权;⑤在它所依据的宪法或法律没有明确给予某些规定追溯力时,它是否赋予了这些规定这种效力;⑥它是否涉及印度统一基金或公共财政的支出;⑦它是否看上去异常或出人意料地行使了宪法或法律所授予的权力;⑧在其公布或提交给议会时,是否看上去存在不正当的耽搁;⑨是否出于任何原因其形式或意图需要说明。该委员会检查意图授予制规权力或修改早先授予这种权力的法律的议案,是否有要求将所制定的规则、法规等提交给议会的适当条款。

政府保证委员会(Committee on Government Assurances):10 名成员,由联邦院主席任命。其职能是:①审查部长们在质询时间以及讨论议案、决议、动议时在联邦院议事厅做出的保证、承诺、许诺等;②向联邦院报告以下事项:这些保证、承诺、许诺等得到完全或令人满意的执行的程度,以及当得到执行时,此种执行是否在此目的所必需的最短时间内发生,或者在执行这些保证时是否存在过度的耽搁,以及如有,原因是什么。该委员会自己确定履行这些职责的程序。

一般用途委员会(General Purposes Committee):成员数量不固定,包括联邦院的主席、副主席(Deputy Chairman)、副主席(Vice-Chairmen)小组的成员、联邦院所有常设委员会的主席、联邦院中被承认的政党和团体的领袖以及主席可以任命的其他成员。该委员会的职责是就联邦院主席可能交给它的与本院事务有关的问题作出考虑并提出建议。

住房委员会(House Committee):10 名成员,由联邦院主席任命。其职能是:①处理联邦院成员提出的与住房分配有关的所有问题,并监督住宿设施和其他生活设施的使用;②就住所和其他设施方面议会两院成员的共同利益问题,提出适当建议。

道德委员会(Committee on Ethics):10 名成员,由联邦院主席任命。其职能是:监督联邦院成员的道德和伦理行为,准备一部《成员行为准则》并不时建议修正或补充;调查宣称成员违反《成员行为准则》的案件,以及宣称成员的任何其他不端行为的案件;不时就伦理标准问题向成员提出建议。该委员会还被授权建议施加的制裁,如正式谴责、训斥、暂停职务一段时间以及其他制裁。该委员会包括 10 名成员,并且按照惯例,在数量上联邦院的前十大政党的领袖通常被任命为该委员会的成员,如果这些领袖碰巧是部长,那么就任命相应政党的副领袖。

为联邦院成员提供计算机委员会(Committee on Provision of Computers to Members of Rajya Sabha):7 名成员,由联邦院主席任命。该委员会从事与向联邦院成员提供计算机有关的所有事务,也处理联邦院成员提出的硬件和软件要求。[23]

---

[23] 该委员会并没有规定在《联邦院程序和办事规则》中,但是联邦院网站对联邦院内设委员会的介绍,把该委员会归入其常设委员会,并指出该委员会于 1997 年 3 月首次组成。参见 https://rajyasabha. nic. in/rsnew/committees/general_introduction. asp,最后访问日期:2020 年 6 月 10 日。人民院也有这个委员会,其网站对该委员会的介绍将其归入特别委员会中。参见 http://loksabhaph. nic. in/Committee/CommitteeHome. aspx,最后访问日期:2020 年 6 月 10 日。

议员地方区域发展计划委员会(Committee on Members of Parliament Local Area Development Scheme):10 名成员,由联邦院主席任命。由于议员提出大量抱怨,说议员地方区域发展计划之下的各项工作都没有得到落实,联邦院感到应当有一些有效的监控机制,使这些计划得到适当和迅速的落实。为此,联邦院于 1998 年 9 月成立了该委员会,其主席由联邦院的副主席担任。㉔

在以上委员会中,前九个都是每年重新组成,但它们的任期都是在任命新的委员会之后结束;后三个通常持续任职,如有空缺,随时补充。当由于两年一次的联邦院选举导致相当多的空缺出现时,它们就重新组成。

四、立法和处理财政事务的程序

(一)立法程序

印度联邦立法的详细程序由议会两院各自的程序规则规定,印度宪法则规定了基本的程序规则。

1. 宪法规定

(1)议案的引入与通过

印度宪法第 107 条规定了法案的引入和通过程序。该条第 1 款规定,受到关于金钱议案(Money Bills)和其他财政议案的第 109 条和第 117 条规定的限制,一个议案可以在议会的任何一院发起。该款规定了在议会发起立法的规则,即除财政或金钱议案外,所有议案都可以在议会的任一院发起。财政或金钱议案与财政事务有关,如授权从印度统一基金中开支金钱或者征收税款的议案,只能提交给人民院。

第 2 款规定,受到第 108 条和第 109 条规定的限制,除非在没有修改或者只有两院都同意的修改的情况下,一个议案得到两院的同意,这个议案就不应当被认为已经获得议会的通过。该款规定了每个议案都需要议会两院的同意。这项规则有两个例外,这时尽管两院之间对一个议案存在分歧,这个议案也将被视为获得了两院的通过。第一个例外与第 109 条定义的金钱议案有关。这些议案受到一种特别程序的支配,这个程序

㉔ 该委员会于 1998 年 9 月组成。参见 https://rajyasabha.nic.in/rsnew/committees/general_introduction.asp,最后访问日期:2020 年 6 月 10 日。

使得议案的通过不需要联邦院的同意。第二个例外规定在第 108 条中，该条规定了一个非金钱议案在两院的联合会议上获得通过的情况。

以上两款表明了两院在立法过程中的各自角色。宪法并没有授予两院相同的权力，联邦院在两方面受到限制：一方面，它无权发起金钱或财政议案，而且它的同意在金钱议案的情形中是不必要的；另一方面，其他议案即使没有得到联邦院的同意，如果在一个人民院议员在人数上占支配地位的两院联合会议上获得通过，仍然可能成为法律。

第 3 款至第 5 款规定，在议会中待决的一项法案不因两院休会(prorogation)而失效；人民院尚未通过、在联邦院待决的一项议案，不因人民院解散(dissolution)而失效；如果一项法案在人民院待决，或者已由人民院通过，在联邦院待决，那么受制于第 108 条的规定，该议案因人民院的解散而失效。

这三款规定了待决立法事项因两院休会或人民院解散是否失效的问题。休会是指结束一个会期，而不是议会的解散。根据上述规定，待决议案不受休会的影响，在下一个会期继续有效。辛格教授指出，印度的这项规定明显不同于英国。在英国，休会同时结束两院的会期，并且终止所有的待决事务。因此，当议会再次被召集时，这些法案必须从最早的阶段开始。㉕ 人民院解散通常每 5 年发生一次，也可能更早。当人民院解散时，如果议案在人民院处于待决状态，则会失效，对新的人民院来说不再有效。而且，一个议案即使已经得到人民院的通过，但是在联邦院仍处于待决状态时，也会因人民院解散而失效。这里值得注意的是，第 4 款规定，当一个议案尚未得到人民院通过，在联邦院处理待决状态时，这个议案不因人民院的解散而失效。那么，第 4 款中的“尚未得到人民院通过”与第 5 款中的“在人民院处于待决状态”并非同义。这可能与我们通常的理解不一致。我们通常认为，“处于待决状态”就意味着“尚未通过”。因此，“尚未得到人民院通过”的含义尚需进一步弄清。

(2)在某些情形下的两院联合会议

宪法第 108 条第 1 款规定，如果在一项议案在一院获得通过，被移交

㉕ Mahendra P. Singh, *Constitution of India* (11th Edition), Eastern Book Company (2008), p. 451.

给另一院后，该议案被另一院否决，或者两院最终就该议案的修正存在分歧，或者从另一院收到该议案之日起已过去6个月以上，[26]仍然没有获得它的通过，那么除非该议案已经因人民院的解散而失效，总统可以在两院开会时通知他们，或者在他们闭会时通过公告通知他们，他要召集一次联合会议，就该议案进行协商并投票表决。但是该项规定不适用于金钱议案。

该条第4款规定，如果在两院的联合会议上，该议案，附带联合会议同意的修正（如有），得到在场和投票的两院成员总数的多数通过，那么该议案就被视为得到了两院的通过。在联合会议上，如果一院通过了该议案，而另一院没有通过，而是提出了一些修正，并退还给发起这项议案的议院，那么对该议案的修正不得再被提出，在通过该议案过程中的耽搁导致的有必要的修正除外；如果另一院在提出一些修正后通过了该议案并退还给发起这项议案的议院，那么只能提出对该议案的上述修正以及与两院未能达成一致的事务有关的其他修正；两院联合会议的主持人就哪些修正可被提出的决定是最终决定。[27]

该条第5款规定，即使在总统发出召集两院联合会议的通知后，发生了人民院解散的情况，两院联合会议仍然根据本条召开并通过一项议案。

该条规定了解决议会两院之间僵局的程序。值得注意的有以下三点：第一，为了解决第1款列举的三种冲突，宪法授权总统召集议会两院联合会议，就两院存在分歧的议案进行协商和投票。第二，在两院的联合会议上，除在通过该议案过程中的耽搁导致有必要的修正外，不得提出新的修正。这是为了避免在通过该议案的过程中发生再拖延的情况。第三，这种联合会议程序不适用于金钱议案。宪法第109条规定了一种不同的程序，目的是赋予人民院在财政支出和征税事务上的支配地位。

（3）关于金钱议案的特别程序

宪法第109条规定，金钱议案不得在联邦院引入。在一项金钱议案在人民院获得通过后，它应当被移交给联邦院寻求其建议，联邦院应当在它收到该议案之日起14天内，将该议案连同其建议退还给人民院，之后

㉖ 该条第2款规定，在计算这里的6个月期间时，相应议院休会期间或者中止连续超过4天的期间不得计算在内。

㉗ 印度宪法第118(4)条规定，两院联合会议的主持人是人民院议长，如果他缺席，程序规则确定的人主持会议。

人民院或者接受,或者拒绝联邦院的所有或任何建议。如果人民院接受了联邦院的任何建议,该金钱议案连同联邦院提出并被人民院接受的修正,将被视为获得了两院通过。如果人民院没有接受联邦院的任何建议,该金钱议案将被视为以人民院通过的形式获得了两院的通过,不包括联邦院提出的任何建议。如果得到人民院通过并被移交给联邦院征求建议的一项金钱议案没有在上述 14 天内退回人民院,那么在上述期限届满时,该议案将被视为以人民院通过的形式获得了两院的通过。

从该条可以看出,金钱议案并不需要联邦院通过,联邦院只能提出自己的建议,而且人民院可以接受或拒绝联邦院的所有或任何建议。人民院在金钱议案的通过上完全处于支配地位。

宪法第 110 条定义了"金钱议案"。一项金钱议案是仅仅包含处理该条第 1 款列举的其中一项或多项事务的议案,这些事务包括税收的施加、废除、豁免、变更或管理,从统一基金拨款,借款及由印度统一基金某种支出,提供担保,保管统一基金,接受、保管、发出或审计公共账目以及附属于所有上述事务的事务。"仅仅"这个词很重要,因为任何上述事务之外的以及非附属于这些事务的无关事务将导致一项议案不属于金钱议案。什么属于附属事务是一个有争议的问题,但是制定程序、生效条款、废止条款以及处理结论和决定以及规定罚则的条款,可以被视为附属事务。㉘

该条还明确规定了不属于金钱议案的议案,即仅处理施加罚款或其他金钱惩罚的议案,或者处理支付执照费用和服务酬金的议案,或者处理任何地方当局或为地方目的成立的机构施加、废止、豁免、变更或管理税收事务的议案。如果就一项议案是不是一项金钱议案存在任何疑问,人民院议长的决定是最终的。

(4)总统对议案的同意

宪法第 111 条规定,当议会两院通过一项议案后,应当将该议案呈交总统,总统应当宣布他同意该议案,或者他拒绝同意。一旦一项议案被呈交给总统寻求同意,如果这项议案不是金钱议案,他就可以将该议案退回两院,附带一个通知,要求他们重新考虑该议案或者其中的任何指定的条款,尤其是重新考虑引入他可能在通知中建议的任何修正的可欲性;当一

㉘ Mahendra P. Singh, *Constitution of India*, p. 455.

项议案如此退回时,两院应当重新考虑该议案,如果该议案再次被两院通过,不管是否有所修正,并被呈送给总统寻求同意,总统不得拒绝。

总统是议会的组成部分,因此,议会立法必须得到总统的同意。现实中,总统几乎没有将议案退回两院,要求他们重新考虑。2006 年,总统阿布杜·卡拉姆将修正的 1959 年《议会(预防不合格)法案》退回两院重新考虑。当两院重新考虑但未作任何修正的情况下再次呈交给他时,他同意了议案。㉙

2. 立法规定

印度宪法第 118 条规定,议会各院可以制定规范其程序和处理其事务的规则,不得违反宪法的规定。根据此项授权,人民院和联邦院都制定了各自的《程序和办事规则》,其中就包括立法和处理财政事务的程序。这些程序非常详细,涉及可能出现的各种细节。本文只择要介绍。此外,由于人民院和联邦院各自的《程序和办事规则》规定的立法程序非常相似,本文就不重复介绍,仅说明人民院的立法程序,读者将“人民院”替换为“联邦院”即可了解联邦院的立法程序。

(1)在人民院发起的议案

①议案的引入

部长之外的任何成员,如果想提议许可引入一项议案,应当通知其意图,并且连同该通知,提交一份该议案的副本以及关于目标和理由的解释性说明。㉚

如果许可引入一项议案的提议受到反对,议长可以不经进一步辩论即可要求表决。如果他认为合适,可以在要求表决前允许反对该提议的成员和提出该提议的成员作简短陈述。㉛

一项议案一旦被引入,应当尽快在公报上公布。㉜

②引入议案之后的动议和辩论的范围

在引入一项议案后,负责的成员可以就其自己的议案提出以下动议之一:考虑该议案;将该议案提交给人民院的特别委员会;经联邦院同意,

㉙ Ibid., p. 457.

㉚ Rules of Procedure and Conduct of Business in Lok Sabha, 16th edition, Article 65(1).

㉛ Ibid., Article 72(1).

㉜ Ibid., Article 73.

将该议案提交给两院的一个联合委员会;将该议案传阅,征求相关意见。如果是宪法所规定的金钱议案,不得提出上述第三种动议。[33] 当“将一个议案传阅,征求相关意见”的动议得到支持并实施后,负责的成员如果随后愿意继续推进该议案,应当提议该议案被提交给人民院的一个特别委员会或者在得到联邦院的同意后被提交给两院的一个联合委员会,除非人民院议长许可“考虑该议案”的动议。[34]

基于上述动议,该议案的原则及其规定可以从总体上受到讨论,但是该议案的细节不受讨论,除非对于解释其原则有必要。[35]

③特别/联合委员会的报告作出后的动议和辩论的范围

在人民院的一个特别委员会或两院的一个联合委员会作出最终报告后,负责的成员可以提议:(a)考虑该提案。(b)按以下方式将该议案再次提交给原来的特别委员会或一个新的特别委员会,或者原来的联合委员会或一个新的联合委员会:(i)无限制地;(ii)仅关于特定条款或修正条款;(iii)附带着给该委员会的指示,要求它在该议案中制定某个特定或额外条款。(c)将该议案传阅或再传阅,征求相关意见或更多的意见。如果负责的成员将该议案提交人民院考虑,那么任何成员可以提出一个修正提议,将该议案再次提交委员会审议或将该议案传阅或再传阅以征求相关意见或更多意见。[36]

如果负责的成员提议将该议案提交人民院考虑,那么对此提议的辩论应当限制在考虑委员会的报告以及在该报告中提及的事务或者与该议案的原则相一致的任何替代性建议。[37]

④对议案的逐条考虑

当“将一项议案提交人民院考虑”的动议得到支持后,议长可以向人民院逐条提交该议案或者该议案的任何部分。议长可以分别提及每一条并提交表决:“该条款(或者,经过修订的该条款)可以作为该议案的一部分。”[38]

㉝ Ibid. ,Article 74.

㉞ Ibid. ,Article 75(3).

㉟ Ibid. ,Article 75(1).

㊱ Ibid. ,Article 77.

㊲ Ibid. ,Article 78.

㊳ Ibid. ,Article 88.

议长如果认为合适，可以推迟对一项条款的考虑。[39]

议长如果认为合适，可以将许多条款一起提交人民院表决，但是如果一位成员要求任何条款单独表决，议长应当将该条款单独提交表决。[40] 一个议案的第1条、制定程序、前言（如果有）以及标题应当推迟表决，直到其他条款处理完毕。[41]

⑤议案的通过

当"考虑一项议案"的动议得到支持并且该议案不需修正时，负责的成员可以立即提议通过该议案。当一项议案经过了修正时，"通过修正后的议案"的动议不得在完成对该议案的考虑的同一天提出，除非议长允许提出此项动议。[42] 关于"通过该议案"或者"通过修正后的议案"的动议的讨论应当限于提出支持或拒绝该议案的论证。在发表这种演说时，人民院成员对该议案细节的提及仅限于为提出一般层面论证所必要的程度。[43]

当人民院通过一项议案时，应将该议案移交联邦院寻求赞同，附一份带有此意的通知。[44] 如果由人民院通过并移交给联邦院的一份非金钱议案的议案由联邦院未经修正而通过，那么如果人民院在会期中，人民院的秘书长应当报告联邦院的相应通知，如果人民院不在会期中，联邦院的相应通知应当公布在公报上让人民院成员知悉。[45]

⑥由联邦院退回的非金钱议案之议案

如果一项由人民院通过并移交给联邦院的非金钱议案之议案被退回人民院，附带一些修正，人民院应当在收到后就将其提交讨论。[46] 如果人民院同意联邦院所作的修正，它应当向联邦院发送相应的通知，但是如果它不同意该修正或者提出了进一步修正或一项替代性修正，人民院应当将议案或进一步修正后的议案送回联邦院，并附送相应的通知。[47] 如果该

㊴ Ibid. , Article 89.
㊵ Ibid. , Article 91.
㊶ Ibid. , Article 92.
㊷ Ibid. , Article 93.
㊸ Ibid. , Article 94.
㊹ Ibid. , Article 96(1).
㊺ Ibid. , Article 97.
㊻ Ibid. , Article 98.
㊼ Ibid. , Article 101.

议案被退回人民院，并附随一个"联邦院坚持人民院不同意的一项或多项修正"的通知，这将被视为两院最终未就这些修正达成一致意见。[48]

⑦由联邦院退回的金钱议案

如果一项由人民院通过并移交给联邦院的金钱议案被退回人民院，未附建议，人民院应将该议案提交给总统寻求其同意。如果联邦院退回议案时建议了修正，人民院应在收到后将该议案提交讨论。此后，如果这是一项政府议案，那么任何部长在发出两天通知后或者在议长同意下不经通知，提议将联邦院建议的修正提交考虑；如果这是任何其他议案，人民院的任何成员都可以经同样程序作出此种提议。如果这一提议获得支持，议长应当按照其认为最便利的方式将联邦院建议的修正提交考虑。如果人民院接受了这些修正，该议案就被视为连带这些修正得到两院的通过。如果人民院不接受联邦院的建议，该议案就被视为以人民院通过的形式而不包括联邦院建议的修正获得两院的通过。[49]

(2)在联邦院发起的议案

当在联邦院发起的一项议案获得联邦院通过并被移交给人民院时，该议案应当尽快放置于议事桌上，之后任何部长(如果是政府议案)或人民院任何成员(如果是其他议案)可以提议考虑该议案。在该动议提出之日或者该讨论被推迟到的那一日，人民院可以讨论该议案的原则及总则性规定，对其细节的讨论仅限于解释其原则所必要的程度。[50]

如果该议案尚未提交给两院的一个联合委员会，那么人民院的任何成员都可以提议将该议案提交给一个特别委员会，并且如果此提议获得支持，该议案应当被提交给一个特别委员会。[51]

如果将该议案提交考虑的动议获得支持，该议案将获得逐条考虑，此时适用人民院考虑议案修正条文的议事规则以及后续通过议案的程序。如果议案未经修正获得通过，人民院将通知联邦院。如果议案获得通过但有所修正，该议案应当退回联邦院，并附带要求联邦院同意这些修正的通知。如果联邦不同意这些修正或其中的任何修正，或者同意任何修正

---

[48] Ibid. ,Article 102.

[49] Ibid. ,Article 103 – 108.

[50] Ibid. ,Article 114 – 117.

[51] Ibid. ,Article 118.

但有进一步修正,或者提议以进一步修正代替人民院所作的修正,人民院在收到后应当将进一步修正的议案放置于议事桌上。此后,任何部长(如果是政府议案)或人民院任何成员(如果是其他议案)可以提议考虑这些修正条文。如果此种动议获得支持,议长应当按照其认为最便利的方式将这些修正提交考虑。人民院可以同意联邦院最初通过的议案,也可以同意联邦院进一步修正后的议案,或者可以将该议案退回,并通知联邦院它坚持联邦院不同意的修正。如果是最后一种情况,这将被视为两院就这些修正案未能达成一致意见。[52]

对于在联邦院发起的议案,如果在人民院提出的下列任何动议被人民院否决,该议案应当被视为被人民院拒绝:①考虑该议案;②将该议案提交给一个特别委员会;③将特别委员会报告的议案提交考虑;④通过该议案(或经修正的议案)。[53]

(3)对已通过议案的认证和同意

当一项议案获得两院通过并在人民院手中时,人民院议长应当签署一式两份,并提交给总统,如果议长不在新德里,在紧急情况下,秘书长可以代表议长认证该议案。总统同意的一份议案副本应当被保存起来以供核查和记录,未经议长批准不得将其带离人民院的监管。[54]

(4)对总统退回的议案的重新考虑

①在人民院发起的议案

两院通过但总统退回要求重新考虑的议案应当放置于议事桌上,之后任何部长(如果是政府议案)或人民院任何成员(如果是其他议案)可以提议考虑总统建议的修正条文。[55] 对这一动议的辩论应当局限于对总统在通知中提及的事务的考虑,或者与总统所建议的修正有关的任何建议。[56]

如果上述动议得到支持,人民院议长应当按照其认为最便利的方式将这些修正条文提交人民院考虑。这时议员可以提出与总统建议的修

---

[52] Ibid. ,Article 119 – 126.

[53] Ibid. ,Article 127.

[54] Ibid. ,Article 128.

[55] Ibid. ,Article 129,131.

[56] Ibid. ,Article 132.

正有关的修正,但如果修正不是总统建议的修正的相应结果或者替代性方案,则不得提出。在所有的修正条文得到处理以后,提议考虑这些修正的议员可以提议再次通过两院最初通过的议案,或者按照修正后的议案再次通过。如果“考虑总统建议的修正”的动议未获支持,提出该动议的议员可以立即提议该议院按照两院最初通过的版本再次通过,不经修正。[57]

当该议案由人民院经过修正或未经修正再次通过后,它将被送交联邦院寻求赞同。如果联邦院未经修正通过了该议案,它应通知人民院。如果联邦院将其退回人民院,并附有一些修正,人民院应当在收到后将其放置于议事桌上。[58] 之后任何部长(如果是政府议案)或人民院任何成员(如果是其他议案)可以提议考虑这些修正条文。[59] 如果上述动议得到支持,人民院议长应当按照其认为最便利的方式将这些修正条文提交人民院考虑。这时,议员可以提出与联邦院所作的修正有关的修正,但是如果修正不是联邦院所作修正的相应结果或者替代性方案,则不得提出。人民院如果同意联邦院所作的修正,应当通知联邦院,但是如果它不同意这些修正,或者提出了进一步修正或替代性修正,人民院应当将该议案或者经进一步修正的议案退回联邦院。如果联邦院将议案退回人民院,并表示坚持人民院所不同意的修正,这将被视为两院最终无法就修正条文达成一致意见。[60]

②在联邦院发起的议案

当两院通过但被总统退回联邦院要求重新考虑的一项议案,被联邦院经过修正或未经修正再次通过并被移交给人民院时,该议案连同总统的通知应尽快放置于议事桌上。之后,任何部长(如果是政府议案)或人民院任何成员(如果是其他议案)可以提议考虑联邦院再次通过的议案。如果该动议获得支持,议长应当按照其认为最便利的方式将联邦院所作的这些修正条文(如有)提交人民院考虑。[61]

---

[57] Ibid. ,Article 133 – 136.

[58] Ibid. ,Article 138 – 139.

[59] Ibid. ,Article 140.

[60] Ibid. ,Article 142 – 143.

[61] Ibid. ,Article 144 – 146.

如果上述议案被人民院未经修正而再次通过，人民院应当通知联邦院。如果该议案由人民院经修正后通过，人民院应当将该议案送返联邦院寻求其对这些修正的赞同。如果联邦院不同意人民院所作的修正，或者同意这些修正但又进一步修正，或提议了进一步修正以代替人民院所作的修正，人民院应当在收到后将经过进一步修正的议案放置于议事桌上。之后，任何部长（如果是政府议案）或人民院任何成员（如果是其他议案）可以提议考虑这些修正条文。如果该动议获得支持，议长应当按照其认为最便利的方式将这些修正条文（如有）提交人民院考虑。[62]

人民院可以同意联邦院再次通过或者进一步修正后的议案，或者将其退回联邦院，并表示坚持联邦院不同意的修正。后一种情况将被视为两院最终没有就修正条文达成一致意见。[63]

③对已通过议案的认证

当一项议案再次被两院通过并在人民院手中时，人民院议长应当签署一式两份，并提交给总统。如果议长不在新德里，在紧急情况下，秘书长可以代表议长认证该议案。[64]

（二）处理财政事务的程序

1. 宪法规定

印度宪法第112条至第116条涉及议会中供给或拨付资金必须遵循的程序。这些规定确保人民选出的代表在财政事务上对政府的有效控制，这是民主及其运行的一个基本特征。

（1）年度财政报告

宪法第112条规定，总统应当在每一个财政年度向议会两院提交一份印度政府当年的预算收支报告，本部分称之为“年度财政报告”。包含在本报告中的预算开支应当分别显示：需要满足本宪法规定由印度统一基金支付的开支的金额；以及需要满足被提议由印度统一基金支付的其他开支的金额，并且应当区分财政收入账目支出和其他支出。由印度统一基金支付的开支有：总统的薪水和津贴等；债务支出，包括利息、偿债基

---

[62] Ibid., Article 147 – 151.

[63] Ibid., Article 152 – 153.

[64] Ibid., Article 154.

金和债务偿还和筹集借款的成本；印度总审计长的薪水、津贴和退休金；最高法院法官们的薪水、津贴和退休金；各个高等法院的法官们的退休金；联邦院主席和副主席以及人民院议长和副议长的薪水和津贴；需要满足任何法院和仲裁法庭的判决或裁定额的金额；本宪法或任何联邦法律要求由统一基金支付的任何其他开支。

(2)与预算有关的议会程序

宪法第 113 条规定了议会处理预算的程序。由印度统一基金支付的开支不必提交给议会投票表决，但是任一院都可以讨论这些不能投票的开支项目。其他开支则必须以拨款请求的形式向人民院提交。人民院有权对任何请求同意或拒绝同意，或者在缩减其中具体数额的情况下同意拨款请求。拨款请求只能由总统的建议提出，也就是说，个人议员无权提出新的开支项目，或者增加列于报告中的数额。因此，在任何项目或工作上花费的最大数额受控于行政分支。辛格教授指出，这一点与英国的实践一致。在英国，只能由行政机构提议公共财政收入的开支。[65]

宪法第 114 条还规定了拨款议案(Appropriation Bills)的引入。这种议案的引入与通过似乎是为了落实议会通过的《年度财政报告》。在人民院批准了《年度财政报告》中的支出预算后，要在人民院引入拨款议案。这种议案列举人民院批准的所有拨款以及之前提交给议会的年度财政报告中显示的由印度统一基金支付的开支。

(3)关于财政议案(financial Bills)的特别规定

金钱议案和财政议案是有区别的。如前所述，一项金钱法案仅仅包含宪法第 110 条列举的事务，因此，仅仅课以新税收的议案是金钱议案，拨款议案也是金钱议案。一项财政议案还包含与那些严格地具有财政性质的事务无关的事务。换句话说，一项财政议案除了处理第 110 条列举的事务，还处理其他事务。可以这样说，所有的金钱议案都是财政议案，但是并非所有的财政议案都是金钱议案。同时，从另一方面来说，财政议案也不同于一般议案，因为前者中有金钱议案处理的问题，后者中没有。

宪法第 117 条规定了关于财政议案的特别性。与一般立法议案相比，财政议案有两个特别之处：一是它只能基于总统的建议引入或提出；

---

[65] Mahendra P. Singh, *Constitution of India*, p. 461.

二是它不能在联邦院引入。只有一个例外不需要总统的建议,即当该议案提议缩减或废除一项税收时。辛格教授认为,总统的建议这一限制条件将保证政府为开支承担责任。

除上述两处特别外,财政议案在通过程序上与普通议案几乎是一样的。像其他议案一样,财政法案必须通过一个正式的引入许可动议被引入,但是任何成员都可以基于未得到总统的建议这一理由而反对引入许可被批准。

2. 立法规定

《人民院程序和办事规则》第 19 章和《联邦院程序和办事规则》第 15 章规定了它们处理财政事务的程序。

(1)人民院处理财政事务的程序

①预算

印度政府在每个财政年度的财政陈述(Financial Statement)或预算的收支情况应当在总统指示的日期提交给人民院。预算应由财政部长在考虑了预算委员会的建议(如有)后以确定的形式提交给人民院。在提交当日不得对预算进行讨论。[66]

②拨款要求(demands for grants)

为每个部的拨款提议一般应当单独提出,但是财政部长可以将为两个或更多部的拨款提议包括在一个要求中,或者对不容易归类在特定部的开支放在一个要求中。每个拨款要求应当首先包括所提议的拨款总数的陈述,然后陈述划分为不同项目的每一项拨款的详细预算。[67]

预算提出后,在议长指定的日期和时间,人民院应当自由讨论预算整体或者所涉及的任何原则问题,但是不得提出动议,也不得将预算提交人民院表决。财政部长应当在讨论结束时有回答的一般权利。议长如认为合适,可以规定发言的时间限制。[68]

议长应当在与人民院领袖(the Leader of the House)[69]磋商后,分配与

---

[66] Rules of Procedure and Conduct of Business in Lok Sabha, 16th edition, Article 204 - 205.

[67] Ibid., Article 206.

[68] Ibid., Article 207.

[69] 如果总理是人民院成员,总理就是人民院领袖;如果总理不是人民院成员,他可以任命一位人民院成员担任人民院领袖。

公共利益相匹配的天数对拨款要求进行讨论和表决。在这段时间的最后一天的17点或者议长提前确定的其他时间,议长应当立即提出每一个必要的问题,去处理所有与拨款要求有关的未决事项。议员可以提出缩减任何拨款要求的动议,对此种动议提出修正是不被允许的。当关于同一个拨款要求的几个动议被提出时,应当按照它们涉及的标题在预算案中出现的顺序获得讨论。[70] 议长应当根据《人民院程序和办事规则》规定的规则(第210条)决定一项缩减拨款要求的动议是否可以接受,并且当他认为这种动议是权利滥用或者是故意妨碍或不利影响人民院的程序或者违背这些规则时,他可以不接受这种动议。

③拨款议案(Appropriation Bill)

受制于宪法的规定,关于拨款议案的程序和一般议案的程序相同,议长如认为必要可作一些修改。

关于拨款议案的辩论应当限制在具有公共重要性的事项或者该议案所涉及的拨款中隐含的、当相关拨款要求被考虑时未提出的行政政策上。为了避免辩论的重复,议长可以要求想参与一项拨款议案讨论的议员提前告知他们意图提出的具体要点。议长可以不允许提出他认为与讨论拨款要求时讨论过的事项重复的要点或者不具有足够公共重要性的要点。议长如认为合适,可以规定发言的时间限制。[71]

④财政议案(Finance Bill)[72]

财政议案是指通常每年引入、使印度政府的下一财政年度的财政提议生效的议案,并且包括使任何时段的补充性财政提议生效的议案。

在人民院引入一个财政议案后,议长可以随时安排一天或连续或分开的几天,完成通过该议案的所有或任何阶段。安排好时间后,议长可以在那天或者几天中的最后一天的指定时间立即提出每一个必要的问题,去处理所有与本阶段有关的未决事项。议长如认为合适可以规定发言的时间限制。针对"应考虑该财政议案"的动议,一位议员可以讨论与一般行政、印度政府负责范围内的地方不满或者政府的货币或财政政策有关

---

[70] Rules of Procedure and Conduct of Business in Lok Sabha, 16th edition, Article 208.

[71] Ibid., Article 218.

[72] Ibid., Article 219.

的事项。

在其他方面，适用于《人民院程序和办事规则》第10章(立法)的规则适用于财政议案的处理。

(2)联邦院处理财政事务的程序

①预算

与提交给人民院一样，印度政府在每个财政年度的财政陈述或预算的收支情况也应当在总统指示的日期提交给联邦院，联邦院在提交当日也不得对预算进行讨论。预算提出后，在联邦院主席指定的日期和时间，联邦院应当自由讨论预算整体或者所涉及的任何原则问题，但是不得提出动议，也不得将预算提交联邦院表决。财政部长应当在讨论结束时有回答的一般权利。联邦院主席如认为合适，可以规定发言的时间限制。[73]

②金钱议案[74]

由人民院通过并送交给联邦院的金钱议案应当尽快放置于议事桌上。联邦院主席在与联邦院领袖[75]磋商后，应当在该议案被放置于议事桌上两天内，安排一天或数天或一天内的部分时间完成对议案的考虑或将其送回人民院的所有阶段或任何阶段，包括考虑和通过该议案的修正条文(如有)。

在“考虑该议案”的动议得到支持后，该议案应得到逐条处理。在这一阶段，议员可以提议向人民院建议的修正，这时适用联邦院考虑议案修正条文的规则。在对议案逐条考虑并且处理了修正(如有)之后，负责该议案的成员应当提议将该议案送回人民院。当“将议案送回人民院”的提议得到支持时，联邦院应将议案送回人民院，并通知人民院是否建议了对议案的修正以及修正内容。

一旦一项议案被引入联邦院，或在之后的阶段，如果有人提出异议，认为这个议案是一项宪法第110条规定的金钱议案，并且不应当在联邦院继续推进，联邦院主席如果认为该异议有效，就应当指示与该议案有关

---

[73] Rules of Procedure and Conduct of Business in the Council of States (Rajya Sabha), Article 181.

[74] Ibid., Article 186.

[75] 如果总理是联邦院成员，总理就是联邦院领袖；如果总理不是联邦院成员，他可以任命一位联邦院成员担任联邦院领袖。

的程序终止。如果联邦院主席对该异议的有效性有任何怀疑，他应当将该问题提交给人民院议长，根据宪法第 110 条第 3 款，后者在此问题上的决定是最终的。

五、印度联邦行政机关：总统与内阁

（一）总统及其宪法地位

印度的联邦行政机关由总统和部长委员会构成。印度宪法第 53 条规定，联邦的行政权力应当被授予总统，由他直接或通过其下属官员行使。在不损害前款概括性规定的前提下，联邦国防力量的最高指挥权应当被授予总统，其行使应当受法律规制。该条规定不能被认为将由现有法律授予邦政府或其他当局的任何职责转移给了总统，也不妨碍国会通过法律将一些职能授予总统之外的部门。

虽然从第 53 条看，总统的权力很广泛，但实际上他的宪法地位和英国的国王相同，是名义上或宪法上的政府首脑。根据印度宪法确立的立法与行政的关系，印度并未采纳像美国那样的总统制政府，而是议会制政府。这主要体现在印度宪法的第 74 条和第 75 条中。

印度宪法第 74 条规定，应当设立一个部长委员会，由总理领导，协助总统并为其提供建议，总统在履行其职责时根据这些建议行事。总统可以要求部长委员会重新考虑这些建议，并且应当根据重新考虑后提出的建议行事。第 75 条第 3 款规定，部长委员会应当集体向人民院负责，而宪法没有规定总统也向立法机关负责。如果不承认部长委员会不具有最终决定与政府有关的事务的权力，那么说部长委员会为联邦政策和行政向人民院负责就是没有意义的。[76] 因此，印度总理领导的部长委员会才是掌握实权的行政机关，间接选举产生的总统只能按照部长委员会的建议行事，并不掌握实权。在这个意义上，印度采用的是责任内阁制。

总统由选举院（electoral college）的成员选举产生，选举院由两部分人员组成：一是国会两院中由选举产生的成员；二是各邦议会中由选举产生的成员。[77] 此外，印度还设有副总统，由国会两院成员组成的选举院按照

---

[76] Mahendra P. Singh, *Constitution of India*, p. 367.

[77] Constitution of India, Article 54.

比例代表制中的单一可转移投票制的方式,通过秘密投票选举产生。[78] 副总统的主要功能是在总统职位临时空缺或者当总统缺席时充当总统或履行总统的职责。[79]

（二）部长委员会中总理和其他部长的产生和部长的罢免

上文已经提及部长委员会的设置及其权力地位,在此不赘述,这里仅介绍总理和部长的产生和部长作为个体职位的罢免（而非部长委员会作为整体的罢免）。印度宪法第 75 条第 1 款规定,总理应由总统任命,其他部长由总统根据总理的建议任命。选择总理的权力由总统掌握,但是考虑到总理必须具备的条件,选择的范围必然是有限的。总统选择的人必须能够得到可能掌握人民院多数的政党或政党联盟的支持。在正常情况下,总统无需怀疑谁是合适人选,他就是人民院多数党的领袖。但是,有时总统在选择总理时可能不得不行使其个人判断,例如在位的总理去世或者基于个人理由辞职时,政党可能没有公认的领袖,或者两党中的任一政党可能都能够组织政府并得到人民院的支持。这时,总统可能认为可以找到一位能够在两个或更多政党的帮助下组成一个联盟并得到人民院支持的人。这种可能性使得总统在选择总理时可以行使其个人的裁量权。1979 年人民党内阁垮台,在查兰·辛格（Charan Singh）辞职并建议解散人民院之后,雷迪（Reddy）总统就行使这种裁量权,邀请了查兰·辛格而不是贾格吉瓦·拉姆（Jagjivan Ram）组织内阁。[80] 但是,尽管总统有时在选择总理时有裁量权,最终仍然是以所选人选获得人民院多数议员支持为前提。因此,总统任命总理的权力并不大,取决于人民院多数的支持。

其他部长由总统根据总理的建议任命。虽然这不意味着总统就不能具有重要影响力,但是与总统相比,总理有最终决定权。他必须具有一个能够共同工作并且能够得到人民院支持的政府。如果他说基于这个理由他必须得到某个人的协助,那么理论上总统就要么让步,要么任命另外的总理。由于总统不能委任同一政党的其他成员,因为这将干预该党的内

---

[78] Ibid., Article 66.

[79] Ibid., Article 65.

[80] Mahendra P. Singh, *Constitution of India*, p. 396.

部事务,不符合先例,他必须找到能够获得人民院支持的其他政党,而只有一个奇怪的议院才愿意支持其他政府。[81] 因此,总理向人民院负责的制度决定了总统事实上只能选择让步。

关于部长的免职,印度宪法第 75 条第 2 款规定,部长在总统满意期间任职。也就是说,如果总统对部长的工作不满意了就可以罢免部长。但是根据辛格教授的正确分析,该条款实际上意味着部长的职位随时受到总理的支配,因为在这些事务上,印度总统就像英国的国王一样根据总理的建议行事。为了有效落实部长委员会集体负责的规则,除根据总理的建议外,任何人都不应当被任命到内阁中。反过来说,如果总理说一位部长应当被免职,他就不应当继续留在内阁中。只有当内阁成员在任命和免职两方面都置于总理的控制之下,才有可能实现集体负责的目的。

总之,虽然印度宪法规定总理应由总统任命,其他部长由总统根据总理的建议任命,而且部长在总统满意期间任职,但是总统在任命总理时能行使裁量权的机会并不多,在部长的任命和免职上则完全根据总理的建议行事,总统完全没有裁量权。在印度的总统与内阁的关系上,总统实际上仅是一个象征性的行政首脑,真正的行政首脑是总理。

六、议会如何监督行政并保证其对自己负责?

印度国会对行政机关的监督体现在两个方面,一是对总统的监督,二是对部长委员会的监督。对总统违宪行为的监督通过弹劾程序进行,对部长委员会的监督除上文提到的财政监督外,主要通过不信任表决制度实现。

(一)对总统的弹劾

印度宪法第 56 条规定,总统可以因违反宪法经弹劾而被罢免。第 61 条规定了弹劾的程序。该条规定,对总统违反宪法的指控应当由议会任一院提出;提出这种指控的提议必须包含在一个决议中,该决议必须在不少于该院成员总数的四分之一的议员书面签署的、表达其提议该决议的意图的通知公布 14 天后提出,并且此种决议已经经过不少于该院成员总数的三分之二多数通过;当议会任一院如此提出一项指控时,另一院应当

---

[81] Ibid. ,at 397.

审理该指控，总统应当有权出席审理并得到代表。如果审理结果是该决议得到不少于审理该指控的议院成员总数的三分之二多数通过，宣布针对总统提出的指控已经得到维持，那么该决议应当具有罢免总统的效力，罢免从该决议获得如此通过时生效。议会通过这种弹劾程序，可以时刻监督总统的行为是否违宪。

（二）对部长委员会的监督和控制

印度人民院通过对部长委员会的不信任表决来保证行政机关对其负责。印度宪法并没有明确规定罢免部长委员会的程序，现实中议会制政府的一个宪法惯例在印度是有效的，即一个失去下议院信任的政府必须辞职，除非它请求解散议会并获得准许。如果这种情况发生，内阁将自行辞职，几乎不需要总统行使其罢免权。如果解散议会的请求未获准许而内阁拒不辞职，似乎总统可以罢免内阁。在印度，从宪法生效至今尚未发生这种情况。在 1979 年、1991 年、1997 年，总理意识到他已失去人民院的多数支持时，他们就辞职并要求解散人民院。解散众议院的请求获得批准，并且总理被允许继续任职，直到新的选举完成。在 1990 年和 1997 年，在总理失去人民院的支持时，他辞职了，并未要求解散人民院。[82]

《人民院程序和办事规则》第 17 章规定了处理对部长委员会之不信任动议的程序。[83] 根据该程序，议员可以提出表达对部长委员会缺乏信任的动议，如果议长认为该动议符合程序，他应当向人民院宣读该动议，并要求支持引入该动议的议员在他们的位置上站起来，如果不少于 50 名成员站起来，议长就应当宣布该动议的引入获得了许可，并且该动议将于议长指定的日期着手处理，该日期从提出动议引入申请时算起不超过 10 天。如果少于 50 名成员站起来，议长将宣布该成员对引入动议的申请没有得到人民院的许可。如果动议的引入得到许可，议长可以安排一天或几天或一天中的部分时间讨论该动议。议长应当在他所安排的那一天或几天中的最后一天中被指定的时间，立即提出所有必要问题去确定人民院在该动议上的决定。议长如认为合适，可以规定发言的时间限制。

[82] Ibid. ,at 398.

[83] Rules of Procedure and Conduct of Business in Lok Sabha, 16th edition, Article 198.

●附条件行政许可制度研究

——以美国药品附条件批准制度为镜鉴*

邹　志**

摘　要:药品附条件批准是一种附条件行政许可制度。附条件行政许可是指在特定情况下,行政许可的效果或者效力受到附款的限制。附条件行政许可是部门行政法上的制度创新,其正当性基础既源于监管实践的需要,也源于监管者对风险与收益的权衡。当法律明确规定了附条件行政许可制度时,行政机关当然可以作出附条件行政许可决定;当法律没有明确规定,而行政机关对准予行政许可有裁量权时,在行政许可决定中附加附款是行使裁量权的方式。为了提高行政弹性和效率,行政机关可以在行政许可审查中放宽行政许可标准的要求,然后通过对行政许可决定添加附款来规制放宽行政许可标准所蕴含的风险。在附条件行政许可实施程序中,行政机关应当与申请人进行充分的沟通协商,作出决定时应当说明理由并向社会公开,还应在行政许可证件上注明附条件行政许可的相关信息。行政许可附条件与行政许可附负担的法律后果不同,行政机关在进行个案处理时应当有意识地区分条件和负担。在附条件行政许可的后续监管中,撤回制度是确保负担履行的制度保障。将行政行为附款制度化既可以加速行政许可审查程序,也可以规制因简化行政许可程序带来的风险。

关键词:附条件行政许可;行政许可;行政行为附款;药品监管

---

* 本文系国家社会科学基金重大项目"突发重大公共卫生事件防控的法治体系研究"(20&ZD188)的阶段性研究成果。

** 南开大学法学院博士研究生,南开大学医药卫生法研究中心研究人员。笔者衷心感谢宋华琳教授在本文写作过程中提供的悉心指导和宝贵意见。当然,文责自负。

引　言

2020 年新冠疫情发生后，药品附条件批准制度一时成为热点话题。我国《药品管理法》第 26 条规定，对治疗严重危及生命且尚无有效治疗手段的疾病以及公共卫生方面急需的药品，药物临床试验已有数据显示疗效并能预测其临床价值的，可以附条件批准。根据此规定，国家药品监督管理局在疫情暴发后已经附条件批准五种新型冠状病毒疫苗和一种新冠病毒治疗药物上市。一般而言，申请人需要提交基于"临床终点"的试验数据，来证明药品符合法定许可条件。但是对于临床急需的药物，允许申请人提交基于"替代终点"的试验数据，来证明药品符合法定许可条件；而与此同时，药品监管部门也会在行政许可决定中附加开展上市后研究的要求。质言之，药品附条件批准制度改变了一般的药品行政许可审查标准，通过先批准后验证的形式大大缩短了临床急需药物的审评时限，使得急需药品提早应用于严重疾病患者，但同时又要求申请人在药品上市后采取相应的风险管理措施，并在规定期限内完成确证试验。

从行政法学原理上看，药品附条件批准是一种附条件行政许可制度，是行政行为附款理论制度化的结果。行政行为附款是指为了限制授益行政行为的效果，而在意思表示的主要内容上附加的从属性意思表示。行政行为附款主要应用于行政许可领域，目的是消除与行政许可相冲突的法律上或者事实上的障碍，发放有附款的许可。[①] 在理论上，可以将行政许可分为附条件行政许可与无条件行政许可。[②] 所谓无条件行政许可，即一般行政许可，是指行政机关根据行政相对人的申请，经依法审查，准予其从事特定活动的行为。所谓附条件行政许可，是指在特定情况下，行政许可的效果或者效力受到附款的限制。附款的传统类型包括期限、条件、负担、撤回保留等。附款类型中的"条件"，仅指狭义的时间条件，影响行政行为效力的发生或者消灭。而制定法在表述时通常在广义上使用"条件"一词，用以指代所有的附款类型。容许行政机关作出附条件行政许可

---

① 参见[德]哈特穆特·毛雷尔：《行政法学总论》，高家伟译，法律出版社 2000 年版，第 315 页。

② 参见胡建淼：《行政法学》，法律出版社 2015 年版，第 266 页。

决定,可以加快行政许可审查程序,提高行政弹性和效率。

国内行政法学界探讨了行政行为附款的容许性、合法性问题,但是对行政行为附款的实效性问题关注不足,对附条件行政许可问题更是缺乏关注。既有研究可以分为两类:一是从法释义学角度廓清附款的概念、属性与效力;[③]二是从法政策学角度探讨附款理论在环境保护领域的适用。[④] 值得注意的是,近来有学者将容缺办理行政许可定性为一种附解除条件的行政许可行为,该观点具有较强的解释力,[⑤]不过,厘清附条件行政许可制度的法律构造还需要更为深入的分析。虽然制定法和实践中存在不少附条件行政许可制度的例证,[⑥]但是,总体上关于附款的研究还停留在理论移植的程度,未能对制定法上的附条件行政许可制度展开实证研究,未能揭示附款理论在政府监管中的实践图景。相反,经济法学界将附条件批准经营者集中定性为附条件行政许可制度,并对其展开了较为详尽的分析。[⑦] 不过,囿于学科之见,经济法学者多是从法社会学、法政策学角度对经营者集中附条件行政许可制度进行描摹和设计,未能结合附款理论在法释义学层面展开分析。概言之,目前有关行政行为附款的研究,缺乏行政实践层面的例证,而有关附条件行政许可制度的研究,缺乏行政行为附款理论的指导。

研究药品法既可以为行政法总论提供研究素材,也可以促进行政法

③ 代表性研究成果,参见江必新、王麟:《行政附款行为效力问题探究》,载《法律科学》2016年第4期;王麟:《行政附款行为属性三论》,载《法律科学》2011年第4期;王麟:《行政行为附款的几个问题》,载《行政法学研究》2011年第3期;柯少婷:《论行政行为的附款》,载章剑生主编:《公法研究》第14卷,浙江大学出版社2015年版。

④ 参见崔梦钰:《论行政行为附款理论在我国排污许可立法中的应用》,载《研究生法学》2020年第4期。

⑤ 参见孙煜华:《容缺办理行政许可的效力及其风险防控》,载《行政法学研究》2022年第6期。

⑥ 除《药品管理法》第26条之外,再举两例:《反垄断法》(2022年修正)第35条规定,对不予禁止的经营者集中,国务院反垄断执法机构可以决定附加减少集中对竞争产生不利影响的限制性条件。《外商投资安全审查办法》(2020)第9条第1款第2项规定,申报的外商投资影响国家安全的,作出禁止投资的决定;通过附加条件能够消除对国家安全的影响,且当事人书面承诺接受附加条件的,可以作出附条件通过安全审查的决定,并在决定中列明附加条件。

⑦ 代表性研究成果,参见叶军:《经营者集中附条件研究——欧美反垄断法律移植和中国本土化经验》,法律出版社2022年版;王炳:《反垄断法中的经营者集中附条件许可问题研究:争议与反思》,中国政法大学出版社2015年版。

总论与参照领域之间的相互学习。[8] 药品注册是一种行政许可行为。对药品附条件批准制度展开精细研究,可以为附条件行政许可制度的法治建构提供诸多启发。美国是药品附条件批准制度的母国,[9]我国药品监管部门在设计药品加快上市注册程序时参考了美国药品附条件批准制度的经验。美国行政法上虽然不存在行政行为附款理论,但是存在与中国类似的法律制度,在功能上具有可比较性。整理美国药品附条件批准制度的历史演进与制度架构,可以帮助我们发现药品法中附条件行政许可制度的"原型",为进一步的研究提供素材。虽然药事管理学者对域外药品附条件批准制度已有译介,但大多侧重于药品审评技术问题,[10]未能触及该制度的理论基础。本文拟通过解剖药品附条件批准制度这只"麻雀",尝试得出些许有关附条件行政许可制度的一般学术见解,以期促进行政行为附款理论的本土化,反哺行政法总论的研究。[11]

一、药品附条件批准制度的历史演进

美国食品药品管理局是负责药品监管的联邦机构,其现代监管职能肇始于进步时代颁布的《纯食品药品法》(1906)。经过 1938 年、1962 年两次药品监管改革,联邦食品药品管理局建立了一套标准的药品上市审评制度。药品一般批准程序要求企业提交大量药物临床试验数据,而审评资源十分有限,不可避免地导致药品审批迟滞。20 世纪 80 年代美国暴发了艾滋病危机。在艾滋病群体的推动之下,联邦食品药品管理局于

---

⑧ 参见[日]原田大树:《行政法总论与参照领域理论》,林美凤译,载《公法研究》第 18 卷(2017 年)。

⑨ 美国新药快速审评程序中的 Accelerated Approval,直译为"加速批准",本文意译为"附条件批准"。原因有二:第一,优先审评、快速通道、突破性疗法等都属于加快药品审评途径,若译为"加速批准"容易混淆;第二,我国药品附条件批准制度与美国 Accelerated Approval 制度在功能上具有可比较性,译为"附条件批准"更能反映这一制度的特性,也便于展开理论层面的作业。

⑩ 主要研究成果,参见邵蓉、肖江宜、张霓:《对美国加速批准药物法规的初探》,载《药学进展》1998 年第 3 期;赵晨阳、王洪航、黄云虹等:《美国药品加速批准程序对我国药品监管的启示》,载《中国新药杂志》2020 年第 20 期;张晓方、朱枫、武阳丰:《世界主要国家和地区药品附条件批准上市政策综述》,载《中国食品药品监管》2021 年第 12 期;袁林:《美国药品审评制度研究》,中国医药科技出版社 2017 年版,第 89 ~ 96 页。

⑪ 参见宋华琳:《药品行政法专论》,清华大学出版社 2015 年版,第 10 页。

1992 年创立药品附条件批准制度。该制度缩短了癌症、肿瘤药物的上市时间，已经成为美国药品审评的重要通道之一。

（一）药品一般批准程序的建立与审批迟滞

1906 年《纯食品药品法》旨在规范药品上市后的销售环节，对药品掺假、不当标识行为进行事后处罚。至于新药上市审评、临床验证试验等事前监管手段则是由 1938 年《联邦食品、药品与化妆品法》和 1962 年《基福弗 - 哈里斯修正案》两部法律建立的。然而，20 世纪 70 ~ 80 年代联邦食品药品管理局因药品审批迟滞饱受外界诟病。国会总审计署调查了药品审批迟滞的原因。

1. 药品一般批准程序的建立

1938 年《联邦食品、药品与化妆品法》要求上市销售的药品必须具备安全性。1937 年发生的"磺胺酏剂"事件，促成 1938 年《联邦食品、药品与化妆品法》的出台。该法规定，新药必须进行动物试验和人体临床试验，除非新药上市前能向联邦食品药品管理局提供药物安全性的证据，否则不得进行州际贸易。

1962 年《基福弗 - 哈里斯修正案》要求上市销售的药品必须具备有效性。20 世纪 60 年代欧洲发生大量孕妇因服用药物"反应停"生出海豹肢新生儿病例的药害事件。"反应停"事件后，美国高度关注药品安全立法，1962 年国会颁布《基福弗 - 哈里斯修正案》。自此，企业不仅应当证明药物的安全性，还必须提供实质性证据，证明药物的有效性。《基福弗 - 哈里斯修正案》是美国现代药品审评制度确立的标志。

2. 药品审批迟滞的原因

根据药品一般批准程序的要求，新药上市需要历经临床前研究、临床试验申请、临床试验、新药上市申请、上市后监测等环节，审评程序可能耗时数月甚至数年。经济学家和部分医学专家将"药滞"（drug lag）现象归咎于药品审评过于谨慎，认为联邦食品药品管理局的官僚主义构成新药研发的"拦路虎"。[12]

---

[12] 参见 Jacob W. Stahl, *A History of Accelerated Approval: Overcoming the FDA's Bureaucratic Barriers in order to Expedite Desperately Needed Drugs to Critically Ill Patients* (2005 Third Year Paper), https://dash.harvard.edu/handle/1/8852155，最后访问日期：2022 年 5 月 24 日。

产业界的鼓吹促使国会调查药品审批迟滞问题。国会总审计署于1980年发表长篇报告《联邦食品药品管理局的药品审批——延误重要药品上市的漫长过程》,认为如下原因导致药品审批迟滞:⑬第一,双方缺乏沟通。例如,监管部门的行业指南表述模糊、科学和专业争议久拖不决、监管部门反馈迟缓。第二,联邦食品药品管理局严重缺乏人手。第三,对制药企业和科研部门的制度约束不足。总审计署特意指出,联邦食品药品管理局投入相同时间来审批重要新药(important new drugs)和没有治疗优势的药物,延缓了重要药品的上市进程,给企业增加了巨额研发成本。⑭

(二)药品附条件批准制度的确立与发展

20世纪80年代艾滋病开始在美国流行。艾滋病流行6年后,美国仍然没有找到能够有效控制它的药品。对重要的艾滋病药物重视不足,令联邦食品药品管理局饱受诟病。为加快治疗严重疾病的药物上市,联邦食品药品管理局在药品一般批准程序之外,创设了附条件批准制度。目前这一制度在美国新药审评程序中占据重要地位。

1. 艾滋病危机催生药品附条件批准制度

艾滋病危机的暴发加剧了药品审批迟滞问题的严峻程度。1981年,艾滋病在美国大范围传播。由于是新发传染病,市场上并没有有效药物。艾滋病群体陷入恐慌,部分患者冒着高风险参加地下药物临床试验,药物走私泛滥成灾。

为应对艾滋病危机,联邦食品药品管理局先后出台"试验新药用于治疗"、快速通道、平行轨道、附条件批准等一系列加快严重疾病药物上市的机制。⑮ 1992年联邦食品药品管理局颁布规章,正式建立药品附条件批准制度。对治疗严重危及生命的疾病的药物,其安全性已经被证明时,允

---

⑬ See General Accounting Office, *FDA Drug Approval—A Lengthy Process That Delays the Availability of Important New Drugs*, GAO Report, HRD – 80 – 64(1980), p. 12 – 21.

⑭ 与上市药品相比,如果一种新药能提供重要或适度的临床收益,监管部门会将其归类为重要药品。See *FDA Drug Approval—A Lengthy Process That Delays the Availability of Important New Drugs*, p. 4.

⑮ See Michael D. Greenberg, *AIDS, Experimental Drug Approval, and the FDA New Drug Screening Process*, 3 New York University Journal of Legislation and Public Policy 295 (2000).

许基于可能合理预期治疗获益的替代终点上的临床试验数据,批准药品上市。齐多夫定和地达诺新两种艾滋病药物为附条件批准制度的创设起到了先例作用。[16] 联邦食品药品管理局基于二期临床试验数据批准齐多夫定上市。在地达诺新的审评过程中首次使用了"替代终点"标准。与临床试验药物拓展使用不同,[17]药品附条件批准之后,允许企业销售药品并从中获取利润,获批药品也被纳入医疗保险支付范围。这既为企业研发新药提供经济激励,也是患者的福音。[18]

2. 附条件批准制度的当代发展

得益于附条件批准制度的实效性,联邦食品药品管理局和国会积极推动替代终点在药品审评中的应用。2012 年国会首次在《食品药品管理局安全与创新法》中对附条件批准制度作出规定。在证明标准及批准条件方面,该法赋予联邦食品药品管理局更大的监管灵活性。[19] 2016 年国会又通过《二十一世纪治愈法》,鼓励联邦食品药品管理局运用创新灵活的方法,评价附条件批准路径下的药品。

相较于一般批准程序,附条件批准制度让有严重疾病的患者更快获得药品。联邦食品药品管理局下属血液和肿瘤药物办公室分别于 2004 年、2011 年和 2018 年发表回顾性论文,认为药品附条件批准制度实质性地缩减了肿瘤药物的上市时间,其中只有 5% 的适应证未能验证临床获益。[20] 联邦食品药品管理局官方网站的数据显示,2016 ~ 2021 年附条件批准的药品数量总体呈上升趋势,附条件批准在新药审评程序中占据重

---

⑯ 参见[美]菲利普·希尔茨:《保护公众健康——美国食品药品百年监管历程》,中国水利水电出版社 2005 年版,第 215 ~ 222 页。

⑰ 参见宋华琳、刘炫:《药物可及性与安全性的衡量——美国临床试验药物拓展使用法律制度评介》,载《财经法学》2020 年第 6 期。

⑱ See Lewis A. Grossman, *AIDS Activists, FDA Regulation, and the Amendment of America's Drug Constitution*, 42 AM. J. L. & MED. 687,728 (2016).

⑲ 参见 *Guidance for Industry: Expedited Programs for Serious Conditions—Drugs and Biologics*, p. 15. https://www.fda.gov/media/86377/download,最后访问日期:2022 年 5 月 24 日。

⑳ See Ramzi Dagher et al., *Accelerated Approval of Oncology Products: A Decade of Experience*, 96 Journal of the National Cancer Institute 1500 (2004); John R. Johnson et al., *Accelerated Approval of Oncology Products: The Food and Drug Administration Experience*, 103 Journal of the National Cancer Institute 636 (2011); Julia A. Beaver et al., *A 25 - Year Experience of US Food and Drug Administration Accelerated Approval of Malignant Hematology and Oncology Drugs and Biologics: A Review*, 4 JAMA Oncol. 849 (2018).

要地位(见图1)。㉑ 需要指出的是,监管部门通常会将药品附条件批准与其他三种快速审查程序(快速通道、优先审评和突破性疗法)叠加适用。

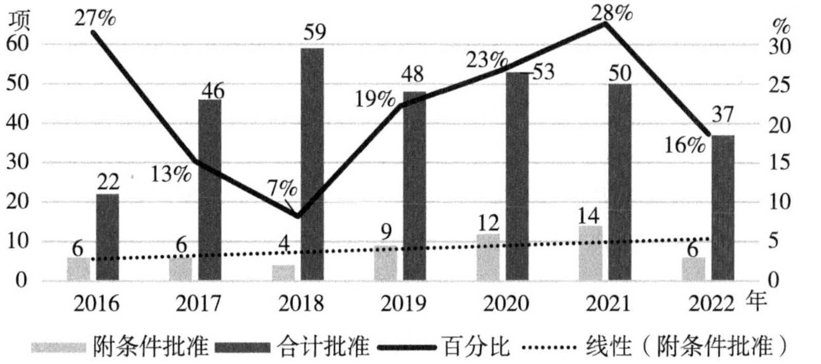

图1　2016~2021年美国附条件批准新药数量及比例

回顾药品附条件批准的制度史,可以发现,不区分疾病严重程度,不区分药物的重要程度,将审批标准"一刀切"地适用于所有药品,让联邦食品药品管理局陷入审批迟滞的泥淖。艾滋病危机催生药品附条件批准制度,表明在应对特殊情况时,可以适当简化药品审批程序,放宽药品行政许可审查标准,但底线是,必须确保药物的安全性,同时提供合理证据证明药品的有效性。

二、药品附条件批准的制度架构

药品附条件批准制度规则属于《联邦行政程序法》中的立法性规则,联邦法律、联邦规章中均有明文规定。1992年,联邦食品药品管理局在《联邦公报》上颁布药品附条件批准制度规则,㉒该规则随后被编入《联邦规章汇编》第21编第314(H)条和第601(E)条。㉓ 2012年《食品药品管

㉑ *New Drugs at FDA: CDER's New Molecular Entities and New Therapeutic Biological Products*, https://www.fda.gov/drugs/development-approval-process-drugs/new-drugs-fda-cders-new-molecular-entities-and-new-therapeutic-biological-products,最后访问日期:2023年9月13日。

㉒ 拟议规则参见57 Fed. Reg. 13234(Apr. 15,1992);最终规则参见57 Fed. Reg. 58942(Dec. 11,1992)。通过《联邦公报》上拟议规则、最终规则的序言信息可以了解药品附条件批准制度的目的。

㉓ 第601(E)条是对生物制剂附条件批准制度的规定,第314(H)条是对药品附条件批准制度的规定,两者内容基本一致。本文重点探讨第21编第314(H)条的内容。

理局安全与创新法》正式规定附条件批准制度,随后这一规则被编入《美国法典》第21编第356(c)条。药品监管涉及诸多技术性细节,它们规定在行政指导性文件中。2014年美国药品评估和研究中心(Center for Drug Evaluation and Research)发布《行业指南:针对严重疾病药品和生物制剂的快速审查程序》(以下简称《快速审查程序指南》),对附条件批准制度涉及的关键概念、批准条件和适用程序作了详细介绍。因此,本部分主要参考美国《联邦法律汇编》《联邦规章汇编》《联邦公报》上的序言、行政指导性文件,来阐述药品附条件批准的适用范围、适用程序与附加条件。

(一)药品附条件批准的适用范围

相较于药品一般批准程序,附条件批准制度属于例外规则。确定例外规则的适用范围,需要权衡收益与风险。附条件批准的药品临床收益大于用药风险,是药品附条件批准制度的正当性基础之一。根据《联邦规章汇编》的规定,适用药品附条件批准途径,需要满足两个要件:一是用于治疗严重或危及生命的疾病、症状的药物;二是能提供优于现有疗法且有意义的治疗获益。㉔

1. 确定适用范围时的风险收益衡量

多元利益主体均能从药品附条件批准制度中获益。第一,它符合重症患者尤其是艾滋病、肿瘤、癌症患者的个体健康利益。第二,它符合联邦食品药品管理局倡导的公共健康利益。第三,它符合企业的商业利益。概言之,在新药审评中引入替代终点,既能让危重患者及时获得可用药品,也能缩短审评时限,高效利用审评资源,还能激励企业加大研发投入,推出更多新药。

但是,药品附条件批准制度也蕴含着风险。风险,即可能发生的危险。药品安全风险是指使用药品后发生任何机体损害的可能性与损害严重程度的结合。㉕ 药品附条件批准制度的主要风险,是患者可能最终暴露在无效甚至存在严重副作用的药物之下。服用附条件批准的药品可能会让患者花费不菲,但健康利益反而受损。相较于一般批准程序,附条件批准的药品通常只经过样本更少、时间更短的临床试验,这意味着对罕见和

㉔ 21 C.F.R. § 314.500.

㉕ 参见刘鹏:《中国药品安全风险治理》,中国社会科学出版社2017年版,第3页。

迟发性的不良反应信息知之甚少。

不确定性深嵌于药品规制过程中，即使存在这样的不确定性，规制者也必须"决策于未知之中"，对拟议行动做出假定。㉖ 正如早期获批的抗艾滋病药物一样，疾病越是严重，情况越是紧急，会进一步凸显患者生命健康权利的重要性，公众愿意承受的用药风险也会越大。这是联邦食品药品管理局确定适用范围时的主要考虑，也是药品附条件批准制度的正当性所在。

2. 适用要件之一：严重或危及生命的疾病

疾病的严重程度无法准确定义，它是一个临床判断问题。可以通过疾病对生存、日常功能的实质性影响，如果不加治疗该病由轻症转为重症的可能性等方面来判断。联邦食品药品管理局在《联邦公报》中采用列举法，列示多种严重疾病的类型，譬如艾滋病、阿尔茨海默病、心绞痛、心力衰竭、癌症等。诸如哮喘、糖尿病等慢性疾病或许存在现有疗法，但仍可能导致严重后果，因此可能属于严重疾病类型。㉗

2014 年美国药品评估和研究中心发布《快速审查程序指南》，重申 1992 年《联邦公报》中有关"严重疾病"的立法史解释，同时作了补充解释：短期和自限性疾病通常不被认为是严重疾病，但是，如果它是持续性或复发性的，也属于严重疾病。㉘

3. 适用要件之二：提供优于现有疗法且有意义的治疗获益

药品一般批准程序是确保药品安全性和有效性最恰当和最完整的路径。只在能满足未竟的医疗需求，且能提供优于现有疗法且有意义的治疗获益时，才有适用附条件批准制度的余地。一般而言，药物对一种适应证有效，通常对于其他部分适应证可能也有效。当审评机构善意地相信新药预期用途相当可能落在附条件批准适用范围之外时，联邦食品药品管理局对这部分用途也可以适用一般批准程序。㉙

㉖ 参见[美]史蒂芬·布雷耶：《打破恶性循环：政府如何有效规制风险》，宋华琳译，法律出版社 2009 年版，第 56 页。

㉗ 57 Fed. Reg. 13234,13235(Apr. 15,1992).

㉘ See *Guidance for Industry: Expedited Programs for Serious Conditions—Drugs and Biologics*, p. 2.

㉙ 57 Fed. Reg. 13234,13235(Apr. 15,1992).

2012年《联邦食品药品管理局安全与创新法》要求药品监管机构做出附条件批准决定时,必须考虑替代疗法的可得性与匮乏性。这一规定赋予联邦食品药品管理局更大的灵活性,以判断药品是否提供优于现有疗法的治疗获益。

(二)药品附条件批准的适用程序

在附条件批准路径下,申请人首先需与美国药品评估和研究中心沟通,确认药物是否满足附条件批准的适用要件;其次由该中心审查申请人提交的临床试验数据,以判断药物是否满足安全、有效的标准;最后由双方协商确定药品上市后的附加条件。

1. 申请人与监管部门的沟通协商

联邦食品药品管理局鼓励企业在药物研发过程中尽早与审评机构会面,讨论适用附条件批准的可能性。双方可以就临床试验设计、替代终点或中间临床终点选择、确证试验的计划与实施、提交上市后研究报告的日期等事项进行沟通确认。药品审评部门在早期咨询过程中对替代终点的开发提供指导意见,有利于提高审评活动的效率,增加审评活动的透明度,提高监管决定的可接受性。[30]

2. 药品附条件批准的证明标准

如果药品在可能合理预示临床获益的替代终点,或者中间临床终点上显示有效果;且在考虑疾病严重程度、罕见程度、症状流行性、替代性治疗的可得性与匮乏性后,可以做出附条件批准决定。[31] 据此,申请人需要证明两点:第一,证明药物满足法定的安全性和有效性要求;第二,证明拟议替代终点能合理预示临床获益。

所有上市药品都必须证明药品具有安全性和有效性。[32] 安全性标准是指在拟议标签指定、推荐或建议的条件下有足够信息(sufficient information)确定药品的使用是安全的。有效性标准是指在充分和控制良好的临床研究基础上,提供实质性证据(substantial evidence)证明药物有效。药品一般批准与附条件批准的差别是,前者是基于临床终点上的试

㉚ 参见袁林:《美国药品审评制度研究》,中国医药科技出版社2017年版,第123~132页。

㉛ 21 U.S.C. § 356 (c)(1)(A).

㉜ 21 U.S.C. § 355 (d).

验数据做出决定,而后者则是基于替代终点上的试验数据做出决定。联邦食品药品管理局会仔细评估这类证据,并确保通过确证试验,解决替代终点上的疗效与最终临床获益之间存在的任何疑问。[33]

申请人证明拟议替代终点能预示临床获益,须达到相当可能(reasonably likely)的程度。替代终点能否相当可能预示临床获益,取决于疾病、终点和期望效果三者之间的生物合理性(biological plausibility)以及经验证据的证明力。[34] 支撑替代终点的经验证据包括流行病学、病理生理学、治疗学(therapeutic)、药理学或其他使用生物标志物开发的证据。[35] 依赖于替代终点做出决定,是一个基于临床数据的科学判断,需要具体情况具体分析,并没有现成的结论。联邦食品药品管理局会考虑所有相关证据,并视需要咨询外部专家。

(三)药品附条件批准的附加条件

申请附条件批准的药物,如果临床收益大于风险,监管部门一方面许可其提前上市,另一方面也会施加合理限制。联邦食品药品管理局共设定三类附加条件(limitations):药品上市后继续进行确证试验;限制分销或使用;提前递交推销材料进行审查。[36]

1. 附加条件之一:进行确证试验

确证试验(confirmatory trials),又称Ⅳ期验证试验,是指用于核实、描述对不可逆发病或死亡的临床收益的试验。确证试验对于药品能否持续销售具有决定性影响。由于替代终点与临床获益之间、观察到的临床获益与最终结果之间还存在不确定性,因此申请人必须对药物作进一步研究,以证实和描述它的临床获益,并收集各种药品安全性数据。

确证试验包括人体试验,流行病学调查、动物研究和实验室研究等。根据研究是否具有法律强制性,美国药品上市后研究可分为上市后承诺研究(postmarketing commitment)和上市后要求研究

---

[33] 57 Fed. Reg. 58942,58948 (Dec. 11,1992).

[34] See *Guidance for Industry: Expedited Programs for Serious Conditions—Drugs and Biologics*, p. 19.

[35] 21 U.S.C. § 356 (c)(1)(B).

[36] 21 C.F.R. § § 314.510,314.520,314.550.

(postmarketing requirement)。[37] 确证试验属于上市后要求研究，即申请人在药品上市后必须开展确证试验。

2. 附加条件之二：限制分销或使用

某些药品只有在分销或使用受到限制时，才能保证用药安全。联邦食品药品管理局会通过标签和其他警告机制提醒医生和患者注意药品不良反应。但是，这种限制措施仅能对一般药物起作用，对于少数高风险药品作用有限。由于部分药物具有固有毒性和潜在危害，施加额外限制措施才能平衡药品安全关切。[38] 基于此，联邦食品药品管理局可能会对极个别药物提出特殊要求：(1)为了防止出现严重不良反应，药物只能分销给特定机构、受过特定训练或者拥有特定经验的医生；(2)为了方便监测药物毒性，将履行特定医疗程序作为销售条件。这些限制措施的大小会与药品的特定安全关切相称。[39]

应当注意的是，限制药品分销或使用构成一项相对独立的批准计划，称为"有限制的批准"(restricted approval)。它能够单独适用，也能与附条件批准同时适用。广义的附条件批准包括有限制的批准和基于替代终点的批准，联邦食品药品管理局统计数据时亦将两者置于附条件批准项下合并统计。[40]

3. 附加条件之三：提前递交推销材料

药品首次上市，通常需要将药品推销材料(promotional materials)[41]提

---

[37] 在以下六种情况下，联邦食品药品管理局有权做出上市后要求研究：(1)附条件批准的药品；(2)儿童用药的迟延研究；(3)基于动物有效性批准的药品；(4)评估已知的严重用药风险；(5)评估已知的严重用药风险信号；(6)识别未知的严重用药风险。*Postmarketing Requirements and Commitments: Introduction*, https://www. fda. gov/drugs/guidance-compliance-regulatory-information/postmarket-requirements-and-commitments，最后访问日期：2022年5月25日。

[38] 57 Fed. Reg. 13234, 13236 – 13237 (Apr. 15, 1992).

[39] 21 C. F. R. § 314. 520.

[40] *Accelerated Approvals*, https://www. fda. gov/drugs/nda-and-bla-approvals/accelerated-approvals，最后访问日期：2022年5月25日。

[41] 推销材料，亦称宣传材料，包括药品宣传标签和广告材料，如电视广告、手册、小册子、详图、互联网网站、印刷广告、展品、录音、广播广告等。参见 CDER, *Guidance for Industry: Providing Regulatory Submissions in Electronic and Non-Electronic Format — Promotional Labeling and Advertising Materials for Human Prescription Drugs*, p. 2. https://www. fda. gov/media/128163/download，最后访问日期：2022年5月25日。

交给联邦食品药品管理局进行审查。不过,申请附条件批准的药品,推销材料的审查更加严格,要求提前递交推销材料。

提交推销材料的时间分为两类。在监管部门没有另行通知时,如果推销材料计划在附条件批准后 120 天内散布或发行,则须在药品批准之前的审评阶段提交推销材料副本;如果推销材料计划在附条件批准 120 天以后散布或发行,则须在首次散布之前至少 30 天提交推销材料。如此,监管部门有充足时间逐案审查推销材料,以便做出同意、反对或修改的决定。

要求企业提前递交推销材料的主要原因有三:首先,被限制使用的药品可能是高毒和有害的,监管部门担心某些推销声明可能会造成不恰当、不安全的用药;其次,推销材料可能没有恰当地反映药品的正确用法,药品风险收益平衡很容易受到不利影响;最后,推销材料是监管部门的信息来源之一。尽早递交推销材料,有助于监管部门决定是否发动撤回程序。㊷

如果联邦食品药品管理局认为,附加条件不再具有必要性,将会通知申请人。若药品确证试验证实了预期临床获益,而且符合一般批准的要求,药品会转为一般批准。若通过恰当的标签能确保用药安全,则会解除限制分销和使用的要求。当然,联邦食品药品管理局仍然保留移除特定附加条件的裁量权。㊸

三、药品附条件批准的后续监管

药品附条件批准的后续监管措施与药品一般批准的监管措施有许多相同之处,主要包括行政制裁、许可延续、事项报告、公众反馈与合规检查等。不过,药品附条件批准的后续监管措施也存在独特之处,主要体现在对确证试验的监管、对药品标签的监管和快速撤回程序(expedited withdrawal of approval)三个方面。

(一)对确证试验的监管

附条件批准制度能够鼓励药物创新,增加患者的用药选择。这两项

㊷ 57 Fed. Reg. 13234,13237 - 13238 (Apr. 15,1992).

㊸ 21 C. F. R. § 314. 560.

功能的发挥仰赖于确证试验义务的恰当履行。在整个附条件批准的后续监管中，对确证试验的监管是重中之重。

1. 确证试验的启动时点

申请人对完成确证试验负有勤勉义务(due diligence)。[44] 为了督促申请人尽快完成确证试验，联邦食品药品管理局建议在药品审评阶段就启动上市后研究，而不是在药品获得批准后再启动确证试验。[45] 这样可以避免申请人在药品注册后将确证试验义务抛诸脑后。然而，实践中企业因为种种原因，推脱履行确证试验义务。不勤勉地履行确证试验义务已经威胁到附条件批准制度的存续。

2. 对确证试验过程的监管

美国药品上市后研究分为上市后承诺研究和上市后要求研究，确证试验属于上市后要求研究的情形。对上市后要求研究的监管，与对上市后承诺研究的监管有诸多相同之处。[46] 二者均需要向联邦食品药品管理局提交研究进展年度报告。追踪药品上市后的研究进展，是监管部门职责所系，联邦食品药品管理局每年需要在《联邦公报》上公布药品上市后研究的年度报告。[47]

不过，上市后要求研究在报告形式和内容方面有更加严格的要求。[48] 首先，申请人须提交一份完成时间表，重要时间节点包括递交试验方案的日期、完成研究或试验的日期以及递交最终研究报告的日期。时间节点一般不能修改，递交研究进展报告的时间节点将以最初方案为准。其次，除年度报告之外，申办人还需要定期报告研究进展，内容包括研究中遇到的困难。最后，定期报告临床试验的以下内容：(1)受试者注册是否已经

---

[44] 21 C. F. R. § 314. 510.

[45] See John R. Johnson et al. ,*Accelerated Approval of Oncology Products*: *The Food and Drug Administration Experience*,103 Journal of the National Cancer Institute 636 (2011).

[46] 参见罗雪燕、赖寒等:《美国药品上市后研究的监管制度及其对我国的启示》,载《中国药房》2017年第31期。

[47] *Postmarketing Requirements and Commitments*: *Reports*, https://www. fda. gov/drugs/postmarket-requirements-and-commitments/postmarketing-requirements-and-commitments-reports,最后访问日期:2022年5月25日。

[48] See *Postmarketing Studies and Clinical Trials—Implementation of Section* 505(*o*)(3) *of the Federal Food*,*Drug*,*and Cosmetic Act*: *Guidance for Industry* (*DRAFT GUIDANCE*), p. 5.

开始;(2)注册的受试者人数;(3)预期的完成日期;(4)临床试验过程中遇到的困难;(5)临床试验数据库的注册信息。

对上市后承诺研究和上市后要求研究的监管,最主要的区别是法律责任不同。上市后承诺研究不具有法律强制性,未完成该研究义务,联邦食品药品管理局会在其官方网站发布声明,指明未完成研究的原因。[49] 还可能要求企业告知执业医师,该药品未完成上市后研究,存在临床获益以及未知的安全性问题。[50] 当然,未完成上市后要求研究,联邦食品药品管理局也可以发出类似通知。

与上市后承诺研究不同,上市后要求研究是法律规定的强制义务。未按要求完成上市后要求研究将被视为违法行为,会因此受到行政处罚。如果企业未能遵守时间节点,且不能说明正当理由,联邦食品药品管理局有权采取执法行动。[51] 处罚措施包括禁止州际贸易、指控虚假标识、警告信、行政罚款(civil monetary penalties)。违反上市后研究义务,每次违法行为可处以最高 25 万美元的罚款,但是在一次诉讼程序中处罚不超过 100 万美元。具体罚款数额会考虑当事人的表现。如果申请人收到联邦食品药品管理局通知后超过 30 天拒不改正,罚款将会翻倍,情节恶劣时甚至可处以最高 1000 万美元的罚款。[52]

一般批准的药品上市后需要遵守记录保存和安全报告制度,附条件批准的药品也不例外。药品上市后如果发生不良反应,均须向联邦食品药品管理局报告,这是法定的强制报告义务。[53]

3. 确证试验拖沓的原因

附条件批准途径固然能为患者带来利益,但是存在被滥用的风险。实践中,确证试验一般耗时较长。自 1992 年至 2017 年,联邦食品药品管

---

[49] 21 U. S. C. § 356b (d).

[50] 21 U. S. C. § 356b (e).

[51] *Notice to Industry*: *Postmarketing Requirements—Post-market Studies and Clinical Trials*, https://www. fda. gov/drugs/guidance-compliance-regulatory-information/notice-industry-postmarketing-requirements-postmarket-studies-and-clinical-trials, 最后访问日期: 2022 年 5 月 25 日。

[52] See *Postmarketing Studies and Clinical Trials—Implementation of Section* 505(*o*)(3) *of the Federal Food, Drug, and Cosmetic Act*: *Guidance for Industry* (*DRAFT GUIDANCE*), p. 18 – 19.

[53] 21 C. F. R. § 314. 540.

理局累计附条件批准64种血液和肿瘤药物,共计93种新适应证。其中,已经完成确证试验并证明临床获益的比例是55%,耗时中位数是3.4年;尚未完成确证试验的比例是45%;适应证被撤回的比例是5%。[54] 虽然很多药品未能如期完成确证试验,但是,联邦食品药品管理局很少主动撤回药品附条件批准。迄今仅使用过一次非正式听证程序,撤回附条件批准的药品贝伐单抗(Avastin)。[55]

监管部门很少行使撤回权力,并非出于对药品行业的偏袒,而是因为附条件批准制度本身存在下列两大固有矛盾,导致确证试验很难如期完成:

其一,附条件批准的药品投放市场后,患者已经有药品可用,缺乏参加安慰剂对照试验的激励,导致确证试验很难完成志愿者入组登记。在批准药品上市之前,完成志愿者入组登记,或有助于解决困境。

其二,企业的目标是追求利润,确证试验耗费不菲却可能得出不利结果,影响药品的市场份额,因此企业缺乏开展确证试验的激励。附条件批准制度给予企业数年时间来提交确证试验数据,然而药品的有效销售周期并不长,企业往往倾向于搁置确证试验义务,充分利用宝贵时间来实现药品的商业价值。

由于确证试验完成情况并不理想,监管部门已经决定加强对确证试验的监管。2020年联邦食品药品管理局表示,目前正在审查附条件批准计划,重点关注确证试验的完成情况,将不符合证据标准的产品迅速撤市。

(二)对药品标签的监管

附条件批准的药品与一般批准的药品,在标签管理方面有诸多相同之处。不过,附条件批准的药品,其安全性和有效性尚待进一步验证。出于保障患者知情权和自主选择权的需要,二者在信息披露方面仍存差异。

---

[54] See Julia A. Beaver et al., *A 25 - Year Experience of US Food and Drug Administration Accelerated Approval of Malignant Hematology and Oncology Drugs and Biologics: A Review*, 4 JAMA Oncol. 849 (2018).

[55] See Sue Sutter, *Accelerated Approval: US FDA Review of Expedited Program Could Bring More Withdrawals*, https://friendsofcancerresearch. org/news/pink-sheet-accelerated-approval-us-fda-review-expedited-program-could-bring-more-withdrawals, 最后访问日期:2022年5月25日。

1. 适应证和用法部分的表述

在标签适应证和用法部分,附条件批准的药品必须简要描述药品效用的局限性和预期获益的不确定性。[56] 标签应当明示药品是附条件批准上市,说明支撑附条件批准的替代终点及其局限性。还需要交叉引用"临床研究"(Clinical Studies)部分来探讨现有证据。

一般而言,说明替代终点即可传达有关药品效用局限性、临床获益不确定性的信息。但有时需要增加背景说明,指出那些尚未确认,仅仅是预期的临床结果。简要描述确证试验要求能进一步强调当前临床试验的局限性。故企业应当说明,药品能否持续获批取决于确证试验能否证实和描述临床获益。[57]

适应证表述示例如下:

> 药品 X 用于治疗【适应证】。该项适应证是基于【替代终点上的疗效】而作出的附条件批准。[详情见临床研究(14. X)]。该药对生存期或相关症状的改善尚未得到证实(视情况)。药品能否持续获批取决于确证试验能否证实和描述临床获益。

2. 证实临床获益后对标签的修改

若确证试验证实了药品的临床获益,企业应当修改标签信息。新的表述应当反映,对哪些人群和症状的疗效得到了实质性证据的支撑,是否有任何新的或遗留的使用限制。标签其他部分也应根据最新的试验数据进行修改。[58]

3. 附条件批准的适应证被撤回后对标签的修改

附条件批准的适应证被撤回(withdraw)后,药品可能还存在其他有效的适应证,从而得以继续销售,但是企业必须修改药品标签。为了避免

---

[56] 21 C. F. R. § 201. 57(c)(2)(i)(B).

[57] See *Labeling for Human Prescription Drug and Biological Products Approved Under the Accelerated Approval Regulatory Pathway*: *Guidance for Industry*, p. 3 – 5. https://www.fda.gov/media/119755/download,最后访问日期:2022 年 5 月 25 日。

[58] See *Labeling for Human Prescription Drug and Biological Products Approved Under the Accelerated Approval Regulatory Pathway*: *Guidance for Industry*, p. 5.

误导患者和医务人员,企业必须剔除标签中已撤回的适应证信息。

不过,适应证被撤回后,若发生如下两种情况,可能要求企业在标签上添加有关撤回适应证的信息:[59](1)大众普遍认为该药品对于特定用途或者病症是有效的,但是优势证据表明该药实际上缺乏疗效,治疗获益小于风险;(2)医务人员继续使用该药品治疗特定适应证,存在严重不良反应和重大用药风险。质言之,添加有关撤回适应证的信息,是为了达到提示风险或限制使用的目的。

(三)药品附条件批准的撤回程序

联邦食品药品管理局使用非正式听证程序(informal hearing)撤回附条件批准。附条件批准加快了新药上市速度,同理,使用精简(streamlined)程序撤回药品附条件批准也是恰当的,[60]法律上称为"快速撤回程序"。[61]

1. 撤回情形

附条件批准的药品,其风险收益评价取决于替代终点预示临床获益的可能性,或者取决于限制条件确保用药安全的可能性。一旦未能证实临床获益或不能确保用药安全,药品的风险收益评价会发生显著变化,直至撤回药品附条件批准。[62]

《联邦规章汇编》列示了六种撤回情形:(1)上市后研究未能证实临床获益;(2)申请人未能勤勉(due diligence)地履行上市后研究义务;(3)限制条件不能充分确保用药安全;(4)申请人不遵守商定的上市后限制条件;(5)推销材料是虚假或者引人误解的;(6)有其他证据表明药品不安全或者没有疗效。[63]

后来,《联邦法律汇编》仅援引第1、2、5、6项撤回情形,并没有引用第3、4项撤回情形。[64] 或许是因为法律只对狭义的附条件批准作出规定,并没有将限制分销和使用视为附条件批准的一种形式。而《联邦规章汇编》是对广义的附条件批准作出规定。

---

[59] See *Labeling for Human Prescription Drug and Biological Products Approved Under the Accelerated Approval Regulatory Pathway: Guidance for Industry*, p. 6.

[60] 57 Fed. Reg. 13234, 13238 (Apr. 15, 1992).

[61] 21 U.S.C. § 356 (c) (3).

[62] 57 Fed. Reg. 13234, 13238 (Apr. 15, 1992).

[63] 21 C.F.R. § 314.530 (a).

[64] 21 U.S.C. § 356 (c)(3).

2. 非正式听证程序

虽然快速撤回附条件批准是必要的，但是不能剥夺申请人陈述和申辩的权利。反之，应当允许申请人提交数据和信息，以证明自己的主张。[65]联邦食品药品管理局的听证分为行政法官听证、公众质询委员会听证、咨询委员会听证、局长听证四类。联邦食品药品管理局将局长听证和咨询委员会听证进行合并、修改，构成了撤回药品附条件批准的非正式听证程序。通常，附条件批准的药品在审评过程中会征求常设咨询委员会的意见。如果委员会成员在附条件批准之前仔细审查过药品相关数据，那么再由他们提供撤回意见和建议更富有效率。局长或者受局长指派的人员参与听证会，既能够保证程序公平，也能确保快速解决争端。非正式听证程序要求详述如下：[66]

第一，告知听证机会。计划撤回附条件批准的药品或适应证时，药品评估和研究中心主任通常会用函件（letter）通知行政相对人有申请听证的机会。告知书一般会说明采取撤回行动的原因和理由。

第二，提交材料和信息。行政相对人须在收到听证通知之日起15日内，提交参与听证会的书面请求，否则视为放弃听证机会。申请人提交书面请求后，联邦食品药品管理局会在《联邦公报》上发布听证会通告。要求听证的行政相对人必须在收到听证通知之日起30日内，提交在听证会上拟使用的数据和信息。

第三，撤回附条件批准过程中无须遵守职能分离的要求。正式裁决程序采用内部职能分离制，调查、追诉和裁决三种职能由不同的工作人员行使。非正式裁决程序没有职能分离的要求，在撤回程序中，美国药品评估和研究中心既需要收集信息，履行调查职能，也需要充当听证会上的当事人。

第四，听证会上的程序。咨询委员会将会参与听证会，审查听证会涉及的争议，并为局长提供意见和建议。企业、美国药品评估和研究中心双方至多派出三名代表参会。主持人、咨询委员会成员和双方代表可以在任何人陈述期间或者陈述结束时向其提问。出席听证会的其他人不能询

---

[65] 57 Fed. Reg. 13234,13238 (Apr. 15,1992).

[66] 21 C.F.R. § 314.530.

问陈述人。会议主持人可以酌情允许他人将问题提交给自己,然后由陈述人回答。与一般的局长听证会相同,证据规则不适用于此类非正式的听证会。参与者可以对他人提交的信息和观点进行反驳,但是不得就信息和观点的可采性提出动议和反驳。[67]

举行非正式听证会之后,局长将会做出最终的行政决定(agency action)。行政相对人可以对该决定申请司法审查,但在向法院申请暂缓行政行为生效前,必须首先向局长提交暂缓行政行为生效的申请。

四、对建构附条件行政许可制度的借鉴意义

前文对美国药品附条件批准制度的历史演进、制度架构与后续监管体系进行了初步整理,这对于完善我国新药审评程序,建构附条件行政许可制度具有诸多启发。根据《药品注册管理办法》(2020)第四章的规定,我国目前共有四种药品加快上市注册程序,分别为突破性治疗药物程序、附条件批准程序、优先审评审批程序、特别审批程序。其中,中国药品附条件批准制度与美国药品"Accelerated Approval"制度在功能上具有可比较性,二者均直接以缩短药物临床试验的研发时间为目的,这可以为企业节省大量的研发资源,因此,附条件批准制度在四种药品加快上市注册程序中最受产业界的关注。

中国药品附条件批准制度的建立主要是由国务院自上而下的政策推动的结果。美国药品快速审查程序的诞生是由于审评任务严重积压,审批迟滞较为普遍,中国也面临同样的情况。不同之处在于,艾滋病患者群体是推动美国药品附条件批准制度产生的重要力量,而中国建立药品附条件批准制度的动力主要来自国务院层面的政策推动。解决药品注册申请积压一度是国家药品审评中心的工作重点。2015 年 9 月在审和排队等待审评的注册申请达至历史高峰 22,000 件。[68] 2015 年 8 月国务院发布《关于改革药品医疗器械审评审批制度的意见》(国发〔2015〕44 号),提出解决注册申请积压,鼓励研究和创制新药、提高审评审批透明度等五个

---

[67] 21 C.F.R. § 15.30 (f).

[68] 参见《2015 年度药品审评报告》,载国家药品审评中心网,https://www.cde.org.cn/main/news/viewInfoCommon/962da6d54695d4f2f91faef72d1b6776,最后访问日期:2022 年 6 月 7 日。

目标。2016 年 2 月，为加快新药研发上市和解决药品注册申请积压的矛盾，原国家食品药品监管总局发布了《关于解决药品注册申请积压实行优先审评审批的意见》(已废止)，这是首次在官方文件中引入药品有条件批准上市制度。一年后，中共中央办公厅、国务院办公厅印发《关于深化审评审批制度改革鼓励药品医疗器械创新的意见》(厅字〔2017〕42 号)，首次提出对治疗严重危及生命且尚无有效治疗手段的疾病以及公共卫生方面急需的药品，临床试验早期、中期指标显示疗效并可预测其临床价值的，可附带条件批准上市；对境外已批准上市的罕见病治疗药品、医疗器械，亦可附带条件批准上市。获得国务院层面的政策支持后，国家药品监督管理局对新药审评程序进行了大刀阔斧的改革。美国药品审评理念及其新药快速审查计划对我国药品审评体制改革产生了极为深远的影响。2019 年《药品管理法》全面修订，第 26 条规定了药品附条件批准制度，该制度已经成为新药审评的重要通道之一。截至 2022 年 12 月，我国共附条件批准 75 种药品上市，且目前已经有 8 个品种转为常规批准。[69]

在行政法总论视域下，药品附条件批准是一种附条件行政许可制度。然而，行政法学界对附条件行政许可制度尚缺乏足够关注。通过梳理美国药品附条件批准制度的历史经验与制度架构，至少可以从中得出如下启示。

(一)附条件行政许可制度的法理基础

1. 规范基础

在风险行政中，行政许可本身是国家履行基本权利保护义务的重要工具。然而，行政机关一律严格实施法定的一般行政许可程序，虽然可以达到风险预防的公益目的，但是可能阻碍特定个体基本权利的实现。而建构附条件行政许可制度的目的就是调和公共利益与个体基本权利的冲突，履行国家对个体基本权利的保障职责。因此，设立附条件行政许可制度，明确赋予行政机关在个案中行使裁量权的职责，在制度目标上具有正当性，也有助于实现社会效益最大化。[70] 具体到医药卫生领域，为了保障

[69] 参见《2022 年度药品审评报告》，载国家药品审评中心网，https://www.cde.org.cn/main/news/viewInfoCommon/849b5a642142fc00738aff200077db11，最后访问日期：2023 年 9 月 12 日。

[70] 参见沈岿：《论行政法上的效能原则》，载《清华法学》2014 年第 4 期。

公众用药安全,防止假药劣药损害公众健康权利,我国实行药品上市注册许可制度。然而,若不加变通地严格实施药品注册程序,容易导致药品注册申请大量积压,严重影响药品的可及性,这对于危重患者而言,其健康权利可能无法得到有效保障。为提高行政效能,更好地保护特殊群体的健康权利,药品监管部门除可以采用预算、人力、组织的方式以外,也可以适用最简化、最具有弹性以及最快速的程序来保障药品的可及性。[71] 药品附条件批准制度的建立,符合行政效能原则在行政程序层面的要求。

2. 实践基础

附条件行政许可是部门行政法上的制度创新,其正当性基础既源于规制实践的需要,也源于规制者对风险与收益的权衡。附条件行政许可制度目前主要应用于反垄断、药品、医疗器械等规制领域。不同规制领域的附条件行政许可制度,其法理基础可能不完全相同。以药品规制领域为例,从规制实践的角度看,无论是美国还是中国,不区分疾病严重程度和突发疾病的紧急程度,将审评标准"一刀切"地适用于所有药品,曾让两国药品审评部门陷入审批迟滞的局面。这就要求在药品审评工作中,对重要药品,尤其是对治疗严重危及生命且尚无有效治疗手段的疾病以及公共卫生方面急需的药品,给予更多的政策和技术支持。中美两国药品附条件行政许可制度在功能上具有一致性,能够缩短药物临床试验的研发时间,使其提早应用于无法继续等待的急需患者。[72] 从风险收益权衡的角度看,疾病越是严重,情况越是紧急,就越会凸显患者生命健康权利的重要性,公众也愿意承受比正常情况下更大的用药风险。原本应当作出不予行政许可决定,但是在特殊情况下,风险与收益的平衡点发生了位移。对于"治疗严重危及生命且尚无有效治疗手段的疾病以及公共卫生方面急需的药品",如抗癌药、罕见病用药和儿童用药,作出附条件批准决定的收益大于风险。

论证、说明附条件行政许可制度的正当性,既可以提高公众对监管决

---

[71] 参见傅玲静:《德国联邦行政程序法之改革——浅谈行政程序迅速原则》,载《中原财经法学》2004年第12期。

[72] 参见《药品附条件批准上市申请审评审批工作程序(征求意见稿)》起草说明,载国家药品审评中心网,https://www.cde.org.cn/main/news/viewInfoCommon/ede5fbcfcbb5bcc77ee11c19a644e7c5,最后访问日期:2022年6月7日。

定的可接受性，亦能防止随意扩大附条件行政许可的适用范围导致一般行政许可制度的空心化。

(二)附条件行政许可制度的法律性质

附条件行政许可制度是行政行为附款理论在行政许可法上的应用。当法律明确规定了附条件行政许可制度时，作为法律适用机关，行政机关当然可以作出附条件行政许可决定。当法律没有明确规定，而行政机关对实施行政许可有裁量权时，[73]对行政许可附加附款是行使裁量权的方式。因为授予行政机关驳回行政许可申请的裁量权中包含了给予利益但同时予以限制的权力。[74] 具体而言，行政机关既然具有驳回行政许可申请的权力，若采取当然解释的方法，行政机关也就具有作出准予行政许可决定但同时附加限制条件的权力。行政机关酌情作出这种许可决定，是有利于行政相对人的，并未额外剥夺其利益。因此，附款可以成为行政机关准予或者不予行政许可的考量因素。行政机关对实施行政许可没有裁量权时，原则上不能对行政许可附加附款。

为了提高行政弹性和效率，行政机关可以在行政许可审查中放宽行政许可标准的要求，然后通过对行政许可决定添加附款来规制放宽行政许可标准所蕴含的风险。准确界定附条件行政许可制度的法律性质，需要厘清行政许可条件与行政许可标准两个关键概念。行政许可条件是设定机关对行政许可提出的要求，是申请人能够获得行政许可必须达到的最低要求。[75] 行政许可条件是行政许可实施机关行使裁量权的外部界限。若申请人的申请不满足行政许可条件，则不能通过添加附款获得行政许可。例如，申请人必须证明药物具有安全性、有效性和质量可控性，否则药品监管部门会驳回注册申请。而行政许可标准是行政机关在实施行政许可过程中，制定并公布的判断行政许可申请人是否应当获得行政许可

---

[73] 立法者使用不确定法律概念来规定行政许可条件时，可能会赋予行政机关以裁量权，行政机关在解释不确定法律概念或者将不确定法律概念具体化时，就可以行使这种隐含的权力，这在风险立法中表现得尤为明显。

[74] 参见［德］汉斯·J. 沃尔夫、奥斯·巴霍夫、罗尔夫·施托贝尔：《行政法》（第2卷），高家伟译，商务印书馆2002年版，第59页。

[75] 参见王太高：《行政许可条件研究》，法律出版社2014年版，第7页。

的审查基准,是对行政许可条件和程序的细化,在性质上属于裁量基准。[76]行政许可标准从属于行政许可条件。基于实质平等的要求,行政机关可以偏离一般的行政许可审查标准,考虑个案特殊情况,作出特殊处理。[77]

在药品监管领域,“治疗严重危及生命且尚无有效治疗手段的疾病以及公共卫生方面急需的药品”就是药品审评过程中时常出现的特殊情况,监管部门时常偏离一般的药品行政许可审查标准,对这些药品注册申请给予更多的政策支持。药品附条件批准制度缩减了药物临床试验的环节,放宽了药品审评标准,因而也就意味着药品的安全性、有效性没有得到充分证明,药品安全风险也就更高。因此,行政机关需要在附款中明确申请人有进行上市后研究的义务,从而补充药品的临床试验数据,以确保上市药品安全和有效。由于每一种药品的作用机理和适应证不同,所以每种药品的上市后研究要求与期限也会不同。药品附条件批准制度在许可审查阶段放宽了审评标准,这虽然具有一定的药品安全风险,但是通过具有差异性的附款要求,将这种风险控制在可接受范围内。行政机关对药品行政许可实践经验加以总结,经由立法程序将实践中的“特殊情况”制度化,从而形成了药品附条件批准制度。质言之,药品附条件批准不是立法机关设定的新型行政许可,而是在满足药品一般行政许可条件的基础上,改变药品行政许可标准后形成的附条件行政许可制度。

(三)附条件行政许可制度的适用程序

附条件行政许可制度的法律性质决定了附条件行政许可适用程序的特点。附条件行政许可决定是针对特殊情况作出的特殊处理,行政机关需要判断申请人是否符合适用附条件批准途径的要求,进而针对申请人的具体情况,提出差异化的切实可行的风险管理要求,以控制放宽行政许可标准带来的风险。这就要求行政机关与申请人进行充分的沟通协商,以确定附款的具体内容。在风险规制和反垄断领域,行政许可决定可能影响竞争者权益,甚至攸关公共利益,因此,行政机关在作

---

[76] 参见王太高:《论行政许可标准》,载《南京大学学报(哲学·人文科学·社会科学)》2008年第6期;骆梅英:《行政许可标准的冲突及解决》,载《法学研究》2014年第2期。

[77] 参见宋华琳:《行政许可审查基准理论初探》,载《浙江学刊》2010年第5期。

出附条件行政许可决定时应当说明理由并将相关信息向社会公开,从而保障利益相关者和公众进行监督的权利。同时也需要在行政许可证件或产品说明书上注明有关附条件行政许可的信息,从而发挥向消费者和公众提示风险的作用。具体而言,附条件行政许可的实施程序至少包括以下三点:

1. 进行充分的沟通交流

行政机关需要与行政许可申请人进行沟通交流,以确定附款的内容。实践中,一般由行政许可申请人提出关于限制行政许可效果的条件,经过行政机关评估和认可后成为正式的附款。行政机关仅凭职权调查所能掌握的信息十分有限,导致很难对市场主体进行量体裁衣式的监管。这促使行政机关与申请人进行合作协商,取得申请人自愿排除行政许可障碍或者履行行政许可法定构成要件的承诺,往往成为行政机关作成行政许可决定的事实决定因素。[78] 例如,药品附条件行政许可的确证试验方案由申请人提出,《反垄断法》上附条件批准经营者集中的限制性条件承诺方案也是由参与集中的经营者提出的。在高风险领域适用附条件行政许可制度时,行政机关与申请人之间的风险沟通并不一定局限在行政许可审查环节,而是有可能"溯流而上",深入到技术研发试验环节和提出许可申请之前。

药品附条件批准的适用和技术要求,可能受目标适应证的特征和药物创新程度的影响,并且随着临床实践的变化而发生相应的改变,因此,在药品附条件批准过程中,提前进行沟通交流极其重要。[79]《药品注册管理办法》(2020)第64条规定,申请人应当先与药品审评中心围绕附条件批准上市的条件和上市后研究计划进行沟通交流,经确认初步符合附条件批准要求的,再向药品监管部门提出药品上市许可申请。而《药品附条件批准上市申请审评审批工作程序(试行)》(2020)第二点明确鼓励申请人在药物临床试验期间,就试验设计和实施计划与药品审评中心进行沟

---

[78] 参见詹镇荣:《行政处分附款法制之传统与革新》,载詹镇荣:《行政法总论之变迁与续造》,台北,元照出版公司2016年版,第217~218页。

[79] 齐玥丽、邹丽敏、蒋永麟等:《中国附条件批准政策梳理及抗肿瘤创新药审评标准浅析》,载《中国新药杂志》2023年第2期。

通交流。[80] 行政机关与申请人提前进行风险沟通，可以促进彼此对产品风险的理解，有利于申请人及早修改不适当的研究方案，也有利于监管部门更为充分地掌握技术信息，这能够提高后期行政许可审查的效率，缓解行政许可审查的时限压力。更重要的是，行政机关与相对人在行政许可申请之前和行政许可审查过程中进行沟通交流，可以使行政行为附款的内容更贴合企业的实际情况，也有助于建立良好的政企合作关系。

2. 说明理由并向社会公开

行政机关作出附条件行政许可决定时，应当说明理由。基于个案考虑，行政机关可以背离行政许可标准作出附条件行政许可决定，但必须以书面形式说明不适用裁量基准的理由。[81] 行政机关作出准予附条件行政许可决定，一般而言符合行政许可申请人的利益，但如若行政机关修改了申请人提交的承诺内容，在附款中改变或者提高了对申请人取得行政许可之后的限制条件，仍然需要书面向申请人说明设定附款的理由。需注意的是，若对行政许可决定附加停止条件，行政机关即便没有偏离行政许可标准也应当说明理由。因为在作出行政决定时，行政许可行为尚未发生内部效力，被许可人暂时不能实施行政许可事项，这有可能给申请人造成经济损失。故而可以类推适用《行政许可法》第 38 条第 2 款的规定，要求行政机关说明理由，并告知申请人享有依法申请行政复议或者提起行政诉讼的权利，否则可能会被法院认定为程序违法。[82] 如果基于申请人提交的资料，经审查发现不满足附条件批准要求，不能实现规范目的的，行政机关应当作出不予附条件行政许可决定，并按照《行政许可法》第 38 条的规定，通过书面或政府网站等形式告知申请人不予行政许可的理由。未获得附条件行政许可的，并不影响申请人在条件具备后，提出一般行政许可申请的权利。

《行政许可法》第 40 条规定，行政机关作出的准予行政许可决定，应当予以公开，公众有权查阅。附条件行政许可决定是一种准予行政许可决定的类型，因此也应当向社会公开。经济性规制或风险规制领域的附

[80] 参见国家药监局关于发布的《突破性治疗药物审评工作程序（试行）》等三个文件的公告（2020 年第 82 号），载国家药监局网，https://www.nmpa.gov.cn/xxgk/fgwj/xzhgfxwj/20200708151701834.html。

[81] 参见王贵松：《行政裁量的构造与审查》，中国人民大学出版社 2016 年版，第 110 页。

[82] 湖南省邵阳市中级人民法院行政判决书，（2015）邵中行终字第 172 号。

条件行政许可,大多会影响竞争者的利益、公众的知情权利以及健康权利。例如,某药品获得附条件批准之后,其他同类品种可能无法再开展相似的以附条件上市为目标的临床试验申请,这相当于限制了竞争者申请同类药品附条件批准的机会。[83] 因此,附条件行政许可决定的结果及其理由说明应当向社会公开,接受社会公众的监督,以确保附条件许可决定的可问责性。我国《反垄断法》(2022)第36条规定,对经营者集中附加限制性条件的决定,应当及时向社会公布。有学者评价,附条件批准经营者集中案件的信息公开实践"是行政透明度做得非常好的样板"。[84] 在市场监管总局公布的附条件批准经营者集中反垄断审查公告中,一般会详述审查过程、申报人基本情况、界定相关市场、竞争分析、商谈过程以及审查决定,尤其是在公告的附件中,直接公布申报人向市场监管总局所作出的承诺,并明确这种承诺具有法律约束力。[85] 行政机关直接将附条件批准的理由和附款内容向社会公布,这有利于社会公众监督申请人履行附款所规定的负担或义务。

而《药品管理法》第27条第2款仅规定批准上市药品的审评结论和依据应当依法公开,没有对药品附条件批准的信息公开提出特殊要求。这导致国家药品监督管理局发布的附条件批准决定公告中通常只有寥寥数语,一般仅涉及药品的适应证和作用机理。[86] 最新公布的《药品附条件批准上市申请审评审批工作程序(试行)(修订稿征求意见稿)》(以下简称《附条件批准工作程序修订稿征求意见稿》)规定,药品附条件批准上市后,药品名称、适应证、持有人等信息向社会公开,仍未要求说明附条件批准的理由、确证试验的完成时限,也没有要求申请人公开其确证性试验的研究计划与风险管理措施。在附条件批准信息公开方面,药品监管部

[83] 参见《药品附条件批准上市申请审评审批工作程序(试行)》政策解读(征求意见稿),载国家药监局网,https://www.nmpa.gov.cn/xxgk/zhqyj/zhqyjyp/20230825104212129.html。

[84] 参见叶军:《经营者集中附条件研究——欧美反垄断法律移植和中国本土化经验》,法律出版社2022年版,第482页。

[85] 例如,可以参见《市场监管总局关于附加限制性条件批准迈凌公司收购慧荣科技公司股权案反垄断审查决定的公告》,载国家市场监督管理总局反垄断执法二司网2023年7月26日,https://www.samr.gov.cn/fldes/tzgg/ftj/art/2023/art_a685ac0dd85647b3898dff75f68fa2c4.html。

[86] 例如,参见《国家药监局附条件批准纳鲁索拜单抗注射液上市》,载国家药监局网,https://www.nmpa.gov.cn/yaopin/ypjgdt/20230906153452185.html。

门或许可以横向学习，加强药品附条件批准运行程序的透明度。

3. 注明附条件行政许可的期限和附款内容

行政机关应当在行政许可证件上注明有关附条件行政许可的信息，尤其是附条件批准的有效期限、附款的具体要求和完成时限等事项。附条件行政许可是一个基于预测的决定，具有内在的不确定性。因此，需要注明有关附条件行政许可的信息，从而向利害关系人提示风险。在医药卫生领域就是更是如此，在药品标签和说明书上注明附条件批准的相关信息，可以提高医生对该药品疗效的了解，也可以保障患者选择用药的权利。在行政许可证书上注明有效期限以及附款要求的完成时限，可以督促申请人认真履行附款设定的义务。当然，这也限缩了监管部门撤回附条件批准决定的裁量权，申请人超出附款规定的完成时限，且没有申请修改附款内容，那么行政机关就可以主动依职权撤回附条件批准决定。

《药品注册管理办法》第64条第2款规定，药品符合附条件批准要求的，在药品注册证书中载明药品注册证书的有效期、上市后研究工作及完成时限等事项。一般药品注册证书的有效期限为五年，有效期限届满前申请再注册。对于药品附条件批准证书而言，其有效期限当然不能超过五年，否则可能引发道德风险，导致所有药品均涌入附条件批准途径，以获取不当的期限收益。《附条件批准工作程序修订稿征求意见稿》规定，附条件批准的确证性试验完成时限不超过四年，这既是监管部门对实践经验的总结，也是为了给药品审评部门留出足够时间，来分析和判断确证性试验的数据情况。《附条件批准工作程序修订稿征求意见稿》拟规定，对于无法按期完成确证性试验的，可以申请延长附款所规定的完成时限。这涉及对初始附款内容的实质性修改，改变了原附条件行政许可决定的效力。因此，申请延长完成时限的，必须有正当的理由，且应当取得原附条件许可决定机关的同意。为了防止申请人故意延长确证性试验的时间，可以限制申请延长完成时限的次数，并限制在此期间的销售范围。

(四)附条件行政许可制度的后续监管

1. 对履行附款内容的监管

申请人获得的附条件行政许可，其效力除受到附款的限制之外，在其他方面基本与一般行政许可相同。例如，附条件批准上市的药品，可以纳入基本医疗保险的支付范围。附条件行政许可的存在基础，很大程度上取决于附款内容的履行。因而行政机关应当健全监督制度,通过核查反映被许可人从事行政许可事项活动情况的有关材料。[87] 为了便于掌握申请人履行附款的进度和情况,行政机关一般会在法律规范中为附条件许可申请人设定信息报告义务。例如,《药品注册管理办法》第 76 条第 2 款规定,药品注册证书及附件要求持有人在药品上市后开展相关研究工作的,持有人应当在规定时限内完成并按照要求提出补充申请或者报告。《附条件批准工作程序修订稿征求意见稿》拟进一步规定,申请药品附条件批准之前就应当启动确证性研究,且自附条件批准上市起每 12 个月向药品审评中心书面报告上市后研究进展。只有在因客观原因无法完成确证性试验,且经监管部门同意之后,才可以事后修改附条件行政许可决定的附款内容,重新确定附款期限。限制申请修改附款的事由或次数,可以防止申请人在初次递交申报材料时采取应付的态度。

行政许可附(狭义)条件与行政许可附负担的法律后果不同,其后续监管规则也不相同。虽然制定法上一般使用"条件"一词,但是行政机关在进行个案处理时应当有意识地区分条件和负担。[88] 所谓附条件,是指将行政行为法律效力的发生或消灭取决于一项尚不确定未来是否发生的特定事实。条件是行政行为的组成部分,限定的是行政行为的时间效力。行政许可申请人不能满足条件的,行政许可不发生效力,如果行政许可已经生效,可以由行政机关宣布行政许可效力消灭。申请人除此以外不再承担额外的法律责任。所谓附负担,是指行政机关对受益人设定的作为、忍受或者不作为义务。负担不是主行政行为的组成部分,而是一个可以独立执行的行政行为。[89] 对于负担设定的义务,可以强制执行;违反负担设定的义务,可以责令改正,予以行政处罚;严重违反义务时,可以将其作为撤回附条件行政许可的事由。基于比例原则的要求,如果通过其他行政手段可以实现行政任务,行政机关就不能恣意撤回附条件行政许可决定。

---

[87] 参见《行政许可法》第 61 条第 1 款。

[88] 参见叶军:《经营者集中附条件研究——欧美反垄断法律移植和中国本土化经验》,法律出版社 2022 年版,第 179 页。

[89] 参见[德]汉斯·J. 沃尔夫、奥斯·巴霍夫、罗尔夫·施托贝尔:《行政法》(第 2 卷),高家伟译,商务印书馆 2002 年版,第 55 页。

对于药品而言,药品确证性试验属于药品上市后研究的类型之一,未按照规定开展药品上市后研究的,根据《药品管理法》第127条的规定,行政机关可以责令限期改正、给予警告,逾期不改正的,处以罚款。当然,申请人逾期未完成确证试验,又未按照规定申请延长完成时限的,药品监管部门可以按照适当程序撤回附条件批准决定。

2. 附条件行政许可决定的撤回程序

附条件行政许可撤回制度是确保义务履行的制度保障,[90]其在附条件行政许可后续监管中具有重要地位。行政许可附有负担,而行政相对人不履行或者不在法定期限内履行该负担,行政机关可以撤回行政许可。这不同于《行政许可法》第8条第2款规定的行政许可撤回制度,因此,不存在信赖利益保护的问题。撤回的目的也不在于对行政相对人违反义务或者未满足条件的行为进行惩处,不是行政处罚。以药品附条件行政许可为例,根据《药品管理法》(2019)第78条后段的规定,行政相对人逾期未按照要求完成确证试验或者不能证明药品获益大于风险的,监管部门可以撤回药品附条件批准决定,注销药品注册证书。药品监管部门可以撤回药品附条件批准决定,这是确保申请人勤勉地履行确证试验义务的制度保障。行政相对人逾期未履行确证试验义务,违反了行政许可决定附加的负担和期限,[91]构成撤回行政许可决定的正当理由。行政相对人不能证明药品获益大于风险,这是一种"解除条件",条件成就之日起行政机关可以声明附条件行政许可决定失效。

在程序设计上,撤回附条件行政许可决定过程包括启动程序、听取陈述和申辩程序、决定作出程序三方面内容。[92]

第一,行政机关既可以依申请启动撤回程序,也可以依职权启动撤回程序,制作并及时送达法律文书,告知撤回事由。申请人在履行附款负担的过程中,如果自行评估认为,无法达到常规批准条件,不能证明产品安

[90] 参见[日]盐野宏:《行政法总论》,杨建顺译,北京大学出版社2008年版,第118页。

[91] 实践中,行政机关也可能不对"期限"作出明确要求。例如,在许多抗肿瘤药物附条件批准决定中未明确上市后研究完成日期和最终临床研究报告提交日期,仅要求按年度报告临床研究进展,并在研究完成后及时提交完整的总结报告。参见宋茵茵、徐文峰等:《我国附条件批准上市抗肿瘤药物探讨》,载《中国药业》2022年第19期。

[92] 参见徐曦昊:《论行政行为撤回制度的法律构建》,载《南海法学》2020年第2期。

全有效的,可以及时向行政机关申请撤回附条件行政许可决定。附条件行政许可属于授益行政行为,行政机关不能随意依职权撤回其决定;反之,对是否撤回附条件行政许可决定,行政机关应当进行合义务裁量。尤其是在行政许可附加撤回保留的场合,撤回事由仅包括附条件许可决定中的撤回权保留条款并不充分,还必须包括作出该行为时所依据的法律规定的事由,[93]从而防止行政机关仅为了规避损失补偿义务而使用撤回保留型附款。对于附条件批准的药品而言,法定的撤回事由包括"逾期未完成确证试验"和"不能证明药品获益大于风险",监管部门不能随意在附款中设置撤回事由。

第二,撤回附条件行政许可属于侵害行政行为,建议引入听证程序,使行政相对人和利害关系人就具体事实陈述自己的意见,并提供证据。目前,《药品管理法》以及《附条件批准工作程序修订稿征求意见稿》虽然规定了药品附条件批准的撤回事由,但是仍未建立清晰的附条件批准撤回程序。在决定是否撤回药品附条件批准的过程中,通常会涉及多元利益群体,包括药品上市许可持有人、患者、医生、药品研究专家等,这些群体的诉求各有不同。建议在药品监管、反垄断执法等专业行政领域,建构专门的附条件行政许可撤回听证程序,可以邀请外部专家参与听证程序并提供意见。即使不进行听证,也应当听取行政相对人的陈述与申辩。听取陈述和申辩程序是保障当事人权利与提高行政行为正确性的重要制度设计,适用于除法定情形外的所有不利行政行为。[94]

第三,作出撤回决定时应当对行政相对人以书面形式说明理由,阐明撤回的法律依据和原因,并告知救济途径和期限。撤回附条件许可决定是一种行政处理行为,影响行政相对人的权益,因此,行政相对人不服撤回决定的,可以申请行政复议或者提起行政诉讼。

(五)行政行为附款制度化的功能与局限

将行政行为附款制度化既可以加速行政许可审查程序,也可以规制因简化行政许可程序带来的风险。行政许可是典型的风险行政活动方

---

[93] 参见[德]汉斯·J.沃尔夫、奥斯·巴霍夫、罗尔夫·施托贝尔:《行政法》(第2卷),高家伟译,商务印书馆2002年版,第55页。

[94] 参见宋华琳、郑琛:《行政法上听取陈述和申辩程序的制度建构》,载《地方立法研究》2021年第3期。

式。行政许可行为有时会显得僵化,过度规避风险却不敷健康保障之需。而附款作为一种微观控制手段,可以使行政适应复杂多样的社会生活,贯彻高效行政的理念。[95] 附条件行政许可制度是行政行为附款制度化的例证,具备了附款的"状况适合性功能",[96]从而可以成为一般行政许可的替代方式。它简化了行政许可程序,放宽了行政许可审查标准,提高了行政的弹性和效率。但在简化行政许可程序的同时,也带来了更高的风险。而附款可以用来规制放宽行政许可标准所带来风险。例如,在作出药品附条件行政许可决定时,要求申请人采取风险管理措施,继续进行确证试验以证明药品获益大于风险。

行政行为附款制度化固然具有诸多功能,但是,也必须意识到附款制度化的局限性。其一,由于附加附款,行政相对人的权利可能受到不当限制。在法律上明文规定附条件行政许可制度后,行政机关可能以附加条件或负担的形式向行政许可申请人提出不合理的要求。我国《行政许可法》第 27 条第 1 款列举了两种常见的不正当要求,即向申请人提出购买指定商品、接受有偿服务。对此可以适用禁止不当联结原则来审查行政行为附款的合法性。其二,行政机关作出附条件行政许可决定的同时,也为自身增加了追踪监管的责任。[97] 在美国,大部分企业不能勤勉地履行确证试验义务,也不能在要求的期限内证明药品获益大于风险。即便如此,美国联邦食品药品管理局也很少主动撤回药品附条件批准。如何对附条件行政许可进行有效的后续监管,是摆在研究者面前的新课题。

---

[95] 参见[德]汉斯·J. 沃尔夫、奥斯·巴霍夫、罗尔夫·施托贝尔:《行政法》(第 2 卷),高家伟译,商务印书馆 2002 年版,第 54 页。

[96] [日]盐野宏:《行政法总论》,杨建顺译,北京大学出版社 2008 年版,第 121 页。

[97] 参见陈敏:《行政法总论》(第 10 版),台北,新学林出版有限公司 2019 年版,第 519 页。